ACADEMIE DES BIBLIOPHILES.

DÉCLARATION.

« Chaque ouvrage appartient à son auteur-éditeur. La Compagnie entend dégager sa responsabilité personnelle des publications de ses membres. »

(Extrait de l'article IV des Statuts.)

JUSTIFICATION DU TIRAGE :

Vélin (nos 1 et 2).	2	exemplaires.
Parchemin (nos 3 à 6).	4	—
Papier de Chine (nos 7 à 21).	15	—
Papier Whatman (nos 22 à 36).	15	—
Papier vergé (nos 37 à 525).	489	—
	525	exemplaires.

N° *120*

BEAUMARCHAIS.

Publié par Furne et Cie

THÉATRE COMPLET

DE

BEAUMARCHAIS

RÉIMPRESSION DES ÉDITIONS PRINCEPS

AVEC LES VARIANTES DES MANUSCRITS ORIGINAUX
PUBLIÉES POUR LA PREMIÈRE FOIS

PAR

G. D'HEYLLI et F. DE MARESCOT

TOME PREMIER

(Eugénie. — Les Deux Amis)

IMPRESSION PAR D. JOUAUST

PARIS
ACADÉMIE DES BIBLIOPHILES

M DCCC LXIX

THÉATRE COMPLET

DE

BEAUMARCHAIS

P. A. CARON DE BEAUMARCHAIS.

A. Gilbert sc.   D. Jouaust Edit.

Imprimerie A. Salmon, à Paris.

HOMMAGE

A

LA COMÉDIE-FRANÇAISE

Les Éditeurs :

G. D'HEYLLI. — F. DE MARESCOT.

Mai 1869.

AVERTISSEMENT

Les écrivains du XVIe et du XVIIe siècle ont eu seuls jusqu'à ce jour les honneurs de réimpressions fréquentes et aussi remarquables par le soin apporté aux moindres détails de leur exécution matérielle que par la pureté des textes choisis et la nouveauté des documents qui les accompagnent. Cet appareil de recherches de tous genres, cette application scrupuleuse à donner un texte véritablement authentique et complet, s'expliquent aisément, si l'on songe aux années nombreuses qui nous séparent de ces écrivains. Nous entendons leur langue, elle est la nôtre, mais elle est cependant déjà assez loin de nous pour que ses variations, ses changements fréquents et toujours curieux, nous soient expliqués avec toute la sollicitude dont nous parlons. Notre intelligence et notre admiration y trouvent ainsi l'une et l'autre largement leur compte.

Le XVIIIe siècle, au contraire, n'a pas encore été l'objet de semblables travaux. Il ne faut pas voir un oubli regrettable ou un abandon systématique dans ce fait qui s'explique de lui-même. Le XVIIIe siècle est encore bien près de nous, les souvenirs en sont vivants; les hommes de cette époque, quelques-uns d'entre nous ont pu les connaître, le temps n'a point encore altéré leurs écrits, leur langage n'a pas cessé d'être le nôtre, nous le comprenons sans peine et nous l'admirons sans effort. Un jour viendra cependant où tous ces souvenirs seront oubliés, et où pour les réunir il faudra aux commentateurs bien des recherches et bien du temps. Les éditions originales elles-mêmes des écrivains du XVIIIe siècle deviendront dans la suite de plus en plus rares, ainsi que bien des documents qu'il est encore possible de rassembler aujourd'hui.

Pour rendre moins pénibles et pour simplifier les travaux à venir, il nous a paru opportun de consacrer à l'une des gloires dramatiques les plus brillantes de cette époque ces soins et ces recherches que nous disions tout à l'heure avoir été jusqu'ici l'apanage des écrivains du XVIe et du XVIIe siècle.

Quelles sont les éditions des Œuvres complètes ou du Théâtre seul de Beaumarchais qui jusqu'à ce jour ont obtenu, sinon mérité, la faveur du public ? Celle de 1780 (s. l., 4 volumes in-8°) est la moins complète et n'a certainement pas été donnée ou revue, comme on pourrait le croire, par Beaumarchais. La preuve évidente en est dans les omissions fréquentes et les fautes nombreuses qu'elle renferme. L'édition de Collin (Paris, 1809, 7 volumes in-8°) a toujours eu jusqu'à présent un certain crédit. Enrichie de notes et de dissertations dues à Gudin de la Brenellerie, l'ami inséparable, le secrétaire complaisant de Beaumarchais, elle a été textuellement reproduite d'abord par Ledoux en 1821, puis par Furne en 1826. Ces trois éditions ainsi que les éditions partielles [1] ne contenant que le Théâtre ne donnent pas toujours un texte complet et parfaitement conforme aux diverses pièces publiées par Beaumarchais lui-même.

Nous avons, au contraire, dans notre édition, fidèlement reproduit le texte des éditions princeps données du vivant de l'auteur, revues et corrigées par

---

1. Nous citerons les principales : *Œuvres choisies de Beaumarchais*, précédées d'une *Notice sur sa vie et ses ouvrages*, par M. Auger. Édition stéréotype. 3 volumes in-18. — Menard et Desenne. Paris, 1818. 4 volumes in-18 ornés de 7 figures. — Édition stéréotype d'Heran. Paris, 1825. 2 volumes in-18. — Etc.

lui. Nous avons en outre conservé au titre de chacune d'elles son aspect typographique, mais sans nous imposer la même loi pour l'impression du texte. Ce que nous avons voulu, c'est que notre édition se distinguât par l'élégance et le bon goût de l'exécution, et, pour que rien n'y manquât de ce qui constitue un vrai livre de bibliophile, nous avons fait dessiner et graver par M. Le Maire des fleurons et des lettres ornées, reproduisant avec autant d'exactitude que de finesse le style ornemental du XVIII siècle.

Mais cette reproduction sévère des textes originaux, non plus que le luxe dont nous avons entouré notre réimpression en la confiant à M. Jouaust, un maître expert et délicat de la typographie, ne nous a paru un titre suffisant à la faveur des amis des beaux et bons livres ; il fallait à cette édition plus d'imprévu et de singularité.

Grâce au bienveillant concours de M. Édouard Thierry, l'administrateur érudit de la Comédie-Française, non-seulement nous avons eu l'heureuse fortune de pouvoir collationner et copier les manuscrits de Beaumarchais qui s'y trouvent conservés, mais il nous a encore été donné de fouiller les archives de cet établissement, si riches en documents de tous genres. Les honneurs nous en ont été faits par

M. Léon Guillard, avec autant d'intelligence que d'urbanité.

Tout ce qui concernait Beaumarchais a été par nous largement mis à contribution : éditions originales, copies des manuscrits de l'auteur revues, certifiées et approuvées par lui, registres des recettes tenus jour par jour et classés par année, livres de réception des pièces nouvelles, cahier des représentations à la Cour, manuscrits inestimables, encore à peine explorés et récemment achetés à Londres[1] par M. Édouard Fournier pour le compte de la Comédie; renseignements curieux demandés et pris de vive voix auprès de l'expérimenté directeur et de quelques aimables Sociétaires qui ont plus particulièrement le goût et la pratique de tout ce qui touche aux lettres, nous n'avons rien négligé, rien omis de ce qui pouvait être utile à notre publication.

Nous avons également mis à profit le précieux manuscrit du *Mariage de Figaro* que possède la Bibliothèque Impériale. Pour ce qui regarde l'opéra de *Tarare*, des documents inédits ont été mis à notre disposition par l'Académie Impériale de Musique avec la même complaisance que

---

[1]. Il est longuement parlé de ces manuscrits au tome II de cette édition.

nous avions rencontrée à la Comédie-Française.

Nous n'avons pas entrepris de faire une Vie de l'auteur; il ne nous a pas paru opportun de suivre dans ses détails l'existence d'un homme qui, s'il est arrivé à la renommée grâce à de brillantes facultés, n'a jamais pu parvenir à la considération.

Nous nous sommes bornés à mettre en tête de chaque pièce une notice faite d'après des documents la plupart inédits. Ces différentes notices contiennent la vie littéraire de Beaumarchais, la seule dont nous ayons à nous occuper ici.

Enfin nous avons relevé avec le plus grand soin les nombreuses et curieuses variantes offertes par les manuscrits que nous avons été à même de consulter. Ces variantes ont été placées à la suite de chacune des pièces auxquelles elles correspondent.

Le portrait qui accompagne cette édition, gravé par M. Gilbert, est la reproduction d'une très-belle gravure d'après C. N. Cochin, que nous avons trouvée au cabinet des estampes de la Bibliothèque Impériale.

Ce portrait, le seul que Beaumarchais ait jamais consenti à laisser faire, a été peint par Cochin en 1773[1].

---

1. La lettre suivante confirme l'exactitude de cette date et

Le Théâtre de Beaumarchais trouvera encore, nous n'en doutons pas, bien d'autres éditeurs; mais la faveur unique et toute particulière dont il nous a

montre la répugnance qu'éprouva toujours Beaumarchais à se laisser peindre une deuxième fois.

A M. PUJOS.

« Paris, ce 11 juin 1784.

« Ma prétendue célébrité, Monsieur, n'est que du tapage autour de moi : beaucoup d'ennemis, encore plus de courage, et des succès trop disputés pour que la belle gravure qui me représenterait ne parût pas déplacée parmi celles des hommes justement célèbres dont vous portez les traits à la postérité.

« Voilà, Monsieur, ce que j'ai dit à M. de Saint-Ange, à quoi j'ai ajouté que j'espérais vous posséder un jour à dîner avec plusieurs autres grands maîtres, pour raisonner sur la médaille que je me suis promis de décerner au grand Voltaire.

« Lorsque M. Cochin vint m'enlever de profil en 1773, ce fut à titre d'homme malheureux, injustement persécuté, dont le courage pouvait servir de leçon, que je me laissai faire, et je lui serrai la main en m'enfuyant à Londres. Il y avait alors une espèce de moralité dans son crayon : on ne verrait aujourd'hui dans le vôtre qu'une sotte vanité de ma part; et la rage envenimée qui me poursuit ne manquerait pas de m'en faire un nouveau tort, si j'acceptais votre offre honorable. Recevez donc mes actions de grâces, et faites-moi la justice de me croire, avec la plus douce reconnaissance de votre aimable prédilection,

« Monsieur,

« Votre très-humble et très-obéissant serviteur,

« Caron de Beaumarchais. »

(Édition de 1809. — Tome VI, pages 387 et 388.)

été donné de jouir place, nous le croyons, notre édition au-dessus de toutes celles qui ont paru jusqu'à ce jour.

Nous ne voulons pas terminer ces quelques lignes sans offrir de nouveau nos remercîments les plus vifs et les plus sincères à MM. Édouard Thierry et Léon Guillard, dont l'inestimable complaisance a été si favorable à nos travaux.

Les Éditeurs.

Mai 1869.

EUGÉNIE

DRAME EN CINQ ACTES

NOTICE

SUR EUGÉNIE

La première pièce de Beaumarchais, *Eugénie*, a été représentée à la Comédie-Française le jeudi 29 janvier 1767[1]. *Beaumarchais était alors déjà suffisamment connu. Ses aventures, ses bonnes fortunes, ses quelques spéculations heureuses, et aussi ses liaisons avec les grands et ses rapports fréquents avec la cour par Mesdames, filles du roi, dont il était à la fois le lecteur, le maître de musique et surtout le factotum en plaisirs et distractions de toutes sortes, lui avaient fait, dans ce monde même, des jaloux et des ennemis. On parlait de lui partout, soit pour exalter ses mérites, soit pour exagérer ses défauts et ses vices; il était à la mode, reçu dans la meilleure compagnie, re-*

---

[1]. Et non le 25 juin, comme le disent les diverses éditions de Beaumarchais. C'est sur le registre même de la Comédie-Française que je relève la date précise de la première représentation.

cherché de ceux mêmes qui le détestaient le plus, et servi, pour sa réputation et sa célébrité, aussi bien par les bons offices des uns que par la médisance des autres.

Sa première pièce fut donc, pour ces motifs, un événement presque considérable. Avant sa représentation, pendant le temps qui fut consacré aux démarches pour sa réception, à son examen par la censure, et aux répétitions assez longues nécessitées par la mise en scène et par les retouches et changements que l'auteur dut une première fois lui faire subir, Beaumarchais fut assailli de demandes de lectures particulières. Chacun voulait avoir la primeur de l'œuvre nouvelle. Le désir d'entendre, avant que tout le monde pût l'aller voir, la pièce dont tout Paris s'entretenait à l'avance, donna lieu à des lettres et à des invitations des plus flatteuses pour l'amour-propre de Beaumarchais. Le drame[1] d'Eugénie obtint devant ce public spécial, composé des plus grands personnages du royaume et de la cour[2], un succès prématuré qu'il ne devait pas retrouver tout à fait devant le vrai public, celui qui allait payer sa place, et juger, d'après le seul plaisir qu'il y prendrait et sans aucun parti pris, la pièce soumise à son appréciation.

Le drame de Beaumarchais tel qu'il fut joué, puis imprimé, est bien loin d'être conforme à la première idée de son auteur. Dans la pièce d'abord écrite par lui, et telle d'ailleurs, à quelques modifications près, qu'elle fut présentée, reçue et même un moment étudiée au théâtre avant le dernier mot de la censure, la scène se passait en France; les personnages étaient tous Français; lord Clarendon se nommait le marquis de Rosempré, le baron Hartley était un

---

1. « Le premier, je crois, des dramaturges du temps, il intitule sa pièce *drame*. Les deux drames de Diderot et celui de Sedaine étaient encore intitulés *comédies*. » (L. de Loménie, *Beaumarchais et son temps*, tome Ier.)

2. Il faut citer surtout une lecture particulière, qui eut un vif succès d'attendrissement, chez Mesdames, filles de Louis XV.

baron de Kerbalec, gentilhomme breton ; le dénoûment et les détails étaient les mêmes, mais le caractère du héros était plus forcé : Rosempré, plus coupable, était aussi moins intéressant. Les vrais amis de l'auteur, et surtout parmi eux le duc de Nivernois, homme de beaucoup de tact et de goût et d'un jugement expérimenté et sûr, déclarèrent le sujet impossible au théâtre si Beaumarchais persistait à en mettre la scène en France. En effet, le faux mariage sur lequel repose toute l'intrigue d'Eugénie, accompli par un faux prêtre, devant de faux témoins, était une chose absolument impraticable chez nous, même à l'époque où Beaumarchais fit représenter son drame. Cette plus qu'invraisemblable aventure, maintenue dans le pays où elle se déroulait tout d'abord, eût causé la chute immédiate de l'ouvrage, et rendu facilement l'auteur la risée de tous ceux qui étaient si bien disposés à ne lui pas marchander leurs plus aigres critiques.

Cette judicieuse observation ne fut faite à Beaumarchais que quelques jours seulement avant la première représentation d'Eugénie[1] ; il en comprit aussitôt toute l'importance, et, pressé par les comédiens, qui avaient hâte de donner son ouvrage, sur lequel ils fondaient de grandes espérances de recettes et de succès, il se borna à transporter en Angleterre la scène de son drame, en changeant simplement les noms de ses personnages. Il modifia cependant quelques traits du caractère de Rosempré, qui sous le nom de lord Clarendon devint un peu moins scélérat et par conséquent plus intéressant, ce qui rendit en même temps plus vraisemblable la réconciliation générale, si rapidement amenée, qui termine la pièce.

---

1. Ce fut d'ailleurs aussi l'avis de la censure, qui demanda également à l'auteur de transporter la scène de son drame dans un pays autre que la France.

Malgré tout, la première soirée fut fort mauvaise pour l'auteur et pour l'ouvrage. Les trois premiers actes se soutinrent cependant avec succès, le troisième surtout, qui est le plus dramatique et le plus attachant des cinq. Mais les deux derniers compromirent, pour ce soir-là au moins, la pièce tout entière. C'est dans ces deux actes, en effet, qu'intervient le frère d'Eugénie, d'une façon si brusque, si inattendue et si inutile; c'est alors que commence en quelque sorte une seconde pièce, fort mal soudée à la première, et dont le sujet est emprunté à la nouvelle intitulée Le comte de Belflor, *dans* le Diable boiteux *de Lesage*[1]. *Cette intervention, dont le drame pouvait si facilement se passer, donne lieu à une suite de scènes et d'incidents singuliers qui allongent l'intrigue outre mesure et la rendent aussi confuse qu'inexplicable.*

L'auteur et les comédiens remédièrent précipitamment, et seulement en deux jours, aux défauts les plus apparents de la pièce. Du jeudi 29 janvier, jour de la première représentation, au samedi 31, où fut donnée la seconde, Beaumarchais remania les cinq actes d'Eugénie. Il supprima les passages faisant longueur, retrancha, surtout aux trois derniers actes, des scènes tout entières, et donna à la marche générale de son drame plus de vivacité et en même temps d'intérêt.

Néanmoins, les critiques de son époque se montrèrent sévères, et même durs et injustes, pour sa première tentative dramatique. C'est Grimm d'abord, le baron de Grimm, baron du Saint-Empire! Il n'aime pas Beaumarchais, et il le prouve suffisamment dans sa lettre sur Eugénie:

Cet ouvrage est le coup d'essai de M. de Beaumarchais au

---

[1]. Voyez *le Diable boiteux*, dans notre édition des *Romans classiques* chap. VI, pages 36 et suivantes.

théâtre et dans la littérature. Ce monsieur de Beaumarchais est, à ce qu'on dit, un homme de quarante ans, riche, propriétaire d'une petite charge à la cour, qui a fait jusqu'à présent le petit-maître, et à qui il a pris fantaisie, mal à propos, de faire l'auteur. Je n'ai pas l'honneur de le connaître, mais on m'a assuré qu'il était d'une suffisance et d'une fatuité insignes.

Le sujet de sa pièce est le roman des amours du comte de Belflor et de Léonor de Cespedès. Quoique ce sujet soit à mon gré très-beau et très-théâtral, il n'est pas sans inconvénients. Son plus grand défaut, celui qui est sans ressource, est d'avoir été traité par M. de Beaumarchais. Il y a au quatrième acte une scène qui est pour moi une démonstration que cet homme ne fera jamais rien de bien, même de médiocre[1]...

C'est ensuite Bachaumont, dont le recueil ne mérite ni grande estime ni grande créance, et qui, ce jour-là certainement, ne s'était pas vendu à Beaumarchais!...

29 janvier 1767.

Eugénie, ce drame tant prôné, a été donné aujourd'hui, et n'a pas eu le succès dont l'auteur se flattait. Les trois premiers actes ont été reçus avec assez de bienveillance, mais les deux derniers ont révolté, et l'on peut regarder cela comme une chute[2].

1. *Correspondance littéraire.*
2. Le mois précédent, à la date du 28 décembre 1766, Bachaumont avait parlé en ces termes de Beaumarchais et de la prochaine représentation d'*Eugénie* : « On annonce aux Français une comédie larmoyante, intitulée : *Eugénie, ou la vertu malheureuse*. Cette pièce, toute romanesque, est prônée avec beaucoup d'emphase. Elle est d'un homme fort répandu sans avoir aucune considération : c'est un nommé Caron de Beaumarchais, peu connu dans la littérature. Ses premiers ans ont été employés à acquérir des talents mécaniques. Fils de Caron, horloger, il avait suivi l'état de son père avec succès... Il est parvenu à approcher de la cour, il a été assez heureux pour y plaire par ses talents et d'en profiter pour se ménager des grâces qui l'ont mis en état de faire une fortune considérable. Les morts successives du mari d'une femme qu'il aimait et qu'il a épousée ensuite, ainsi que de cette même femme après lui avoir fait une donation de tout son bien, jettent sur sa réputation un vernis

*Un peu plus tard, c'est La Harpe qui, dans un jugement général sur Beaumarchais, parle ainsi d'*Eugénie :

En relisant *Eugénie*, je me suis convaincu plus que jamais, par une épreuve très-désintéressée, qu'il y avait de très-bonnes raisons du peu de cas qu'on fait généralement du drame en prose. Il y a ici de l'intérêt dans le sujet et des situations faites pour le théâtre, et pourtant la lecture ne produit aucune émotion quelconque, et rien de plus que la curiosité... Un drame de cette espèce ne m'inspire guère, à la lecture, d'autre sentiment que le désir d'avancer et d'être au fait; quand j'y suis, tout est dit; l'ouvrage est oublié, et je n'y reviendrai jamais : mon imagination n'y a rencontré rien que je désire retrouver[1].

Puis vient Fiévée, l'aimable auteur du joli roman La Dot de Suzette :

A la représentation d'une pièce comme *Eugénie*, on peut s'amuser, trouver que l'actrice pleure bien ou qu'elle pleure mal, qu'elle tombe à genoux adroitement, qu'elle s'évanouit à mer-

---

peu favorable. Il a été refusé dans diverses charges dont il voulait se pourvoir. »

Quelques années après, le bruit courut que Beaumarchais avait empoisonné successivement *ses trois femmes*. Voltaire parle de cette rumeur dans une lettre au comte d'Argental : « Je persiste à croire que Beaumarchais n'a jamais empoisonné personne, et qu'un homme si gai ne peut être de la famille de Locuste. » (31 janvier 1774.) Cette lettre donna même lieu à une amusante aventure rapportée par l'un des éditeurs de Voltaire (édition de 1832, tome 96). On donnait au Théâtre-Français *Eugénie*. Beaumarchais, voulant juger par lui-même de l'effet que produisait son drame sur le public, était au parquet, voisin d'un monsieur qui, après avoir déchiré la pièce, n'épargna pas l'auteur, et dit « qu'ayant dîné ce jour-là même chez M. d'Argental, il avait entendu lire une lettre de Voltaire, lequel s'obstinait à soutenir que Beaumarchais n'avait pas empoisonné ses trois femmes, fait dont on était bien sûr parmi messieurs du parlement. » Beaumarchais le laissa dire, et, quand il eut fini : « Il est si vrai, monsieur, fit-il, que ce misérable homme a empoisonné ses trois femmes, quoiqu'il n'ait été marié que deux fois, qu'on sait de plus, au parlement Maupeou, qu'il a mangé son père en salmis, après avoir étouffé sa mère entre deux épaisses tartines, et j'en suis d'autant plus certain que je suis ce Beaumarchais-là !... »

1. *Cours de littérature.*

veille, et qu'elle efface son rouge avec tant de dextérité qu'en une seconde elle montre deux figures différentes; si on est en loge, en bonne société ou à côté de voisins qui causent agréablement, on sortira de ce spectacle aussi satisfait que de tout autre; mais il ne résultera pas pour cela qu'*Eugénie* soit du domaine de la littérature[1].

C'est enfin Geoffroy, le maître critique du Journal des Débats *sous le premier Empire :*

Eugénie fut justement sifflée dans la nouveauté, et ne méritait pas de rester au théâtre. C'est une chose plaisante que les destinées des auteurs dramatiques. Beaumarchais, du côté de l'art, est assurément un des moins estimables; son style est un continuel amphigouri; ses plans semblent tissus par la folie; ce n'est pas même un écrivain dans les formes; et on peut le regarder, dans la république des lettres, moins comme un citoyen que comme un aventurier et un chevalier d'industrie. Cependant, les *Deux Amis* exceptés, toutes ses pièces sont restées, et, ce qui est plus heureux, elles se jouent : *Eugénie* et la *Mère coupable* ont le privilége d'ennuyer souvent le public de leurs jérémiades : le *Barbier de Séville* et le *Mariage de Figaro* sont même courus[2].

Deux recueils du temps se montrèrent plus favorables à Beaumarchais, se bornant à donner leur opinion, sans y mêler l'invective et l'injure.
C'est d'abord le Mercure de France[3] :

La pièce fut écoutée avec quelqu'agitation par le parterre; elle fut vivement applaudie, particulièrement aux situations touchantes du troisième acte, mais quelques longueurs, peut-être néanmoins nécessaires au fil du drame, excitèrent des murmures et furent sur le point d'en entraîner la chute. Par un travail et

---

1. Notice dans le *Répertoire du Théâtre-Français*.
2. *Journal des Débats*.
3. *Numéro de mars* 1767.

par une sagacité incroyables de la part de l'auteur et de celle des acteurs, depuis le vendredi jusqu'au samedi au soir, la pièce fut remise en état d'être jouée, avec un succès qui a continué et même toujours augmenté depuis. Les morceaux intéressants, se trouvant rapprochés, ont produit leur effet et ont arraché des larmes à tous les spectateurs.

*C'est enfin Fréron, le redoutable Fréron, « la bête noire » des écrivains du XVIII*e *siècle, « le critique forcené, la langue de vipère qui répand le venin et le poison... » Beaumarchais tenait particulièrement à se ménager l'opinion de l'aristarque célèbre qui faisait et défaisait à sa guise les réputations de son temps. Il lui écrivit, à propos de sa pièce, une lettre humble, modeste, toute en douceur et en cajolerie :*

Je ne crois pas avoir l'honneur, monsieur, d'être personnellement connu de vous, ce qui me rend d'autant plus sensible aux choses honnêtes que l'on m'a rapportées hier au soir. Un homme de mes amis, qui s'est rencontré avec vous dans une maison, m'a assuré qu'il était impossible de parler avec plus de modération que vous ne l'aviez fait des endroits qui vous avaient paru répréhensibles dans le drame d'*Eugénie*, et de louer avec une plus estimable franchise ceux que vous jugez propres à intéresser les honnêtes gens. C'est ainsi que la critique judicieuse et sévère devient très-utile aux gens qui écrivent. Si vos occupations vous permettent de revoir aujourd'hui cette pièce, où j'ai retranché des choses auxquelles mon peu d'usage du théâtre m'avait attaché, je vous prie de le faire avec ce billet d'amphithéâtre que je joins ici. Je vous demanderai, après cette seconde vue, la permission d'en aller jaser avec vous, en vous assurant de la haute considération et de la reconnaissance avec lesquelles j'ai l'honneur d'être, monsieur, etc...

Caron de Beaumarchais.

Fréron lui répond aussitôt :

Le samedi 7 février 1767.

Je suis fort sensible, monsieur, à votre politesse, et bien fâché ne ne pouvoir en profiter; mais je ne vais jamais à la Comédie par billets. Ne trouvez donc pas mauvais, monsieur, que je vous renvoie celui que vous m'avez fait l'honneur de m'adresser.

Quant à votre drame, je suis charmé que vous soyez content de ce que j'avais dit; mais je ne vous dissimulerai pas que j'en ai pensé et dit plus de mal que de bien après la première représentation, la seule que j'aie vue. Je ne doute pas que les retranchements qui étaient à faire, et que vous avez faits dans cet ouvrage, ne l'aient amélioré : le succès qu'il a maintenant me le fait présumer. Je me propose de l'aller voir la semaine prochaine, et je serai très-aise, monsieur, je vous assure, de pouvoir joindre mes applaudissements à ceux du public.

J'ai l'honneur d'être, avec la plus haute considération...

FRÉRON[1].

Son étude critique ne fut publiée qu'au mois d'août, au tome VIII de son Année littéraire *pour 1767. Le terrible Fréron se donne au moins la peine d'analyser la pièce de Beaumarchais; il n'est ni violent, ni emporté, ni injuste; en revanche, il est sévère, mais vrai. Voici quelques passages de son article, qui est très-long. Après avoir rendu compte, avec beaucoup de détails, des trois premiers actes d'Eugénie :*

Je n'entreprendrai pas, dit-il, l'analyse des deux derniers actes : c'est un chaos qu'il serait aussi difficile pour moi que peu satisfaisant pour vous de débrouiller. Ce sont des scènes de nuit, des combats nocturnes, des allées et des venues, enfin tout le fracas invraisemblable et trivial d'un mauvais roman.

---

1. On trouvera ces deux lettres dans l'excellent travail, déjà cité, de M. Louis de Loménie (tome Ier), et aussi dans la curieuse étude de Charles Monselet, *Fréron, ou l'illustre critique* (Pincebourde, 1864).

Les trois premiers actes, surtout le troisième, me paraissent bien faits et dialogués avec beaucoup de naturel et de précision. Les deux derniers sont absurdes, mal tissus et mal écrits.

Je m'étonne que le public ait pu supporter les deux derniers actes, et je ne reviens pas de son indulgence. On serait tenté de croire que ce n'est pas la même main qui les a composés, tant la différence entre eux et les précédents est énorme.

Eugénie fut assez mal reçue du public, et même cet accueil avait tout l'air d'une chute. Elle s'est relevée depuis avec éclat moyennant des retranchements et des corrections.

Fréron termine en se moquant, et cela justement, de ces singuliers jeux de scènes muettes que Beaumarchais, toujours en quête d'innovations, avait imaginés pour occuper les entr'actes de son drame, et qu'il rêvait alors de voir introduits dans notre théâtre, afin, pensait-il, d'empêcher l'attention des spectateurs d'être détournée de la pièce qu'on représentait devant eux :

M. de Beaumarchais croit-il sérieusement qu'on aurait beaucoup de plaisir à voir un laquais bâillant sur un sopha, un homme qui chercherait une clef dans son gousset, un autre qui fumerait sa pipe, etc... Notre théâtre n'a pas besoin de toutes ces singeries, dont les Italiens et les forains sont en possession depuis longtemps ; c'est replonger la scène française dans la bassesse et la popularité de ses premières années.

Citons encore un confrère de Beaumarchais qui se montra alors aussi dur pour lui qu'il devait, un peu plus tard, devenir enthousiaste au sujet du Barbier de Séville: *le chansonnier Collé, auteur de deux ou trois comédies, dont l'une,* La Partie de Chasse de Henri IV, *a eu depuis, en quelques circonstances, une célébrité et une vogue officielles, formule ainsi son opinion sur* Eugénie:

M. de Beaumarchais nous a prouvé, par son drame, à ne

pouvoir en douter, qu'il n'a ni génie, ni talent, ni esprit [1].

De notre temps, on a rendu pleine, entière et en même temps sévère justice à Beaumarchais. Le maître de la critique contemporaine, M. Sainte-Beuve, juge ainsi ses deux premiers essais dramatiques :

Dans le drame d'*Eugénie* et dans celui des *Deux Amis*, qui suivit (1770), Beaumarchais n'est encore qu'un dramaturge sentimental, bourgeois, larmoyant, sans gaieté; et procédant de La Chaussée et de Diderot [2].

M. de Loménie, qu'il faut toujours citer quand il s'agit de Beaumarchais, apprécie en ces termes le drame qui nous occupe :

Le drame d'*Eugénie* se ressent de la mesquinerie des doctrines de l'auteur. Il y a des parties faibles dont la couleur est aujourd'hui fanée. Cependant, soit pour l'action, soit pour le dialogue, cet ouvrage est, à mon avis, très-supérieur aux drames de Diderot... Il y a déjà dans Beaumarchais une verve de facilité vive et limpide qui résiste à l'invasion de l'emphase et de la sensiblerie [3].

C'est enfin M. Hippolyte Lucas, dont l'érudition et l'autorité en matière théâtrale sont suffisamment connues :

Eugénie n'est pas une bonne pièce assurément, mais elle n'est pas non plus une œuvre tout à fait médiocre. Par malheur, des incidents trop romanesques, des rencontres invraisemblables, contreviennent, dans cette œuvre, à la première loi du drame, au naturel; un style trop apprêté ajoute encore à ce défaut. Beaumarchais a beau assurer, dans sa préface, qu'il a écrit sa pièce simplement, il n'en est rien. Le style simple était impos-

---

1. *Journal historique* (œuvre posthume).
2. *Causeries du lundi*, tome VI.
3. *Beaumarchais et son temps*, tome Ier.

sible à Beaumarchais ; sa phrase est toujours étudiée, elle aime
le contraste et les antithèses [1].

Cette dernière opinion est plus particulièrement applicable aux drames d'Eugénie et des Deux Amis. Le style de Beaumarchais n'était pas encore sien ; il ne l'avait pas alors exercé, comme il allait le faire peu après, dans ses merveilleux mémoires, qui ont été le scandale et l'amusement de la seconde partie du XVIIIe siècle. Il ne faut pas oublier qu'Eugénie est le premier écrit public de Beaumarchais; c'est son premier essai, son début comme homme de lettres. La verve, la gaieté, les saillies à emporte-pièce, les mots terribles et sanglants, viendront en leur temps, et bientôt ; le style alors sera incisif et brillant, et l'esprit coulera à flots et comme d'une intarissable source.

Cependant, en dépit des critiqueurs et de la critique, le drame d'Eugénie a eu, dans la nouveauté, une assez longue suite de représentations [2] ; *il a été repris souvent depuis à Paris et même en province.*

J'ai relevé, sur les registres tenus journellement à la Comédie-Française, le chiffre des recettes [3] *faites*

---

1. *Histoire philosophique et littéraire du Théâtre-Français*, tome II.

2. Il eut même les honneurs de la traduction. Peu de temps après la première représentation d'*Eugénie* à Paris, Garrick, le célèbre acteur anglais, alors directeur du théâtre de Drury-Lane, fit traduire et jouer à Londres la pièce de Beaumarchais, sous le titre : *L'École des Roués* (The School for Rakes). Elle eut assez de succès, et Garrick y fut très-remarquable dans le principal rôle.

3. Voici, d'autre part, à propos des bénéfices que Beaumarchais dut retirer de sa pièce, quels étaient alors les droits payés par la Comédie-Française aux auteurs dont elle représentait les ouvrages :

« Il revient aux auteurs, dit le règlement du temps, du produit de leurs pièces, sçavoir : pour les tragédies ou comédies en cinq actes, le neuvième de la recette nette après qu'on aura prélevé les frais journaliers et ordinaires ; pour les pièces en trois actes, le douzième ; pour les pièces en un acte, le dix-huitième. »

De nos jours les auteurs joués au Théâtre-Français perçoivent par soirée quinze pour cent de droits sur la recette brute.

*pendant les dix premières représentations d'*Eugénie :

1re représentation.	Jeudi	29 janvier,	3,616 livres[1].
2me —	Samedi	31 —	2,751 —
3me —	Mercredi	4 février,	2,950 —
4me —	Samedi	7 —	3,104 —
5me —	Lundi	9 —	2,059 —
6me —	Mercredi	11 —	2,158 —
7me —	Samedi	14 —	2,643 —
8me —	Samedi	27 avril [2],	2,183 —
9me —	Lundi	29 —	1,423 —
10me —	Jeudi	2 mai,	1,743 [3] —

1. Contrairement à ce qui se passe aujourd'hui, la première représentation d'une pièce était alors la plus fructueuse comme recette. Le service de la presse était à peu près nul, et les grands personnages assistaient, autant par mode que par goût, et toujours pour leur argent, à toutes les premières représentations importantes.

2. Cette huitième représentation fut ainsi retardée de plus de deux mois par une maladie de Préville, qui jouait le rôle du baron Hartley.

Voici quelques notes sur Préville et les autres artistes qui ont créé *Eugénie* :

Préville (le baron Hartley), de son vrai nom *Dubus* (Pierre-Louis), né en 1721; acteur des Français en 1753; retraité en 1786; mort en 1799. Il demeurait, en 1767, rue Mazarine. Les *Mémoires* publiés sous son nom, en 1813, sont en partie apocryphes.

Bellecourt (comte de Clarendon), de son vrai nom *Gilles* (Jean-Claude), né en 1725; d'abord peintre avant d'entrer au Théâtre-Français (1751); mort en 1778. Il résidait alors rue de Tournon.

Sa femme, actrice du Théâtre-Français depuis 1747, excellait dans les rôles de soubrette.

Grandval (Cowerly), né *Racot* (Charles-François), en 1711. Admis au Théâtre-Français en 1729, il le quitta en 1768, avec une pension de retraite de 1,500 livres; mort en 1784. Il a écrit quelques jolies comédies.

Velene (sir Charles), que l'*Almanach des spectacles* appelle *Velaine*; comédien pensionnaire du Théâtre-Français. Il demeurait rue Pierre-Sarrazin.

Auger (Drink), acteur des Français depuis 1763. Il résidait rue des Cordeliers.

Feulie (Robert), excellent valet de comédie, admis acteur des Français en 1766. Il demeurait rue de Condé.

Mme *Préville* (Mme Murer), femme de *Dubus* dit *Préville*, ci-dessus désigné. Elle était actrice du Théâtre-Français depuis 1757.

Mlle *Doligny* (Eugénie), actrice du Théâtre-Français depuis 1764. Elle avait une réputation de vertu non moins que de beauté. Elle quitta le théâtre, en 1783, pour épouser un écrivain du temps, M. Dudoyer. En 1767 elle résidait rue de Seine.

Mlle *Fanier* (Betsy), actrice du Théâtre-Français depuis 1766. Elle demeurait alors rue de Condé.

3. Voici, comme curiosité utile pour la comparaison entre le prix des places

La dernière reprise d'Eugénie au Théâtre-Français a eu lieu au mois d'août 1863. La pièce était ainsi montée :

Le baron Hartley	Maubant.
Le comte de Clarendon.	Guichard.
Mme Murer.	Mme Émilie Guyon.
Eugénie.	Mme Emma Fleury.
Sir Charles	Gibeau.
Cowerly.	Talbot.
Drink	Chéry.
Betsy.	Mlle Bondois.
Robert.	Tronchet.

Le succès en fut plus que médiocre, et Eugénie disparut encore une fois de l'affiche, après quatre représentations qui produisirent les recettes suivantes :

Samedi 29 août	1,182 fr.	10 cent.
Mardi 1er septembre	819 —	10 —
Samedi 5 —	1,747 —	80 —
Mardi 8 —	969 —	30 —

Il faut avouer aussi que la Comédie, ne comptant sans doute que très-peu sur cette reprise, avait choisi, pour la donner, l'époque de l'année la plus défavorable aux spectacles, et n'avait pas distribué les rôles à ses premiers sujets. Cependant Mme Emma Fleury fut très-touchante et eut un grand succès de larmes dans le rôle d'Eugénie, et Mme Émi-

---

d'alors et ce qu'elles coûtent aujourd'hui, le détail de la recette de cette dixième représentation :

Une petite loge.	11 liv. 5 s.
Deux petites loges.	20 francs.
139 premières places à 6 livres .	834 livres.
132 secondes places à 3 francs .	396 francs.
46 troisièmes places à 2 francs .	92 francs.
390 places de parterre à 1 livre.	390 francs.

Sur le registre de la Comédie-Française, où je copie cette note, le prix des places est indiqué, comme je viens de le donner, soit en livres, soit en francs.

lie Guyon représenta avec beaucoup de verve et d'autorité Mme Murer, la tante revêche et acariâtre. Mais M. Gibeau outra encore le rôle déjà si outré de sir Charles, et M. Guichard n'avait ni l'élégante légèreté ni la distinction indispensables pour le personnage de Clarendon.

Nous avions également vu, il y a une dizaine d'années, à l'Odéon, une reprise d'Eugénie qui n'eut pas non plus longue durée. Néanmoins Eugénie est encore aujourd'hui ce qu'on appelle une pièce de répertoire, c'est-à-dire qu'elle n'est pas totalement abandonnée, et que, de dix ans en dix ans, on l'admet pour quelques soirs aux honneurs de la rampe. Mais je voudrais, pour bien juger l'impression que doit produire la représentation d'Eugénie, voir mettre ce drame à la scène avec les meilleurs acteurs de la Comédie-Française. L'effet des trois premiers actes, joués par des artistes supérieurs, ne saurait manquer d'être très-grand, et une bonne interprétation ferait facilement passer l'indulgent public de nos jours sur la faiblesse des deux autres.

Les archives de la Comédie-Française possèdent deux manuscrits d'Eugénie (carton 79). L'un, qui est vraisemblablement le manuscrit du souffleur, est, à très-peu de chose près, conforme à la pièce imprimée. L'autre est la pièce telle qu'elle revint de l'examen définitif de la censure. En effet, le manuscrit porte à sa dernière page le visa suivant, pour autorisation de représenter :

J'ai lû, par ordre de M. le Lieutenant Général de police, Eugénie, drame, et je crois qu'on peut en permettre la représentation. A Paris, 30 décembre 1766. MARIN.

Vu l'approbation. Permis de représenter.

Ce 31 décembre 1766.

DE SARTINES.

Nous indiquons, sous le titre général de Variantes, à la suite de la réimpression textuelle de la première édition d'Eugénie, les très-notables différences qui existent entre ce dernier manuscrit et la pièce imprimée. Des scènes entières et des parties de scènes importantes ont été, avant ou après la première soirée, retranchées par l'auteur pour alléger sa pièce. Si elles sont inutiles, nuisibles même au bon effet de la représentation, elles ont au contraire un grand intérêt pour le lecteur, qui aura ainsi sous les yeux le drame d'Eugénie tel qu'il avait été d'abord retouché, puis adopté, en vue du public et de la scène, après l'examen de la censure, et sur les conseils même, des meilleurs et des plus judicieux amis de son auteur.

GEORGES D'HEYLLY.

Janvier 1869.

EUGÉNIE,

DRAME

En cinq Actes en Prose,

ENRICHI DE FIGURES EN TAILLE-DOUCE;

AVEC

UN ESSAI

SUR LE DRAME SÉRIEUX

Par M. de Beaumarchais.

Une seule démarche hasardée m'a mise à la merci de tout le monde.

Eugén. Acte III. Scene IV.

Prix. 3 liv. broché.

A PARIS,

Chez Merlin, Libraire, rue de la Harpe, à S. Joseph.

M. DCC. LXVII.

AVEC APPROBATION ET PRIVILEGE DU ROI.

ESSAI

SUR

LE GENRE DRAMATIQUE

SÉRIEUX

Je n'ai point le mérite d'être Auteur ; le tems et les talens m'ont également manqué pour le devenir ; mais il y a environ huit ans que je m'amusai à jetter sur le papier quelques idées sur le Drame sérieux ou intermédiaire entre la Tragédie héroïque et la Comédie plaisante. De plusieurs genres de Littérature, sur lesquels j'avois le choix d'essayer mes forces, le moins important peut-être était celui-ci : ce fut par-là même qu'il obtint la préférence. J'ai toujours été trop sérieusement occupé pour chercher autre chose qu'un délassement honnête dans les Lettres. *Neque semper arcum tendit Apollo.* Le sujet me plaisait, il m'entraîna ; mais je ne tardai pas à sentir que j'avais tort de vouloir convaincre par le raisonnement, dans un genre où il ne faut que persuader par le sentiment. Alors je desirai avec passion de pouvoir substituer l'exemple au précepte. Moyen infaillible de faire des Prosélytes lorsqu'on réussit, mais qui expose le malheureux qui échoue au double chagrin de manquer son but et de rester chargé du ridicule d'avoir présumé de ses forces.

Trop échauffé pour être capable de cette dernière réflexion, je composai le Drame que je donne aujourd'hui. *Miss Fanny, Miss Jenny, Miss Polly*, etc... charmantes productions! Eugénie eût gagné sans doute à vous avoir pour modeles; mais elle était avant que vous eussiez vous-mêmes l'existence, sans laquelle on ne sert de modele à personne. Je renvoie vos Auteurs à la petite nouvelle Espagnole du Comte de Belflor, dans le *Diable boiteux*. Elle fut la source où j'en puisai l'idée. Le foible parti que j'en ai tiré leur laissera peu de regrets de n'avoir pu m'être bons à quelque chose.

La fabrique du plan, ce travail rapide qui ne fait que jetter des masses, indiquer des situations, donner l'ébauche aux caractères, marchant avec chaleur, ne vit point ralentir mon courage; mais, lorsqu'il fallut couper le sujet, l'étendre, le mettre en œuvre, ma tête, refroidie par les détails de l'exécution, connut la difficulté, s'effraya de l'entreprise, abandonna Drame et Dissertation. Et, tel qu'un enfant, rebuté des efforts qu'il a faits pour dérober des fruits trop élevés, se dépite et finit par se consoler en cueillant des fleurs au pied de l'arbre même, une chanson ou des vers à Thémire me firent oublier la peine inutile que j'avais prise.

Peu de temps après, M. Diderot donna son *Pere de famille*. Le génie de ce Poëte, sa maniere forte, le ton mâle et vigoureux de son Ouvrage, devaient m'arracher le pinceau de la main; mais la route qu'il venait de créer avait tant de charmes pour moi que je consultai moins ma foiblesse que mon goût. Je repris mon Drame avec une nouvelle ardeur. J'y mis la dernière main, et je l'ai depuis donné aux Comédiens. Ainsi l'enfant, que le succès d'un homme rend opiniâtre, atteint quelquefois aux fruits qu'il avait desirés. Heureux, en les goûtant, s'il ne les trouve pas remplis d'amertume! Voilà l'Histoire de la Pièce.

Maintenant qu'elle est jouée, je vais examiner toutes les clameurs et les censures qu'elle a occasionnées; mais je ne releverai que celles qui frappent directement sur le genre dans lequel je me suis plu à travailler, parce que c'est le seul point qui puisse intéresser aujourd'hui le public. Je m'impose à jamais silence sur les personnalités. *Jam dolor in morem venit meus*

(Ovid.). Je laisserai de même sans réponse tout ce qu'on a dit contre l'Ouvrage, persuadé que le plus grand honneur qu'on ait pû lui faire, après celui de s'en amuser au Théatre, a été de ne pas le juger indigne de toute critique.

Et que l'on ne croie pas que je me pare d'une fausse modestie. Mon sang froid sur la censure rigoureuse de la premiere représentation ne partait ni d'indifférence, ni d'orgueil; il fut le fruit de ce raisonnement, qui me parut net et sans réplique : Si la Critique est judicieuse, l'Ouvrage n'a donc pu l'éviter; ce n'est point le cas de m'en plaindre, mais celui de le rectifier au gré des Censeurs, ou de l'abandonner tout-à-fait. Si quelqu'animosité secrète échauffe les esprits, j'ai deux motifs de tranquillité pour un. Voudrais-je avoir moins bien fait au prix de fermer la bouche à l'envie? et pourrais-je me flatter de la désarmer quand je ferais mieux ?

J'ai vu des gens se fâcher de bonne foi de voir que le genre dramatique sérieux se faisait des partisans. « Un genre équivoque, disaient-ils : on ne sçait ce que c'est. Qu'est-ce qu'une Pièce dans laquelle il n'y a pas le mot pour rire, où cinq mortels Actes de prose traînante, sans sel comique, sans maximes, sans caractères, nous tiennent suspendus au fil d'un évenement romanesque, qui n'a souvent pas plus de vraisemblance que de réalité? N'est-ce pas ouvrir la porte à la licence, et favoriser la paresse, que de souffrir de tels Ouvrages? La facilité de la prose dégoûtera nos jeunes gens du travail pénible des vers, et notre Théatre retombera bientôt dans la barbarie d'où nos Poëtes ont eu tant de peine à le tirer. Ce n'est pas que quelques-unes de ces Pièces ne m'aient attendri, je ne sçais comment ; mais c'est qu'il serait affreux qu'un pareil genre prît : outre qu'il ne convient point du tout à notre Nation. Chacun sçait ce qu'en ont pensé des Auteurs célèbres dont l'opinion fait autorité. Ils l'ont proscrit comme un genre également désavoué de Melpomène et de Thalie. Faudra-t-il créer une Muse nouvelle pour présider à ce cothurne trivial, à ce comique échâssé? Tragi-Comédie, Tragédie bourgeoise, Comédie larmoyante, on ne sçait quel nom donner à ces productions monstrueuses ! Et qu'un chétif Auteur ne vienne pas se targuer des suffrages momentanés du public, juste salaire du travail et du talent des Comédiens !... Le public !... qu'est-ce encore que le public ? Lorsque cet être collectif vient à se dissoudre, que les parties s'en dispersent, que reste-t-il pour fondement de l'opinion générale, sinon celle de chaque individu, dont les plus éclairés ont une influence naturelle sur les autres qui les ramène tôt ou tard à leur avis? D'où l'on voit que c'est au jugement du petit nombre, et non à celui de la multitude, qu'il faut s'en rapporter. »

C'est assez : osons répondre à ce torrent d'objections, que je n'ai affaiblies ni fardées en les rapportant. Commençons par nous rendre notre Juge favorable en défendant ses droits. Quoi qu'en disent les Censeurs, le public assemblé n'en est pas moins le seul Juge des Ouvrages destinés à l'amuser ; tous lui sont également soumis, et vouloir arrêter les efforts du génie dans la création d'un nouveau genre de spectacle, ou dans l'extension de ceux qu'il connaît déja, est un attentat contre ses droits, une entreprise contre ses plaisirs. Je conviens qu'une vérité difficile sera plutôt rencontrée, mieux saisie, plus sainement jugée, par un petit nombre de personnes éclairées que par la multitude en rumeur, puisque sans cela cette vérité ne devrait pas être appelée difficile ; mais les objets de goût, de sentiment, de pur effet, en un mot, de spectacle, n'étant jamais admis que sur la sensation puissante et subite qu'ils produisent dans tous les Spectateurs, doivent-ils être jugés sur les mêmes regles? Lorsqu'il est moins question de discuter et d'approfondir que de sentir, de s'amuser ou d'être touché, n'est-il pas aussi hazardé de soutenir que le jugement du public ému est faux et mal porté qu'il le serait de prétendre qu'un genre de spectacle dont toute une Nation aurait été vivement affectée, et qui lui plairait généralement, n'aurait pas le degré de bonté convenable à cette Nation ? De quel poids seront contre le goût du public les Satyres de quelques Auteurs sur le Drame sérieux, sur-tout lorsque leurs plaisanteries calomnient des Ouvrages charmans en ce genre sortis de leur plume ? Outre qu'il faut être conséquent, c'est que l'arme légère et badine du sarcasme n'a jamais décidé d'affaires ; elle est seulement propre à les engager, et tout-au-plus permise contre ces poltrons d'adversaires qui, retranchés derrière des monceaux d'autorités, refusent de prêter le collet aux Raisonneurs en rase campagne. Elle convient encore à nos Beaux-Esprits de sociétés, qui ne font qu'effleurer ce qu'ils jugent, et sont comme les troupes légères ou les enfans perdus de la Littérature. Mais ici, par un renversement singulier, les graves Auteurs plaisantent, et les gens du monde discutent. J'entends citer par-tout de grands mots et mettre en avant, contre le genre sérieux, Aristote, les anciens, les poétiques, l'usage du Théâtre, les regles, et sur-tout les regles, cet éternel lieu-commun des critiques, cet épouvantail des esprits ordinaires. En quel genre a-t-on vu les regles produire des chefs-d'œuvre ? N'est-ce pas au contraire les grands exemples qui de tout tems ont servi de base et de fondement à ces regles, dont on fait une entrave au génie en intervertissant l'ordre des choses ? Les hommes eussent-ils jamais avancé dans les Arts et les Sciences s'ils avoient servilement respecté les bornes trompeuses que leurs prédécesseurs y avoient prescrites ? Le nouveau monde serait encore dans le néant pour nous si le hardi Navigateur Génois n'eût pas foulé aux pieds ce *nec plus ultrà* des colonnes d'Alcide, aussi menteur qu'orgueilleux. Le génie curieux, impatient, toujours à l'étroit dans le cercle des connoissances acquises, soupçonne quelque chose de plus que ce qu'on sçait; agité par le sentiment qui le presse, il se tourmente, entreprend, s'agrandit, et, rompant enfin la barrière du préjugé, il s'élance au-delà des bornes connues. Il s'égare quelquefois, mais c'est lui seul qui porte au loin dans la nuit du possible le fanal vers lequel on s'empresse de le suivre. Il a fait un pas de géant, et l'Art s'est étendu... Arrêtons-nous. Il ne s'agit point ici de disputer avec feu, mais de discuter froidement. Réduisons donc à des termes simples une question qui n'a jamais été bien posée. Pour la porter au tribunal de la raison, voici comment je l'énoncerais :

Est-il permis d'essayer d'intéresser un peuple, au Théâtre, et de faire couler ses larmes sur un évenement tel qu'en le supposant véritable et passé sous ses yeux entre des citoyens, il ne manquerait jamais de produire cet effet sur lui ? Car tel est l'objet du genre honnête et sérieux. Si quelqu'un est assez barbare, assez classique, pour oser soutenir la négative, il faut lui demander si ce qu'il entend par le mot Drame ou Pièce de Théatre n'est pas le tableau fidèle des actions des hommes. Il faut lui lire les Romans de Richardson, qui sont de vrais Drames, de même que le Drame est la conclusion et l'instant le plus intéressant d'un roman quelconque. Il faut lui apprendre, s'il l'ignore, que plusieurs Scènes de *l'Enfant Prodigue, Nanine* toute entière, *Melanide, Cénie, le Père de famille, l'Ecossoise, le Philosophe sans le sçavoir*, ont déja fait connaître de quelles beautés le genre sérieux est susceptible, et nous ont accoutumés à nous plaire à la peinture touchante d'un malheur domestique, d'autant plus puissante sur nos cœurs qu'il semble nous menacer de plus près. Effet qu'on ne peut jamais espérer au même degré de tous les grands tableaux de la Tragédie héroïque.

Avant que d'aller plus loin, j'avertis que ce qui me reste à dire est étranger à nos fameux Tragiques. Ils auraient également brillé dans toute autre carrière; le génie naît de lui-même, il ne doit rien aux sujets, et s'applique à tous. Je disserte sur le fonds des choses, en respectant le mérite des Auteurs. Je compare les genres, et ne discute point les talens. Voici donc mon assertion.

Il est de l'essence du genre sérieux d'offrir un intérêt plus pressant, une moralité plus directe que la Tragédie héroïque, et plus profonde que la Comédie plaisante, toutes choses égales d'ailleurs.

J'entends déja mille voix s'élever et crier à l'impie, mais je demande pour toute grace qu'on m'écoute avant que de prononcer l'anathème. Ces idées sont trop neuves pour n'avoir pas besoin d'être développées.

Dans la Tragédie des anciens, une indignation involontaire contre leurs Dieux cruels est le sentiment qui me saisit à la vue des maux dont ils permettent qu'une innocente victime soit accablée. Œdipe, Jocaste, Phèdre, Ariane, Philoctète, Oreste, et tant d'autres, m'inspirent moins d'intérêt que de terreur. Etres dévoués et passifs, aveugles instrumens de la colère ou de la fantaisie de ces Dieux, je suis effrayé bien plus qu'attendri sur leur sort. Tout est énorme dans ces Drames : les passions toujours effrénées, les crimes toujours atroces, y sont aussi loin de la nature qu'inouis dans nos mœurs; on n'y marche que parmi des décombres, à travers des flots de sang, sur des monceaux de morts, et l'on n'arrive à la catastrophe que par l'empoisonnement, l'assassinat, l'inceste ou le parricide. Les larmes qu'on y répand quelquefois sont pénibles, rares, brûlantes; elles serrent le front long-tems avant que de couler. Il faut des efforts incroyables pour nous les arracher, et tout le génie d'un sublime Auteur y suffit à peine.

D'ailleurs les coups inévitables du Destin n'offrent aucun sens moral à l'esprit. Quand on ne peut que trembler et se taire, le pire n'est-il pas de réfléchir? Si l'on tirait une moralité d'un pareil genre de spectacle, elle serait affreuse, et porterait au crime autant d'ames, à qui la fatalité servirait d'excuse, qu'elle en découragerait de suivre le chemin de la vertu, dont tous les efforts dans ce systême ne garantissent de rien. S'il n'y a pas de vertus sans sacrifices, il n'y a point aussi de sacrifices sans espoir de récompense. Toute croyance de fatalité dégrade l'homme en lui ôtant la liberté, hors laquelle il n'y a nulle moralité dans ses actions.

D'autre part, examinons quelle espèce d'intérêt les Héros et les Rois, proprement dits, excitent en nous dans la Tragédie héroïque, et nous reconnaîtrons peut-être que ces grands évenemens, ces personnages fastueux, qu'elle nous présente, ne sont que des pièges tendus à notre amour-propre, auxquels le cœur se prend rarement. C'est notre vanité qui trouve son compte à être initiée dans les secrets d'une Cour superbe, à entrer dans un Conseil qui va changer la face d'un Etat, à percer jusqu'au cabinet d'une Reine dont la vue du trône nous serait permise à peine. Nous aimons à nous croire les confidens d'un Prince malheureux, parce que ses chagrins, ses larmes, ses foiblesses, semblent rapprocher sa condition de la nôtre, ou nous consolent de son élévation; sans nous en appercevoir, chacun de nous cherche à agrandir sa sphère, et notre orgueil se nourrit du plaisir de juger au Théâtre ces Maîtres du monde, qui partout ailleurs peuvent nous fouler aux pieds. Les hommes sont plus dupes d'eux-mêmes qu'ils ne croient; le plus sage est souvent mû par des motifs dont il rougirait s'il s'en était mieux rendu compte. Mais, si notre cœur entre pour quelque chose dans l'intérêt que nous prenons aux personnages de la Tragédie, c'est moins parce qu'ils sont Héros ou Rois que parce qu'ils sont hommes et malheureux. Est-ce la Reine de Messène qui me touche en Mérope? C'est la mère d'Egiste : la seule nature a des droits sur notre cœur.

Si le Théatre est le tableau fidèle de ce qui se passe dans le monde, l'intérêt qu'il excite en nous a donc un rapport nécessaire à notre manière d'envisager les objets réels. Or, je vois que souvent un grand Prince, au faîte du bonheur, couvert de gloire, et tout brillant de succès, n'obtient de nous que le sentiment stérile de l'admiration, qui est étranger à notre cœur. Nous ne sentons peut-être jamais si bien qu'il nous est cher que lorsqu'il tombe dans quelque disgrace ; cet enthousiasme si touchant du peuple, qui fait l'éloge et la récompense des bons Rois, ne le saisit guères qu'au moment qu'il les voit malheureux ou qu'il craint de les perdre. Alors sa compassion pour l'homme souffrant est un sentiment si vrai, si profond, qu'on diroit qu'il peut acquitter tous les bienfaits du Monarque heureux. Le véritable intérêt du cœur, sa vraie relation, est donc toujours d'un homme à un homme, et non d'un homme à un Roi. Aussi, bien loin que l'éclat du rang augmente en moi l'intérêt que je prends aux personnages tragiques, il y nuit au contraire. Plus l'homme qui pâtit est d'un état qui se rapproche du mien, et plus son malheur a de prise sur mon ame. « Ne serait-il pas à desirer (dit M. Rousseau) que nos sublimes Auteurs daignassent descendre un peu de leur continuelle élévation, et nous attendrir quelquefois pour l'humanité souffrante, de peur que, n'ayant de la pitié que pour des Héros malheureux, nous n'en ayons jamais pour personne. »

Que me font à moi, sujet paisible d'un Etat Monarchique du dix-huitieme siècle, les révolutions d'Athènes et de Rome ? Quel véritable intérêt puis-je prendre à la mort d'un tyran du Péloponnèse ? au sacrifice d'une jeune Princesse en Aulide ? Il n'y a dans tout cela rien à voir pour moi, aucune moralité qui me convienne. Car qu'est-ce que moralité ? C'est le résultat fructueux et l'application personnelle des réflexions qu'un évenement nous arrache. Qu'est-ce que l'intérêt ? C'est le sentiment involontaire par lequel nous nous adaptons cet évenement, sentiment qui nous met en la place de celui qui souffre, au milieu de sa situation. Une comparaison prise au hasard dans la nature achevera de rendre mon idée sensible à tout le monde. Pourquoi la Relation du tremblement de terre qui engloutit Lima et ses habitans à trois mille lieues de moi me trouble-t-elle, lorsque celle du meurtre juridique de Charles Ier, commis à Londres, ne fait que m'indigner ? C'est que le volcan ouvert au Pérou pouvait faire son explosion à Paris, m'ensevelir sous ses ruines, et peut-être me menace encore, au lieu que je ne puis jamais appréhender rien d'absolument semblable[1] au malheur inouï du Roi d'Angleterre. Ce sentiment est dans le cœur de tous les hommes, il sert de base à ce principe certain de l'Art, qu'il n'y a moralité ni intérêt au Théâtre sans un secret rapport du sujet dramatique à nous. Il reste donc pour constant que la Tragédie héroïque ne nous touche que par le point où elle se rapproche du genre sérieux, en nous peignant des hommes, et non des Rois, et que, les sujets qu'elle met en action étant si loin de nos mœurs, et les personnages si étrangers à notre état civil, l'intérêt en est moins pressant que celui d'un Drame sérieux, et la moralité moins directe, plus aride, souvent nulle et perdue pour nous, à-moins qu'elle ne serve à nous consoler de notre médiocrité, en nous montrant que les grands crimes et les grands malheurs sont l'ordinaire partage de ceux qui se mêlent de gouverner le monde.

Après ce qu'on vient de lire, je ne crois pas avoir besoin de prouver qu'il y a plus d'intérêt dans un Drame sérieux que dans une Pièce comique. Tout le monde sçait que les sujets touchans nous affectent davantage que les sujets plaisans à égal degré de mérite. Il suffira seulement de développer les causes de cet effet, aussi constant que naturel, et d'examiner l'objet moral dans la comparaison des deux genres.

La gaieté légere nous distrait; elle tire, en quelque façon, notre ame hors d'elle-même, et la répand autour de nous : on ne rit bien qu'en compagnie. Mais, si le tableau gai du ridicule amuse un moment l'esprit au spectacle, l'expérience nous apprend que le rire qu'excite en nous un trait lancé meurt absolument sur sa victime, sans jamais réfléchir jusqu'à notre cœur. L'amour-propre, soigneux de se soustraire à l'application, se sauve à la faveur des éclats de l'assemblée, et profite du tumulte général pour écarter tout ce qui pourrait nous convenir dans l'Epigrame. Jusques-là le mal n'est pas grand, pourvu qu'on n'ait livré à la risée publique qu'un pédant, un fat, une coquette, un extravagant, une imbécile, une bamboche, en un mot tous les

---

[1]. Et cependant Beaumarchais a vécu assez longtemps pour voir de ses propres yeux, s'il l'a bien voulu, — le 21 janvier 1793, — « le malheur inouï qu'en 1767 il ne pouvait jamais appréhender chez nous ».

ridicules de la société. Mais la moquerie qui les punit est-elle l'arme avec laquelle on doit attaquer le vice? Est-ce en plaisantant qu'on croit l'attérer? Non-seulement on manquerait son but, mais on ferait précisément le contraire de ce qu'on s'était proposé. Nous le voyons arriver dans la plûpart des Pièces comiques; à la honte de la Morale, le Spectateur se surprend trop souvent à s'intéresser pour le fripon contre l'honnête homme, parce que celui-ci est toujours le moins plaisant des deux. Mais, si la gaieté des Scènes a pu m'entraîner un moment, bientôt, humilié de m'être laissé prendre au piège des bons mots ou du jeu théatral, je me retire mécontent de l'Auteur, de l'Ouvrage et de moi-même. La moralité du genre plaisant est donc ou peu profonde, ou nulle, ou même inverse de ce qu'elle devrait être au théatre.

Il n'en est pas ainsi de l'effet d'un Drame touchant, puisé dans nos mœurs. Si le rire bruyant est ennemi de la réflexion, l'attendrissement, au contraire, est silencieux; il nous recueille, il nous isole de tout. Celui qui pleure au Spectacle est seul, et plus il le sent, plus il pleure avec délices, et surtout dans les pieces du genre honnête et sérieux, qui remuent le cœur par des moyens si vrais, si naturels. Souvent, au milieu d'une scène agréable, une émotion charmante fait tomber des yeux des larmes abondantes et faciles, qui se mêlent aux traces du sourire et peignent sur le visage l'attendrissement et la joie. Un conflit si touchant n'est-il pas le plus beau triomphe de l'art, et l'état le plus doux pour l'ame sensible qui l'éprouve?

L'attendrissement a de plus cet avantage moral sur le rire, qu'il ne se porte sur aucun objet sans agir en même tems sur nous par une réaction puissante.

Le tableau du malheur d'un honnête-homme frappe au cœur, l'ouvre doucement, s'en empare, et le force bien-tôt à s'examiner soi-même. Lorsque je vois la vertu persécutée, victime de la méchanceté, mais toujours belle, toujours glorieuse, et préférable à tout, même au sein du malheur, l'effet du Drame n'est point équivoque, c'est à elle seule que je m'intéresse; et alors, si je ne suis pas heureux moi-même, si la basse envie fait ses efforts pour me noircir, si elle m'attaque dans ma personne, mon honneur ou ma fortune, combien je me plais à ce genre de spectacle, et quel beau sens moral je puis en tirer! Le sujet m'y porte naturellement ; comme je ne m'intéresse qu'au malheureux qui souffre injustement, j'examine si par légereté de caractère, défaut de conduite, ambition démesurée, ou concurrence mal-honnête, je me suis attiré la haine qui me poursuit, et ma conclusion est sûrement de chercher à me corriger. Ainsi je sors du Spectacle meilleur que je n'y suis entré, par cela seul que j'ai été attendri.

Si l'injure qu'on me fait est criante et vient plus du fait d'autrui que du mien, la moralité du Drame attendrissant sera plus douce encore pour moi ; je descendrai dans mon cœur avec plaisir, et là, si j'ai rempli tous mes devoirs envers la société, si je suis bon parent, maître équitable, ami bienfaisant, homme juste et citoyen utile, le sentiment intérieur me consolant de l'injure étrangere, je chérirai le Spectacle qui m'aura rappellé que je tire de l'exercice de la vertu, la plus grande douceur à laquelle un homme sage puisse prétendre, celle d'être content de lui, et je retournerai pleurer avec délices au tableau de l'innocence ou de la vertu persécutée.

Ma situation est-elle heureuse au point que le Drame ne puisse m'offrir aucune application personnelle, ce qui est pourtant assez rare, alors, la moralité tournant toute au profit de ma sensibilité, je me saurai gré d'être capable de m'attendrir sur des maux qui ne peuvent me menacer ni m'atteindre ; cela me prouvera que mon ame est bonne et ne s'éloigne pas de la pratique des vertus bienfaisantes. Je sortirai satisfait, ému, et aussi content du théâtre que de moi-même.

Quoique ces réflexions soient sensiblement vraies, je ne les adresse pas indistinctement à tout le monde. L'homme qui craint de pleurer, celui qui refuse de s'attendrir, a un vice dans le cœur, ou de fortes raisons de n'oser y rentrer pour compter avec lui-même : ce n'est pas à lui que je parle, il est étranger à tout ce que je viens de dire. Je parle à l'homme sensible, à qui il est souvent arrivé de s'en aller aussi-tôt après un Drame attendrissant. Je m'adresse à celui qui préfere l'utile et douce émotion où le Spectacle l'a jetté à la diversion des plaisanteries de la petite piece, qui, la toile baissée, ne laissent rien dans le cœur.

Pour moi, lorsqu'un sujet tragique m'a vivement affecté, mon ame s'en occupe délicieusement pendant l'intervalle des deux pieces, et je sens long-tems que je me prête à regret à la seconde. Il me semble alors que mon cœur se referme par degrés, comme une fleur ouverte aux premiers soleils du printems se ressere le soir à mesure que le froid de la nuit succede à la chaleur du jour.

Quelqu'un a prétendu que le genre sérieux devait avoir plus de succès dans les Provinces qu'à Paris, parce que, disait-il, on vaut mieux là qu'ici, et que plus on est corrompu, moins on se plaît à être touché. Il est certain que celui qui fit interdire son pere, enfermer son fils, qui vit dans le divorce avec sa femme, qui dédaigne son obscure famille, qui n'aime personne, et qui fait, en un mot, profession publique de mauvais cœur, ne peut voir dans ce genre de spectacle qu'une censure amere de sa conduite, un reproche public de sa dureté; il faut qu'il fuie ou qu'il se corrige, et le premier lui convient toujours davantage. Son visage le trahirait, son maintien accuserait sa conscience: *Heu quam difficile est crimen non prodere vultu!* dit Ovide. Et l'on ne peut s'empêcher d'avouer que ces désordres sont plus sensibles dans la Capitale que par-tout ailleurs. Mais cette réflexion est aussi trop affligeante pour être poussée plus loin; j'aime mieux tourner son propre argument contre mon Observateur, et le succès d'*Eugénie* m'y servira d'autant mieux que cette piece, faiblement travaillée, fait peut-être moins d'honneur à l'esprit qu'au cœur de son Auteur. Puisque c'est en faveur du sentiment et de l'honnêteté de la morale qu'on a fait grace aux défauts de l'ouvrage, il en faut conclure que Paris ne le cede point en sensibilité aux Provinces du Royaume; et pour moi, je crois que, si les vices qui frappent mon Censeur y semblent plus communs, c'est seulement en raison composée du plus grand nombre d'hommes que cette Ville rassemble, et de l'élévation du théâtre sur lequel ils sont placés.

On reproche au genre noble et sérieux de manquer de nerf, de chaleur, de force ou de sel comique, car le *vis comica* des Latins renferme toutes ces choses. Voyons si ce reproche est fondé. Tout objet trop neuf pour présenter en soi des regles positives de discussion se juge par analogie à des objets de même nature, mais plus connus. Appliquons cette méthode à la question présente. Le Drame sérieux et touchant tient le milieu entre la Tragédie héroïque et la Comédie plaisante. Si je l'examine par le côté où il s'éleve au tragique, je me demande, la chaleur et la force d'un Etre théâtral se tirent-elles de son état civil ou du fond de son caractère ? Un coup d'œil sur les modèles que la nature fournit à l'art imitateur m'apprend que la vigueur de caractère n'appartient pas plus au Prince qu'au Particulier. Trois hommes s'élevent du sein de Rome et se partagent l'empire du monde. Le premier est lâche et pusillanime ; le second, vaillant, présomptueux et féroce ; et le troisieme, un fourbe adroit, qui dépouille les deux autres. Mais Lépide, Antoine et Octave monterent au Triumvirat avec un caractère qui décida seul de la différence de leur sort dans la jouissance de l'usurpation commune. Et la mollesse de l'un, la violence de l'autre et l'astuce du dernier auraient eu également leur effet, quand il ne se fût agi entre eux que du partage d'une succession privée. Tout homme est lui-même par son caractère ; il est ce qu'il plaît au sort par son état, sur lequel ce caractère influe beaucoup ; d'où il suit que le Drame sérieux, qui me présente des hommes vivement affectés par un événement, est susceptible d'autant de nerf, de force ou d'élévation que la Tragédie héroïque, qui me montre aussi des hommes vivement affectés, dans des conditions seulement plus relevées. Si j'observe le Drame noble et grave par le point où il touche au comique, je ne puis disconvenir que le *vis comica* ne soit un moyen indispensable de la bonne Comédie ; mais alors je demanderai pourquoi l'on imputerait au genre sérieux un défaut de chaleur qui, s'il existe, ne peut provenir que de la mal-adresse de l'Auteur. Puisque ce genre prend ses personnages au sein de la société, comme la Comédie gaie, les caractères qu'il leur suppose doivent-ils avoir moins de vigueur, sortir avec moins de force, dans la douleur ou la colere d'un événement qui engage l'honneur et la vie, que lorsque ces caractères sont employés à démêler des intérêts moins pressans, dans de simples embarras, ou dans des sujets purement comiques ? Aussi, quand tous les Drames que j'ai ci-devant cités manqueraient de force comique, ce que je suis bien loin de penser ; quand même *Eugénie*, dont j'ose à peine parler après tous ces modèles, serait encore plus faible, la question ne devrait jamais rouler que sur le plus ou le moins de capacité des Auteurs, et non sur un genre qui de sa nature est le moins boursouflé mais le plus nerveux de tous. De même qu'il serait imprudent de dire du mal de l'Épopée quand l'*Iliade* et *la Henriade* n'existeraient pas, et encore que nous n'eussions à citer pour tout exemple en ce genre que le *Clovis* ou *la Pucelle* (j'entends celle de Chapelain).

Il s'élève une autre question, sur laquelle je dirai mon sentiment avec d'autant plus de liberté qu'elle n'est point formée en objection contre le genre que je défens. On demande si le Drame sérieux ou Tragédie domestique doit s'écrire en prose ou en vers. Par cette question, je vois déjà qu'il n'est point indifférent de l'écrire d'une ou d'autre maniere, et c'est beaucoup. Mais il n'y a pas moyen d'appliquer à ce fait la méthode analogique, comme au précédent : ici toutes raisons de préférence manquent, hors celles qui peuvent se tirer de la nature même des choses. Établissons-les donc avec soin; l'exemple de M. de la Mothe, quoiqu'un peu étranger à la question, ne servira pas moins à y répandre un grand jour. L'essai malheureux qu'il fit de la prose dans son *Œdipe* entraîne beaucoup d'esprits et les porte à se décider en faveur des vers. D'un autre côté, M. Diderot, dans son admirable Ouvrage sur l'art dramatique, se décide pour la prose, mais seulement par sentiment et sans entrer dans les raisons qu'il a de la préférer. Les partisans des vers, dans le fait de M. de la Mothe, avaient aussi jugé par sentiment; les uns et les autres ont également raison parce qu'ils sont d'accord au fond. Ce n'est que faute d'explication qu'ils semblent divisés, et cette opposition apparente est précisément ce qui juge la question.

Puisque M. de la Mothe voulait rapprocher son langage de celui de la nature, il ne devait pas choisir le sujet tragique de son Drame dans les familles de Cadmus, de Tantale, ou d'Atrée et Thieste. Ces tems héroïques et fabuleux, où l'on voit agir pêle-mêle et se confondre par-tout les Dieux et les Héros, grossissent à notre imagination les objets qu'ils nous présentent, et portent avec eux un merveilleux pour lequel le rithme pompeux et cadencé de la versification semble avoir été inventé, et auquel il s'amalgame parfaitement. Ainsi les Héros d'Homere, qui ne paraissent que grands et superbes dans l'Épopée, seraient gigantesques dans l'Histoire en prose. Son langage trop vrai et trop voisin de nous est comme l'attelier du Sculpteur, où tout est colossal. La poésie est le vrai pié-d'estal qui met ces groupes énormes au point d'optique favorable à l'œil, et il en est de la

Tragédie héroïque comme du Poëme épique. On eut donc raison de blâmer M. de la Mothe d'avoir traité le sujet héroïque d'*Œdipe* en langage familier. Peut-être eût-il fait une faute non moins grande contre la vérité, la vraisemblance et le bon goût, s'il eût traité en vers magnifiques un événement malheureux, arrivé parmi nous entre des Citoyens. Car, suivant cette regle de la poétique d'Aristote : *Comedia enim deteriores, Tragedia meliores quam nunc sunt, imitari conantur.* Si la Tragédie doit nous représenter les hommes plus grands, et la Comédie moindres qu'ils ne sont réellement, l'imitation de l'un et l'autre genre n'ayant pas une exacte vérité, leur langage n'a pas besoin d'être rigoureusement asservi aux regles de la nature. On fait faire à l'esprit humain autant de pas qu'on veut vers le merveilleux dès qu'on lui a fait une fois franchir les barrières du naturel; les sujets n'ayant plus alors qu'une vérité poétique ou de convention, il s'accommode aisément de tout. Voilà pourquoi la Tragédie s'écrit avec succès en vers, et la Comédie indifféremment de l'une ou de l'autre maniere. Mais le genre sérieux, qui tient le milieu entre les deux autres, devant nous montrer les hommes absolument tels qu'ils sont, ne peut pas se permettre la plus légere liberté contre le langage, les mœurs ou le costume de ceux qu'il met en scène. « Mais, direz-vous, le langage de la Tragédie est très-différent de celui de l'Épopée; plus uni, moins chargé de métaphores, et se rapprochant davantage de la nature, qui empêche qu'il ne s'adapte avec succès au genre sérieux? » C'est bien dit. Faites seulement un pas de plus, et concluez avec moi que, plus ce langage s'en rapprochera, mieux il conviendra au genre; ce qui ramene tout naturellement à préférer la prose, et c'est ce qu'a sousentendu M. Diderot. En effet, si l'art du Comédien consiste à me faire oublier le travail que l'Auteur s'est donné d'écrire son ouvrage en vers, autant valait-il qu'il ne prît pas une peine dont tout le mérite est dans la difficulté vaincue; genre de beauté qui fait peut-être honneur au talent, mais qui n'intéresse jamais personne en faveur du fond de l'ouvrage. Qu'on ne perde pas de vûe, cependant, que c'est relativement au Drame sérieux que je raisonne ainsi. Si je traitais un Drame comique, peut-être voudrais-je à la gaieté du sujet joindre encore le charme de la poésie. Son coloris, moins vrai mais plus brillant que celui de la prose, donne à l'ouvrage l'air riche et fleuri d'un parterre. Si l'harmonie des vers ôte un peu de naturel aux choses fortes, en revanche elle échauffe les endroits faibles, et surtout est très-propre à embellir les détails badins d'une piece sans intérêt. Je ne sais point mauvais gré à l'homme qui me conduit à la promenade, de me faire admirer toutes les beautés qui ornent son parc, et d'éloigner le terme de mon plaisir par l'agrément des détails et la variété des objets; mais celui qui m'arrache à ma tranquillité pour m'entraîner avec lui dans une poursuite pénible; celui dont on enleve la femme, la fille, l'honneur ou le bien, peut-il s'amuser en chemin? Nous ne marchons que pour arriver; s'il s'arrête en une carrière douloureuse, s'il me laisse entrevoir qu'il est moins pressé que moi de sortir des cruels embarras que ma compassion seule me fait partager, j'abandonne l'insensé, ou je fuis un barbare qui se joue de ma sensibilité.

Le genre sérieux n'admet donc qu'un style simple, sans fleurs ni guirlandes; il doit tirer toute sa beauté du fond, de la texture, de l'intérêt et de la marche du sujet. Comme il est aussi vrai que la nature même, les sentences et les plumes du tragique, les pointes et les cocardes du comique, lui sont absolument interdites; jamais de maximes, à moins qu'elles ne soient mises en action. Ses personnages doivent toujours y paraître sous un tel aspect qu'ils aient à peine besoin de parler pour intéresser. Sa véritable éloquence est celle des situations, et le seul coloris qui lui soit permis est le langage vif, pressé, coupé, tumultueux et vrai des passions, si éloigné du compas de la césure et de l'affectation de la rime, que tous les soins du Poëte ne peuvent empêcher d'appercevoir dans son Drame s'il est en vers. Pour que le genre sérieux ait toute la vérité qu'on a droit d'exiger de lui, le premier objet de l'Auteur doit être de me transporter si loin des coulisses, et de faire si bien disparaître à mes yeux tout le badinage d'Acteurs, l'appareil théâtral, que leur souvenir ne puisse pas m'atteindre une seule fois dans tout le cours de son Drame. Or le premier effet de la conversation rimée, qui n'a qu'une vérité de convention, n'est-il pas de me ramener au théâtre et de détruire par conséquent toute l'illusion qu'on a prétendu me faire? C'est dans le sallon de Vanderk que j'ai tout-à-fait perdu de vûe Préville et Brisard, pour ne voir que le bon Antoine et son excellent maître, et m'attendrir véritablement avec eux. Croyez-vous que cela me fût arrivé de même s'ils m'eussent récité des vers ? Non-seulement j'aurais retrouvé les Acteurs dans les personnages, mais, qui pis est, à chaque rime j'aurais apperçu le Poëte dans les Acteurs. Alors toute la vérité si précieuse de cette pièce s'évanouissait ; et cet Antoine si vrai, si pathétique, m'eût paru aussi gauche et maussade avec son langage emprunté, qu'un naïf paysan qu'on affublerait d'un riche habit de livrée, avec la prétention de me le montrer au naturel. Je pense donc, comme M. Diderot, que le genre sérieux doit s'écrire en prose. Je pense qu'il ne faut pas qu'elle soit chargée d'ornemens, et que l'élégance doit toujours y être sacrifiée à l'énergie, lorsqu'on est forcé de choisir entre elles.

Mon ouvrage est fort avancé si j'ai réussi à convaincre mes lecteurs que le genre sérieux existe, qu'il est bon, qu'il offre un intérêt très-vif, une moralité directe et profonde, et ne peut avoir qu'un langage, qui est celui de la nature ; qu'outre les avantages communs avec les autres genres, il a de grandes beautés propres à lui seul ; que c'est une carrière neuve, où le génie peut prendre un essor étendu, puisqu'elle embrasse tous les états de la vie et toutes les situations de chaque état ; où l'on peut de nouveau s'emparer avec succès des grands caractères de la Comédie, qui sont à peu près épuisés sous leur titre propre ; enfin qu'il peut sortir de ce genre de spectacle une source abondante de plaisirs et de leçons pour la société. Reste à sçavoir si j'ai rempli dans le Drame d'*Eugénie* tout ce que cet essai semble exiger de son Auteur ; je suis loin de m'en flatter. La théorie de l'art peut être le fruit de l'étude et des réflexions ; mais l'exécution appartient au génie, qui ne s'apprend point.

Je n'ajouterais pas un mot de plus, si je n'avais aujourd'hui qu'à venger de sa chûte un Ouvrage tombé que j'aurais eu la faiblesse de croire bon. Mais il n'est peut-être pas indifférent d'assigner ici les véritables causes du succès d'une Pièce dont on a dit autant de mal en y pleurant de bonne grace. Cette contradiction apparente a cela de bon, qu'elle ne peut faire la critique du Drame sans faire en même tems l'éloge du genre, et c'est ce que je voulais surtout établir.

Un intérêt vif et soutenu, dit-on, a fait seul le succès d'*Eu-*

génie[1]. D'accord ; mais cet intérêt n'est ni l'effet du hasard ni celui d'une boutade heureuse, comme on m'a fait l'honneur de le penser : il est la conséquence naturelle de principes vrais, qui n'ont pas besoin, comme les modèles de convention, d'être apperçus pour être sentis, parce qu'ils sont puisés dans la Nature, qui ne trompe pas plus les ignorans que les sçavans. En les analysant avec moi, le Lecteur verra bien que si mon Drame n'est pas mieux fait, c'est moins parce que j'ai marché en aveugle dans un pays perdu que pour avoir mal exécuté ce que j'avais beaucoup combiné. Le Drame lui-même suivra cette analyse ; ainsi mes moyens et mes fautes étant sous les yeux de tout le monde, et montrant que le bien appartient à la chose et le mal à moi seul, serviront également à ceux qui voudront essayer de moissonner ce nouveau champ d'honneur.

Le sujet de mon Drame est le désespoir où l'imprudence et la méchanceté d'autrui peuvent conduire une jeune personne innocente et vertueuse, dans l'acte le plus important de la vie humaine. J'ai chargé ce tableau d'incidens qui pouvaient encore en augmenter l'intérêt ; mais j'ai serré l'intrigue de telle sorte

---

1. *Eugénie* s'est en effet, ainsi que nous l'avons déjà dit, toujours soutenue au théâtre. J'ai cité, dans ma notice sur ce premier drame de Beaumarchais, les recettes des premières représentations, et aussi celles faites à la dernière reprise, en 1863. Voici encore quelques chiffres relevés, à diverses époques, sur les registres de la Comédie :

Le jeudi 8 juin 1775, *Eugénie* et *Crispin médecin* produisent une recette de 564 livres.

Le vendredi 7 juillet suivant, *Eugénie* et *la Métamorphose amoureuse* font 1,020 livres. « S. A. R. Mad. la Duchesse de Bourbon, dit le registre, était présente. »

Le 28 septembre, *Eugénie* et *l'Esprit de contradiction* sont joués devant 829 livres de recette.

Le 4 décembre suivant, *Eugénie* et la petite pièce *le Tuteur* donnent une recette de 1,484 livres.

Neuf ans après, le 24 août 1784, on joue *Eugénie*, pour les débuts de Mlle Saint-René, et *l'École des Maris*. La recette est de 587 livres.

Sous l'Empire nous retrouvons encore *Eugénie* au répertoire :

Le 28 août 1811, *Eugénie* fait 692 fr. 65 c.

Le 21 juin 1812, *Eugénie* est jouée devant 1,977 francs de recette.

Le 11 juillet suivant le même drame produit 527 fr. 54 c.

Enfin, le 2 août 1812, un dimanche, *Eugénie* et *Amphitryon* produisent 912 fr. 73 c.

Il faut remarquer que le drame de Beaumarchais à presque toujours été repris en été.

que le moins d'Acteurs possible accomplissent tous les évenemens de ce jour, afin de réunir le double avantage, essentiel au genre sérieux, d'être fort dans les choses et simple dans la manière de les traiter. J'ai donné à tous mes personnages des caractères, non pris au hasard, ni propres à contraster ensemble (ce moyen, comme l'a très-bien prouvé M. Diderot, est petit, peu vrai, et convient tout au plus à la Comédie gaie); mais je les ai choisis tels qu'ils concourussent de la manière la plus naturelle à renforcer l'intérêt principal, qui porte sur Eugénie, et, combinant ensuite le jeu de tous ces caractères avec le fond de mon roman, j'ai trouvé, pour résultat, le fil de la conduite que chacun y devait tenir, et presque ses discours [1].

J'avais dit : Ce n'est pas assez que mon héroïne soit graduellement tourmentée dans cette soirée jusqu'à l'excès de la douleur et du désespoir, je dois, pour la rendre aussi intéressante qu'elle est malheureuse, en faire un modèle de raison, de noblesse, de dignité, de vertu, de douceur et de courage; je veux qu'elle soit seule et ne tire sa force que d'elle-même; je vais donc tellement l'entourer, que son père, son amant, sa tante, son frère, et jusqu'aux étrangers, tout ce qui aura quelque relation avec cette victime dévouée, ne fasse pas un pas, ne dise pas un mot qui n'aggrave le malheur dont je veux l'accabler aujourd'hui.

J'avais dit encore : Ce n'est pas assez que la masse des incidens pèse sur cette infortunée; pour accroître le trouble et l'intérêt,

---

[1]. Voici ce que dit Beaumarchais du drame d'*Eugénie*, dix-sept ans après sa première représentation, dans une curieuse lettre écrite au sujet du *Mariage de Figaro*, et des difficultés qu'il rencontre pour son apparition devant le public sur la scène française. Cette lettre, refondue depuis, en partie, par Beaumarchais lui-même, dans la préface du *Mariage de Figaro*, fait partie des manuscrits achetés récemment à Londres pour le compte de la Comédie Française :

« Lorsque je mis *Eugénie* au théâtre, tous nos jurés crieurs à la décence jetèrent des flammes, dans les foyers, sur ce que j'avais osé montrer un seigneur libertin, habillant ses valets en ministres et feignant d'épouser une jeune personne qui paraît enceinte au théâtre sans avoir été mariée. Malgré ces criailleries, la pièce a été depuis jugée le plus moral de tous les drames, constamment jouée sur tous les théâtres de l'Europe et traduite dans toutes les langues. Parce que les bons esprits ont senti que la moralité et l'intérêt naissaient entièrement de la disconvenance d'un homme puissant et vicieux qui persécutait une faible fille trompée, vertueuse et délaissée. Ainsi, tout ce que l'ouvrage a d'utile et de bon naît du courage qu'eut l'auteur d'oser porter la disconvenance sociale au plus haut point de liberté. »

je veux que la situation de tous les personnages soit continuellement en opposition avec leurs desirs et le caractère que je leur ai donné, et que l'évenement qui les rassemble ait toujours des aspects aussi douloureux que différens pour chacun d'eux. Ainsi Eugénie toute remplie de sa faute voudra la diminuer en l'avouant à son père, elle en sera détournée par sa tante et son époux. Aussi-tôt qu'elle aura préféré son devoir à toute autre considération, des lumières affreuses, des incidens funestes suivront cet aveu, et la mettront, avant la fin du Drame, en un tel état, que l'on ne puisse s'empêcher de trembler pour sa raison et pour sa vie [1].

Le Comte de Clarendon, amoureux d'Eugénie, mais emporté par l'ambition, désirera cacher sous des apparences trompeuses la perfidie que cette passion lui fait faire à sa maîtresse; son amour prêt à le trahir, et les incidens de cette soirée, le mettront sans cesse au point d'être démasqué. Lorsque la tendresse, le repentir et l'honneur le rameneront aux pieds d'Eugénie, il ne rencontrera par-tout que hauteurs, duretés et refus; ainsi sa situation, toujours opposée à son caractère et à son intérêt, le troublera sans relâche d'un bout à l'autre du roman.

Le Baron Hartley, bon père, mais homme violent, voudra faire approuver à Madame Murer l'établissement qu'il a projetté pour Eugénie; mais il ne trouvera dans sa fille que silence et douleur, dans sa sœur qu'aigreur et emportemens. Aussi-tôt qu'il saura qu'Eugénie est femme du Comte de Clarendon, aussi-tôt que son amour pour elle l'aura porté à lui pardonner son mariage, à le ratifier même, il apprendra que tout n'est qu'une horrible fausseté : furieux, il voudra se venger; ses mesures seront

---

1. Le personnage touchant d'Eugénie a toujours été joué aux Français par des actrices de talent, qui voulaient débuter ou s'essayer dans le drame. Mme Talma (devenue comtesse de Chalot après la mort de l'illustre tragédien) raconte ainsi ses débuts dans ce rôle à la Comédie Française :

« Je fus reçue sociétaire à l'âge de quatorze ans et demi... Mes débuts ayant duré six mois, j'apprenais mes rôles au fur et à mesure; je me souviens que j'appris celui d'Eugénie, dans le drame de Beaumarchais, en une seule nuit. Je me pénétrai si bien de ce rôle touchant qu'il se grava dans mon esprit sans aucun travail; je le jouai d'inspiration; j'y faisais pleurer et j'y pleurais moi-même... Vanhove remplissait toujours les rôles de père et moi celui de sa fille, ce qui était l'occasion d'un grand nombre d'applications flatteuses pour lui et pour moi. » (*Études sur l'art théâtral*, par Mme veuve Talma, née Vanhove, maintenant comtesse de Chalot, Paris, 1838, page 258.)

rompues; il confiera cette vengeance à son fils, l'évenement du combat le rendra plus malheureux qu'il n'était; ainsi, le faisant passer sans cesse de la colere à la douleur, et de la douleur au désespoir, j'aurai rempli à son égard la tâche que je me suis imposée sur tous les personnages.

Madame Murer, fière, despotique, imprudente, et croyant avoir tout fait pour assurer le bonheur de sa nièce, éprouvera par les soupçons d'Eugénie, par l'éloignement obstiné de son frère et par les discours peu mesurés du Capitaine, une contrariété mortifiante pour son orgueil. A peine l'aveu d'Eugénie à son père et la paix rétablie auront-ils remis son amour-propre à l'aise, que la certitude d'avoir été jouée la jettera dans une fureur incroyable. Elle combinera sa vengeance et s'en croira certaine, l'arrivée de son neveu renversera ce nouvel édifice; enfin, l'état affreux d'Eugénie, les reproches de cette infortunée et les siens propres porteront la mort dans son ame, plus malheureuse encore de les avoir mérités que de s'en voir accablée!

Sir Charles, frère d'Eugénie, ne paraîtra qu'avec un homme qui vient de lui sauver la vie, et auquel il se flattera d'avoir bien-tôt d'autres obligations aussi importantes; dans l'instant il apprendra que cet homme a deshonoré et trahi lâchement sa sœur. L'honneur le forcera tout à la fois d'être ingrat envers son bienfaiteur, de détester celui qu'il allait aimer de toute son ame, et de sauver, contre son intérêt, un monstre qu'il ne peut plus qu'avoir en horreur. Bien-tôt il voudra s'en venger d'une manière honorable, le sort des armes trompera son espoir. Il ne sera pas moins à plaindre que les autres. Ainsi le trouble général se fortifiant par le concours des troubles particuliers et l'évenement principal devenant de plus en plus affreux pour tout le monde, l'intérêt du Drame pourra s'accroître jusqu'à un degré infini.

C'est ainsi que j'ai raisonné mon plan. Une autre cause principale, mais plus cachée, de l'intérêt de ce Drame, est l'attention scrupuleuse que j'ai eue d'instruire le spectateur de l'état respectif et des desseins de tous les personnages. Jusqu'à présent les Auteurs avaient souvent pris autant de peines pour nous ménager des surprises passagères que j'en ai mis à faire précisément le contraire. Écrivain de feu, Philosophe Poëte, à qui la Nature a prodigué la sensibilité, le génie et les lumières, célèbre

Diderot, c'est vous qui le premier avez fait une regle dramatique de ce moyen sûr et rapide de remuer l'ame des spectateurs. J'avais osé le prévoir dans mon plan ; mais c'est la lecture de votre immortel Ouvrage[1] qui m'a rassuré sur son effet. Je vous ai l'obligation d'en avoir osé faire la base de tout l'intérêt de mon Drame. Il pouvait être plus adroitement mis en œuvre, mais la faiblesse de l'application n'en prouve que mieux l'efficacité du moyen.

En effet, dès qu'on sçait qu'Eugénie est enceinte, qu'elle se croit et n'est pas la femme de Clarendon, qu'il doit en épouser une autre demain, que le frère de cette infortunée est à Londres secretement et peut arriver d'un moment à l'autre, que son père ignore tout et va peut-être l'apprendre à l'instant, on prévoit qu'une catastrophe affreuse sera le fruit du premier coup de lumière qui éclairera les personnages. Alors le moindre mot qui tend à les tirer de l'ignorance où ils sont les uns à l'égard des autres jette le spectateur dans un trouble dont il est surpris lui-même. Comme le danger qu'ils ignorent est toujours présent à ses yeux, qu'il espère ou craint long-temps avant eux, il approuve ou blâme leur conduite; il voudrait avertir celle-ci, arrêter celui-là. J'ai vu des gens sensibles et naïfs, aux représentations de cette Pièce, s'écrier dans les instans où Eugénie, abusée, trahie, est en pleine sécurité : *Ah! la pauvre malheureuse!* Dans ceux où le Lord élude les questions qu'on lui fait, échappe aux soupçons et emporte l'estime et l'amour de ceux qu'il trompe, je les ai entendus crier : *Va-t-en, scélérat!* La vérité qui presse arrache ces exclamations involontaires, et voilà l'éloge qui plaît à l'Auteur et le paye de ses peines. L'on doit

---

1. « L'immortel ouvrage » en question est *le Père de famille*, ce gros, lourd et diffus mélodrame en cinq actes, écrit dans une prose déclamatoire et larmoyante, rempli de sentiments faux ou exagérés, et qui a certes moins de valeur aujourd'hui à tous les points de vue que nos vulgaires pièces des boulevards. *Le Fils naturel*, qui est de la même époque (1758), mais qui eut un peu moins de succès, avait inauguré l'école nouvelle à la tête de laquelle venait de se placer Diderot. Ses deux drames, comme beaucoup d'autres du même genre qui vinrent ensuite, sont plus intéressants par les souvenirs qui se rattachent à leur apparition que par leur propre mérite; ils marquent en effet une tendance nouvelle des esprits, et ils indiquent le point de départ exact et précis du genre nouveau qui doit, jusqu'à nous, passer par tant de phases diverses et subir encore tant de modifications et de transformations.

sur-tout remarquer que les morceaux qui ont déchiré l'ame dans cette Pièce ne sont ni des phrases plus fortes, ni des choses imprévues; ils n'offrent que l'expression simple et vraie de la nature, à l'instant d'une crise d'autant plus pénible pour-le spectateur qu'il l'a vue se former lentement sous ses yeux, et par des moyens communs et foibles en apparence. Ceux qui liront *Eugénie* dans le véritable esprit où ce Drame a été composé sentiront souvent que l'Auteur a plus réfléchi qu'on ne croit, lorsqu'il a préféré de dire plus en peu de mots que mieux en beaucoup de paroles. Alors le premier Acte, qu'ils avaient peut-être trouvé long et froid, leur paraîtra si nécessaire, qu'il serait impossible de prendre le moindre intérêt aux autres si l'on n'avait pas vu celui-là. C'est lui qui nous incorpore à cette malheureuse famille et nous fait prendre, sans nous en appercevoir, un rôle d'ami dans la Pièce. Plus il y a de choses fortes ou extraordinaires dans un Drame et plus on doit les racheter par des incidens communs, qui seuls fondent la vérité. (C'est encore M. Diderot qui dit cela.) Que ne dit-il pas, cet homme étonnant! Tout ce qu'on peut penser de vrai, de philosophique et d'excellent sur l'art dramatique, il l'a renfermé dans le quart d'un *in-douze*. J'aimerais mieux avoir fait cet Ouvrage... Revenons au mien.

Après avoir décidé le caractère et la conduite de chaque personnage, j'ai cherché s'il y avait quelque principe certain pour les faire parler convenablement à leur rôle. Dans un plan bien disposé, le fond des choses à dire est toujours donné par celui des choses à faire; mais le ton de chacun n'en reste pas moins subordonné au génie et aux lumieres de l'Auteur, qui peut se tromper, soit en voyant mal ces rapports qu'il a dû combiner, soit en exécutant foiblement ce qu'il a bien préconçu. J'ai dit: ceux qu'un grand intérêt occupe ne recherchent point leurs phrases, ils sont simples comme la nature; lorsqu'ils se passionnent, ils peuvent devenir forts, énergiques, mais ils n'ont jamais ce qu'on appelle dans le monde de l'esprit. J'écrirai donc le fond du Drame le plus simplement qu'il me sera possible. Le seul Clarendon pourra montrer de l'esprit, c'est-à-dire de l'affectation, quand il voudra tromper; lorsqu'il sera de bonne foi, il n'aura dans la bouche que les choses naturelles et fortes que je trouverais dans mon cœur si j'étais à sa place.

Aux premiers Actes, Eugénie sera noble, tendre et modeste dans ses discours; ensuite touchante dans la douleur et presque muette dans le désespoir, comme toutes les ames extrêmement sensibles. L'excès du malheur lui fera-t-il regarder la mort comme un refuge désirable et certain, alors son style, aussi exalté que son ame, sera modelé sur sa situation, et un peu plus grand que nature.

Le Baron, homme juste et simple dans ses mœurs, en aura constamment la tournure et le style; mais aussi-tôt qu'une forte passion l'animera, il jettera feu et flamme, et de ce brasier sortiront des choses vraies, brûlantes et inattendues.

Le ton de Madame Murer sera le plus constant de tous. Le fond de son caractère étant de ne douter de rien, la bonté, l'aigreur, la contradiction, la fureur, en un mot, tout ce qu'elle dira portera l'empreinte de l'orgueil, qui est toujours aussi confiant et superbe en paroles qu'imprudent et mal-adroit en actions.

Sir Charles doit être uni, reconnaissant, dans sa première scène avec le Comte de Clarendon; furieux, hors de lui, mais sublime s'il se peut, lorsque des ressentimens légitimes l'arracheront à sa tranquillité.

Si l'on me blâme d'avoir écrit ce Drame trop simplement, j'avoue que je suis inexcusable, car je me suis donné beaucoup de peines pour l'écrire ainsi. Telle réponse qui paraît négligée a été substituée à une réplique plus travaillée qu'on y voyait d'abord. Mais qu'il est difficile d'être simple! Je me rappelle à ce sujet une lecture que je fis de l'Ouvrage, il y a deux ou trois ans, à plusieurs gens de Lettres. Après l'avoir attentivement écouté, l'un d'eux me dit, avec une franchise estimable qui fut un coup de lumière pour moi : « Voulez-vous imprimer ce Drame ou le faire jouer? — Pourquoi? — C'est qu'il est bien différent d'écrire pour être lu ou d'écrire pour être parlé. Si vous le destinez à l'impression, n'y touchez pas, il va bien; si vous voulez le faire jouer un jour, montez-moi sur cet arbre si bien taillé, si touffu, si fleuri; effeuillez, arrachez tout ce qui montre la main du Jardinier. La nature ne met dans ses productions ni cet apprêt, ni cette profusion. Ayez la vertu d'être moins élégant, vous en serez plus vrai. » Je n'hésitai pas. Avec plus de génie je me serais rendu plus simple encore, sans cesser d'être intéressant. Mais quand le style plat, aussi voisin du naïf en poësie que le pauvre l'est du simple en sculpture, m'aurait trompé, quand il me ferait échouer dix fois de suite, je m'accuserais, sans cesser de croire que le genre sérieux et touchant doit être écrit très-simplement.

Voilà les principes sur lesquels j'ai composé le Drame d'*Eugénie*. Cette analyse du plan me paraît donner les véritables raisons de l'intérêt que la Pièce a inspiré. La lecture de l'Ouvrage qui suit cet exposé, montrant combien l'exécution est restée au-dessous du projet, justifiera de même les critiques qu'on en a faites. *Eugénie* cessera d'être un problème pour beaucoup de gens, qui ne conçoivent pas encore comment l'enthousiasme et le dédain ont pu, dans le même tems, partager le Public sur le même objet. A l'égard de ceux qui, sans examen comme sans appel, ont jugé la Pièce absolument détestable, peut-être seront-ils à bon droit soupçonnés d'être hors d'état d'en juger une plus mauvaise encore.

EUGÉNIE

DRAME

En cinq Actes en Prose.

Une seule démarche hasardée m'a mise à la merci de tout le monde.
Eugén. Acte III. Scene IV.

PERSONNAGES. ACTEURS.

Le Baron HARTLEY, père d'Eugénie. — M. Préville [1],

Le Lord Comte de CLARENDON, Amant d'Eugénie, cru son Epoux. — M. Bellecourt.

Mad. MURER, Tante d'Eugénie. — Mad. Préville.

EUGÉNIE, fille du Baron. — Mlle. Doligny.

SIR CHARLES, frere d'Eugénie. — M. Velene.

COWERLY, Capitaine de haut bord, ami du Baron. — M. Grandval.

DRINK, Valet de chambre du Comte de Clarendon. — M. Auger.

BETSY, Femme de chambre d'Eugénie. — Mlle. Fanier.

ROBERT, premier Laquais de Mad. Murer. — M. Feulie.

Personnages muets.

Des Valets armés.

---

1. *N. B.* Les Directeurs de Troupes sont avertis que ce n'est point en sa qualité de premier Comique aux Français que le Rôle du Baron Hartley a été destiné à M. Préville, mais parce qu'il est grand Comédien. J'ai vu gâter en Province le Rôle d'*Antoine*, dans *le Philosophe sans le sçavoir*; le Valet Comique sçachant que M. Préville l'avait joué à Paris, s'en empara et se donna la torture pour rendre plaisant un Rôle dans lequel M. Préville nous avait fait pleurer.

Tony Johannot del. Corbould sc.

EUGÉNIE

EUGÉNIE.

ah! mon père, ayez pitié de mon désespoir.

Acte III. Scène 8.

Publié par Furne et Cie

Habillement des Personnages, suivant le Costume de l'état de chacun en Angleterre.

Le Baron HARTLEY, vieux gentilhomme du pays de Galles, doit avoir un habit gris et veste rouge à petit galon d'or ; une culotte grise, des bas gris roulés, des jarretières noires sur les bas, de petites boucles à ses souliers quarrés et à talons hauts ; une perruque à la brigadière ou un ample bonnet, un grand chapeau à Ragotzi ; une cravate nouée et passée dans une boutonniere de l'habit ; un surtout de velours noir par-dessus tout l'habillement.

Le Comte de CLARENDON, jeune homme de la Cour : un habit à la Française des plus riches et des plus élégans : dans les IVe et Ve Actes, un fracq tout uni à revers de même étoffe.

Madame MURER, riche veuve du pays de Galles : une robe Anglaise toute ronde, de couleur sérieuse, à bottes, sans engageantes, sur un corps serré descendant bien bas ; un grand fichu quarré à dentelles anciennes attaché en croix sur la poitrine ; un tablier très-long, sans bavette, avec une large dentelle au bas ; des souliers de même étoffe que la robe ; une barette Anglaise à dentelles sur la tête, et par-dessus un chapeau de satin noir à rubans de même couleur.

EUGÉNIE : une robe Anglaise toute ronde, de couleur gaie, à bottes, comme celle de Madame Murer ; le tablier de même que sa tante ; des souliers blancs ; un chapeau de paille doublé et bordé de rose, une barette Anglaise à dentelles sous son chapeau.

SIR CHARLES : un fracq de drap bleu de roi à revers de même étoffe, boutons de métal plats, veste rouge croisée à petit galon ; culotte noire, bas de fil gris ; grand chapeau uni, cocarde noire ; les cheveux redoublés en queue grosse et courte ; manchettes plattes et unies.

M. COWERLY, Capitaine de haut bord : grand uniforme de Marine Anglaise ; habit de drap bleu de roi à paremens et revers de drap blanc, un galon d'or à la Mousquetaire ; veste blanche, même galon ; double galon aux manches et aux poches de l'habit ; boutons de métal en bosse unis ; grand chapeau bordé, cocarde noire fort apparente ; cheveux en cadenettes.

DRINK : habit brun à boutonnieres d'or et à taille courte, fait à l'Anglaise.

BETSY, jeune fille du pays de Galles : une robe Anglaise de toile peinte toute ronde, à bottes ; très-petites manchettes ; fichu quarré et croisé sur la poitrine ; tablier de batiste très-long ; barette à l'Anglaise sur la tête ; point de chapeau.

La Scene est à Londres, dans une Maison écartée, appartenant au Comte de Clarendon.

Pour l'intelligence de plusieurs Scenes, dont tout l'effet dépend du jeu théatral, j'ai cru devoir joindre ici la disposition exacte du Sallon. Aux deux côtés du fond, on voit deux portes : celle à droite est censée le passage par où l'on monte chez Madame Murer ; celle à gauche est l'appartement d'Eugénie. Sur la partie latérale du Sallon, à droite, est la porte qui mene au jardin ; vis-à-vis, à gauche, est celle d'entrée, par où les visites s'annoncent. Du Plafond descend un Lustre allumé ; sur les côtés sont des cordons de sonnettes dont on fait usage. Cette vûe du Sallon est l'aspect relatif aux Spectateurs. En lisant la Piece on sentira la nécessité de connoître cette disposition des lieux, que j'ai indiquée en partie dans le Dialogue de la premiere Scene.

EUGÉNIE

ACTE PREMIER.

SCENE PREMIERE.

Le Baron HARTLEY, Madame MURER, EUGÉNIE, BETSY.

Le Théâtre représente un Sallon à la Françoise du meilleur goût. Des malles et des paquets indiquent qu'on vient d'arriver. Dans un des coins est une table chargée d'un cabaret à thé. Les Dames sont assises auprès. Madame Murer lit un papier anglais près de la bougie. Eugénie tient un ouvrage de broderie. Le Baron est assis derriere la table. Betsy est debout à côté de lui, tenant d'une main un plateau avec un petit verre dessus, de l'autre une bouteille de marasquin empaillée ; elle verse un verre au Baron, et regarde après de côté et d'autre.

BETSY.

Comme tout ceci est beau ! Mais c'est la chambre de ma Maîtresse qu'il faut voir.

LE BARON, *après avoir bu, remettant son verre sur le plateau.*

Celle-ci à droite ?

Betsy.

Oui, Monsieur; l'autre est un passage par où l'on monte chez Madame.

Le Baron.

J'entends : ici dessus.

Madame Murer.

Vous ne sortez pas, Monsieur? Il est six heures.

Le Baron.

J'attends un carrosse... Hé bien! Eugénie, tu ne dis mot. Est-ce que tu me boudes? Je ne te trouve plus si gaie qu'autrefois.

Eugénie.

Je suis un peu fatiguée du voyage, mon pere.

Le Baron.

Tu as pourtant couru le jardin tout l'après-midi avec ta Tante.

Eugénie.

Cette Maison est si recherchée...

Madame Murer.

Il est vrai qu'elle est d'un goût... comme tout ce que le Comte fait faire. On ne trouve rien à desirer ici.

Eugénie, *à part.*

Que celui à qui elle appartient. (*Betsy sort*[1].)

---

1. Variante 1re.

SCENE II.

EUGÉNIE, LE BARON, Madame MURER, ROBERT.

Robert.

Monsieur, une voiture...

Le Baron, *à Robert, en se levant.*

Mon chapeau, ma canne...

Madame Murer.

Robert, il faudra vuider ces malles et remettre un peu d'ordre ici.

Robert.

On n'a pas encore eu le tems de se reconnaître.

Le Baron, *à Robert.*

Où dis-tu que loge le Capitaine?

Robert.

Dans Suffok Street, tout auprès du Bagno.

Le Baron.

C'est bon. (*Robert sort.*)

SCENE III.

Madame MURER, LE BARON, EUGÉNIE.

Madame Murer.

(*Le ton de Madame Murer, dans toute cette Scene, est un peu dédaigneux.*)

J'espere que vous n'oublierez pas de vous faire écrire chez le Lord Comte de Clarendon, quoiqu'il soit à Windsor : c'est un jeune Seigneur fort de mes amis, qui nous prête cette Maison pendant notre séjour à Londres, et vous sentez que ce sont là de ces devoirs...

Le Baron, *la contrefaisant.*

Le lord Comte un tel, un grand Seigneur, fort mon ami : comme tout cela remplit la bouche d'une femme vaine !

Madame Murer.

Ne voulez-vous pas y aller, Monsieur ?

Le Baron.

Pardonnez-moi, ma Sœur ; voilà trois fois que vous le dites ; j'irai en sortant de chez le Capitaine Cowerly.

Madame Murer.

Comme il vous plaira pour celui-là ; je ne m'y intéresse, ni ne veux le voir ici.

Le Baron.

Comment ! le frere d'un homme qui va épouser ma fille ?

Madame Murer.

Ce n'est pas une affaire faite.

Le Baron.

C'est comme si elle l'était.

Madame Murer.

Je n'en crois rien. La belle idée de marier votre fille à ce vieux Cowerly, qui n'a pas cinq cens livres sterling de revenu, et qui est encore plus ridicule que son frere le Capitaine !

Le Baron.

Ma Sœur, je ne souffrirai jamais qu'on avilisse en ma présence un brave Officier, mon ancien ami.

Madame Murer.

Fort bien; mais je n'attaque ni sa bravoure, ni son ancienneté; je dis seulement qu'il faut à votre fille un mari qu'elle puisse aimer.

Le Baron.

De la maniere dont les hommes d'aujourd'hui sont faits, c'est assez difficile.

Madame Murer.

Raison de plus pour le choisir aimable.

Le Baron.

Honnête.

Madame Murer.

L'un n'exclut pas l'autre.

LE BARON.

Ma foi, presque toujours. Enfin j'ai donné ma parole à Cowerly.

Madame MURER.

Il aura la bonté de vous la rendre.

LE BARON.

Quelle femme! Puisqu'il faut vous dire tout, ma Sœur, il y a entre nous un dédit de deux mille guinées. Croyez-vous qu'on ait aussi la bonté de me les rendre?

Madame MURER.

Vous comptiez bien sur mon opposition quand vous avez fait ce bel arrangement; il pourra vous couter quelque chose, mais je ne changerai rien au mien. Je suis veuve et riche, ma Niece est sous ma conduite, elle attend tout de moi, et depuis la mort de sa mere le soin de l'établir me regarde seule. Voilà ce que je vous ai dit cent fois, mais vous n'entendez rien.

LE BARON, *brusquement.*

Il est donc assez inutile que je vous écoute: je m'en vais. Adieu, mon Eugénie, tu m'obéiras, n'est-ce pas? (*Il la baise au front et sort.*)

SCENE IV.

Madame MURER, EUGÉNIE.

Madame MURER.

Qu'il m'amène ses Cowerly. (*Après un peu de silence.*) A votre tour, ma Nièce, je vous examine... Je conçois que la présence de votre pere vous gêne, dans l'ignorance où il est de votre mariage; mais avec moi que signifie cet air? J'ai tout fait pour vous : je vous ai mariée... Le plus bel établissement des trois Royaumes! Votre Epoux est obligé de vous quitter, vous êtes chagrine, vous brûlez de le rejoindre à Londres : je vous y amène, tout cede à vos desirs...

EUGÉNIE, *tristement.*

Cette ignorance de mon père m'inquiète, Madame; d'un autre côté, Milord... Devions-nous le trouver absent, lorsque nos Lettres lui ont annoncé le jour de notre arrivée?

Madame MURER.

Il est à Windsor avec la Cour. Un homme de son rang n'est pas toujours le maître de quitter...

EUGÉNIE.

Il a bien changé!

Madame MURER.

Que voulez-vous dire?

Eugénie.

Que, s'il avoit eu ces torts lorsque vous m'ordonnâtes de recevoir sa main, je ne me serais pas mise dans le cas de les lui reprocher aujourd'hui.

Madame Murer.

Lorsque je vous ordonnai, Miss! A vous entendre, on croirait que je vous fis violence; et cependant, sans moi, victime d'un ridicule entêtement, mariée sans dot, femme d'un vieillard ombrageux, et sur-tout confinée pour la vie au Château de Cowerly... Car rien ne peut détacher votre père de son insipide projet.

Eugénie.

Mais si le Comte a cessé de m'aimer?

Madame Murer.

En serez-vous moins Miladi Clarendon?..... Et puis, quelle idée! Un homme qui a tout sacrifié au bonheur de vous posséder!

Eugénie, *pénétrée*.

Il était tendre alors. Que de larmes il versa lorsqu'il fallut nous séparer! Je pleurais aussi, mais je sentais que les plus grandes peines ont leur douceur quand elles sont partagées. Quelle différence!

Madame Murer.

Vous oubliez donc votre nouvel état, et combien l'espoir de la voir bientôt mère rend une jeune femme plus chère à son mari? Ne lui avez-vous pas écrit cette nouvelle intéressante?

Eugénie.

Son peu d'empressement n'en est que plus affligeant.

Madame Murer.

Et moi je vous dis que vos soupçons l'outragent.

Eugénie.

Avec quel plaisir je m'avouerais coupable!

Madame Murer.

Vous l'êtes plus que vous ne pensez; et cette tristesse, ces larmes, ces inquiétudes... Croyez-vous tout cela bien raisonnable?

Eugénie[1].

Graces aux considérations qui tiennent notre Mariage secret, il faut bien que je dévore mes peines. Mais aussi, Milord, n'être pas à Londres le jour que nous y arrivons!

Madame Murer.

Son Valet de chambre est ici; je vais envoyer chez lui pour vous tranquiliser. (*Elle sonne.*)

SCENE V.

DRINK, Madame MURER, EUGÉNIE.

Drink, *à Eugénie.*

Que veut Milady?

1. Variante 2.

Madame Murer.

Encore Milady! On lui a défendu cent fois de vous nommer ainsi.

Eugénie, *avec bonté.*

Dis-moi, Drink, quand ton Maître revient-il à Londres?

Drink.

On l'attend à tout moment; les relais sont sur la route depuis le matin.

Madame Murer.

Vous l'entendez. Rentrons, ma Nièce. (*A Drink.*) Vous, allez voir s'il est arrivé.

Drink.

Bon, Madame, il seroit accouru...

SCENE VI.

DRINK, *seul.*

S'il me paie pour mentir, il faut avouer que je m'en acquitte loyalement; mais ça me fait de la peine... C'est un ange que cette fille-là. Quelle douceur! Elle apprivoiserait des tigres. Oui, il faut être pire qu'un tigre pour avoir pu tromper une femme aussi parfaite, et l'abandonner après. Mon Maître, oui, je le répète, mon Maître, quoique moins âgé, est cent fois plus scélérat que moi.

SCENE VII.

Le Comte de CLARENDON, DRINK.

    Le Comte, *lui frappant sur l'épaule.*

Courage, Mons Drink.

    Drink, *étonné.*

Qui diantre vous savait là, Milord? On vous croit à Windsor.

    Le Comte.

Vous disiez donc que le plus scélérat de nous deux, ce n'est pas vous.

    Drink, *d'un ton un peu résolu.*

Ma foi, Milord, puisque vous l'avez entendu...

    Le Comte.

Ce lieu est sûr apparemment?

    Drink.

Il n'y a personne. La Nièce est chez la Tante, le bonhomme de père est sorti.

    Le Comte, *surpris.*

Le père est avec elles?

    Drink.

Sans lui, et sans un vieux procès qu'on a déterré, je ne sais où, aurait-on trouvé un prétexte à ce voyage?

Le Comte.

Surcroît d'embarras! Et elles sont ici?

Drink.

D'hier au soir.

Le Comte.

Que dit-on de mon absence?

Drink.

Mademoiselle a beaucoup pleuré.

Le Comte.

Ah! je suis plus affligé qu'elle. Mais n'a-t-il rien percé du projet de Mariage?

Drink.

Oh! le diable gagne trop à vos desseins pour y nuire.

Le Comte, *avec humeur*.

Je crois que le maraut s'ingère...

Drink.

Parlons, Milord, sans vous fâcher. Voilà une fille de condition qui croit être votre femme.

Le Comte.

Et qui ne l'est pas, veux-tu dire?

Drink.

Et qui ne peut tarder à être instruite que vous en épousez une autre. Quand je pense à ce dernier trait, après le diabolique artifice qui l'a fait tomber dans nos griffes... Un

Contrat supposé, des Régistres contrefaits; un Ministre de votre façon... Dieu sait... Tous les rôles distribués à chacun de nous, et joués... Quand je me rappelle la confiance de cette Tante, la piété de la Nièce pendant la ridicule cérémonie, et dans votre Chapelle encore... Non, je crois aussi fermement qu'il n'y aura jamais pour vous, ni pour votre Intendant, qui fit le Ministre, ni pour nous qui servîmes de de témoins...

Le Comte *fait un geste furieux qui coupe la parole à Drink, et après une petite pause dit froidement :*

Monsieur Drink, vous êtes le plus sot coquin que je connaisse. (*Il tire sa bourse et la lui donne.*) Vous n'êtes plus à moi, sortez; mais si la moindre indiscrétion...

Drink.

Est-ce que j'ai jamais manqué à Milord?

Le Comte.

Je déteste les valets raisonneurs, et je me défie sur-tout des fripons scrupuleux.

Drink.

Eh bien, je ne dirai plus un seul mot; usez de moi comme il vous plaira. Mais pour la Demoiselle, en vérité c'est dommage.

Le Comte.

Vous faites l'homme de bien; mais à la vûe de l'or votre conscience s'appaise... Je ne suis pas votre dupe.

Drink.

Si vous le croyez, mon Maître, voilà la bourse.

Le Comte, *refusant de la prendre.*

Cela suffit; mais qu'il ne vous arrive jamais... Approchez. Puisqu'on ne sait rien de ce fatal Mariage...

Drink.

Fatal! qui vous force à le conclure?

Le Comte.

Le Roi, qui a parlé; mon Oncle, qui presse; des avantages qu'on ne rencontre pas deux fois en la vie. (*A part.*) Et plus que tout, la honte que j'aurais de dévoiler mon odieuse conduite.

Drink.

Mais comment cacher ici?...

Le Comte, *rêvant.*

Oh! je... Quand une fois je serai marié... Et puis, elles ne verront personne... Cette maison, quoiqu'assez près de mon Hôtel, est dans un quartier perdu... Je ferai en sorte qu'elles repartent bientôt. Vas toujours m'annoncer : cette visite préviendra les soupçons...

Drink, *se retournant.*

Les soupçons! Qui diable oserait seulement penser ce que nous exécutons, nous autres?

Le Comte.

Il a raison. (*Il le rappelle.*) Écoutes, écoutes.

Drink.

Milord?

LE COMTE, *à lui-même, en se promenant.*

Je crois que la tête a tourné en même tems à tout le monde. (*A Drink.*) Ont-elles déjà reçu des lettres?

DRINK.

Pas encore.

LE COMTE, *à lui-même, en se promenant.*

C'est mon Intendant... Parce qu'il est prêt à rendre l'ame... Il me mande... Il me fait une frayeur avec ses remords... Le malheureux!... Après m'avoir lui-même jetté dans tous ces embarras... Je crains qu'avant de mourir il ne me joue le tour d'écrire ici la vérité. (*A Drink.*) Tu iras toi-même à la Poste.

DRINK.

Oui, Milord.

LE COMTE.

Prends-y garde au moins. Il ne faudrait qu'une Lettre comme celle que j'en reçois... Tu connais son écriture.

DRINK.

J'entends, tout ce qui viendra de là....

LE COMTE.

Fort bien. Vas m'annoncer.

(*Drink sort par la porte qui monte chez Madame Murer.*)

SCENE VIII.

LE COMTE, *seul, se promenant avec inquiétude.*

Que je suis loin de l'air tranquille que j'affecte!... Elle croit être ma femme... Elle m'écrit... Sa Lettre me poursuit... Elle espère qu'un fils me rendra bientôt notre union plus chère... Elle aime les souffrances de son nouvel état... Misérable ambition!... Je l'adore, et j'en épouse une autre... Elle arrive, et l'on me marie... Mon oncle... Oh! s'il savait... Peut-être... Non, il me déshériterait... (*Il se jette dans un fauteuil.*) Que de peines! d'intrigues!... Si l'on calculait bien ce qu'il en coute pour être méchant... (*Se levant brusquement.*) Les réflexions de cet homme m'ont troublé... Comme si je n'avais pas assez du cri de ma conscience sans être encore assailli des remords de mes valets... Elle va venir... Ah! je ne pourrai jamais soutenir sa vûe. L'ascendant de sa vertu m'écrase... La voici... Qu'elle est belle!

SCENE IX.

Madame MURER, EUGÉNIE, le COMTE.

Eugénie, *en courant, arrive la première; puis elle s'arrête tout-à-coup en rougissant.*

Le Comte, *s'avançant vers elle, et lui prenant la main avec quelque embarras.*

Un mouvement plus naturel vous faisait précipiter vos pas, Eugénie. Aurais-je eu le malheur de mériter?... (*A Ma-*

dame Murer qui entre, en la saluant.) Ah! Madame, pardon, vous me voyez confus de m'être laissé prévenir.

Madame MURER.

Vous vous moquez, Milord. Est-ce dans une maison à vous qu'il convient de faire des façons?

LE COMTE, *prenant la main d'Eugénie.*

Que j'ai souffert, ma chère Eugénie, de la dure nécessité de m'éloigner au moment de votre arrivée. J'aurais désobéi à mon Oncle, au Roi même, si l'intérêt de notre union...

EUGÉNIE, *soupirant.*

Ah! Milord!

Madame MURER.

Elle s'afflige.

LE COMTE, *vivement.*

Et de quoi? Vous m'effrayez! Parlez, je vous prie.

EUGÉNIE.

Rappellez-vous, Milord, l'extrême répugnance que j'eus à recevoir votre main à l'insçu de nos parens.

LE COMTE.

J'en ai trop soupiré pour l'oublier jamais.

EUGÉNIE, *avec douleur.*

Votre présence me soutenait contre mes réflexions; mais bientôt des souvenirs cruels m'assaillirent en foule... Les derniers conseils d'une mère mourante... La faute que je commettais contre mon père absent... L'air de mystère qui accompagna l'auguste cérémonie dans votre Château...

Madame Murer.

N'était-il pas indispensable?

Eugénie.

Votre départ, nécessaire pour vous, mais douloureux pour moi .. (*Baissant la voix.*) Mon état...

Le Comte, *lui baise la main.*

Votre état, Eugénie! Ce qui met le sceau à mon bonheur peut-il vous affliger? (*A part.*) Infortunée!

Eugénie, *tendrement.*

Ah! qu'il me serait cher s'il ne m'exposait pas...

Le Comte.

Je me croirai bien malheureux si ma présence n'a pas la force de dissiper ces nuages. Mais qu'exigez-vous de moi? Ordonnez.

Eugénie.

Puisqu'il m'est permis de demander, je desire que vous employiez auprès de mon père cet art de persuader, ah! que vous possédez si parfaitement.

Le Comte.

Ma chère Eugénie!

Eugénie.

Je souhaiterais que nous nous occupassions tous à le tirer d'une ignorance qui ne peut durer plus long-tems sans crime et sans danger pour moi.

Madame MURER.

Le Comte seul peut décider la question.

LE COMTE, *avec timidité.*

Je suivrai vos volontés en tout. Mais à Londres?... Si près de mon oncle?... S'exposer... Cette colère si redoutable de votre père... Je pensais que l'on pourrait remettre cet aveu délicat à notre retour au pays de Galles.

EUGÉNIE, *vivement.*

Où vous viendrez?

LE COMTE.

J'espérais vous y rejoindre avant peu.

EUGÉNIE, *tendrement.*

Que ne l'écriviez-vous ? Un seul mot de ce dessein nous eût empêché de venir à Londres.

LE COMTE, *vivement.*

Quand vous n'auriez pas suivi d'aussi près la nouvelle que j'ai reçue de votre résolution, je me serais bien gardé d'y rien changer. Mon empressement égalait le vôtre. (*D'un ton très-affectueux.*) Aurais-je voulu suspendre un voyage qui a mille attraits pour moi?

Madame MURER.

Il est charmant!

EUGÉNIE, *baissant les yeux.*

Je n'ai plus qu'une plainte à faire; me la pardonnerez-vous, Milord?

Le Comte.

Ne me cachez rien, je vous en conjure.

Eugénie, *avec embarras.*

Un cœur sensible s'inquiète de tout. Il m'a semblé voir dans vos lettres une espèce d'affectation à éviter de m'honorer du nom de votre femme. J'ai craint...

Le Comte, *un peu décontenancé.*

Ainsi donc on me réduit à justifier ma délicatesse même. Vos soupçons m'y contraignent; je le ferai. (*Prenant un ton plus rassuré.*) Tant que je fus votre amant, Eugénie, je brûlai d'acquérir le titre précieux d'époux; marié, j'ai cru devoir en oublier les droits, et ne jamais faire parler que ceux de l'amour. Mon but, en vous épousant, fut d'unir la douce sécurité des plaisirs honnêtes aux charmes d'une passion vive et toujours nouvelle. Je disais : Quel lien que celui qui nous fait un devoir du bonheur!... Vous pleurez, Eugénie!

Eugénie, *lui tendant les bras et le regardant avec passion.*

Ah! laisse-les couler... La douceur de celles-ci efface l'amertume des autres. Ah! mon cher époux! la joie a donc aussi ses larmes!

Le Comte, *troublé.*

Eugénie!... (*A part.*) Dans quel trouble elle me jette!

Madame Murer.

Eh bien, ma Nièce?

EUGÉNIE, *avec joie.*

Je n'en croirai plus mon cœur : il fut trop timide.

LE BARON, *dehors, sans être apperçu.*

Pas un scheling avec.

Madame MURER.

Reconnaissez mon frère au bruit qu'il fait en rentrant.

LE COMTE, *à part.*

Il faut avoir une ame féroce pour résister à tant de charmes.

SCENE X.

LE BARON, LE COMTE, Madame MURER, EUGÉNIE.

LE BARON, *en entrant, crie dehors.*

Renvoyez-le, vous dis-je. (*A lui-même en avançant.*) L'indigne séjour ! la sotte ville ! et sur-tout l'impertinent usage d'aller voir des gens qu'on sait absens !

Madame MURER.

Toujours emporté !

LE BARON.

Eh bien ! eh bien ! ma sœur, ce n'est pas vous que cela regarde.

Madame Murer.

Je le crois, Monsieur; mais que doit penser de vous Milord Clarendon?

Le Baron, *saluant.*

Ah! pardon, Milord.

Madame Murer.

Il vient ici vous offrir ses bons offices auprès de vos Juges.

Le Baron, *au Comte.*

Excusez; l'on vous dira que j'ai passé à votre Hôtel.

Le Comte.

Je suis fâché, Monsieur...

Le Baron, *se tournant vers sa fille.*

Bon jour, mon Eugénie.

Le Comte, *à lui-même, se rappellant la derniere phrase d'Eugénie.*

La joie a donc aussi ses larmes!

Le Baron, *au Comte.*

Comment la trouvez-vous, Milord? Mais vous vous connaissiez déjà; son frère et elle, voilà tout ce qui me reste... Elle était gaie autrefois; les filles deviennent précieuses en grandissant. Ah! quand elle sera mariée!... A propos de mariage, j'allais oublier de vous faire un compliment...

Le Comte, *interrompant.*

A moi, Monsieur? Je n'en veux recevoir que sur le bonheur que j'ai en ce moment de présenter mes respects à ces Dames.

Le Baron.

Eh! non, non; c'est sur votre mariage.

Madame Murer, *vivement*.

Son mariage!

Eugénie, *à part, avec frayeur*.

Ah Ciel!

Le Comte, *d'un air contraint*.

Vous voulez rire.

Le Baron.

Ma foi je ne l'ai pas deviné. Votre Suisse a dit que vous étiez à la Cour pour un mariage...

Le Comte, *interrompant*.

Ah! ah!... Oui : C'est... c'est un de mes parens. Vous savez que, pour peu qu'on tienne à quelqu'un, on va pour la signature...

Le Baron.

Non : il dit que cela vous regarde.

Le Comte, *embarrassé*.

Discours de valets... Il est bien vrai que mon oncle, ayant eu dessein de m'établir, m'a proposé depuis peu une fille de qualité fort riche; (*Regardant Eugénie*) mais je lui ai montré tant de répugnance pour un engagement, qu'il a eu la bonté de ne pas insister. Cela s'est su, et peut-être trop répandu. Voilà l'origine d'un bruit qui n'a et n'aura jamais de fondement réel.

Le Baron.

Pardon, au moins. Je ne l'ai pas dit pour vous fâcher. Un oli homme comme vous, couru des belles...

Madame Murer.

Mon frère va s'égayer. Trouvez bon, Messieurs, que nous nous retirions.

Le Comte, *saluant.*

Ce sera moi, si vous le voulez bien. J'ai quelques affaires pressées... Je vous demande la permission, Mesdames, de vous voir le plus souvent...

Madame Murer.

Jamais aussi souvent que nous le desirons, Milord. (*Le Comte sort, le Baron l'accompagne : ils se font des politesses.*)

SCENE XI.

Madame MURER, EUGÉNIE.

Madame Murer.

Avec quelle adresse et quelle honnêteté pour vous il vient de s'expliquer !

EUGÉNIE, *honteuse d'un petit mouvement de frayeur, se jette dans les bras de sa tante.*

Grondez donc votre folle de Nièce... A un certain mot de mon père, n'ai-je pas éprouvé un serrement de cœur affreux!... Il m'avait caché ces bruits dans la crainte de m'affliger... Comme il m'a regardée en répondant!... Ah! ma Tante, que je l'aime!

Madame MURER *l'embrasse.*

Ma Nièce, vous êtes la plus heureuse des femmes. (*Elles vont chez le baron par la porte d'entrée.*)

FIN DU PREMIER ACTE.

JEU D'ENTR'ACTE.

Un Domestique entre. Après avoir rangé les siéges qui sont autour de la table à thé, il en emporte le cabaret et vient remettre la table à sa place auprès du mur de côté. Il enlève des paquets dont quelques fauteuils sont chargés, et sort en regardant si tout est bien en ordre.

L'action théâtrale ne reposant jamais, j'ai pensé qu'on pourrait essayer de lier un Acte à celui qui le suit par une action pantomime qui soutiendrait, sans la fatiguer, l'attention des spectateurs, et indiquerait ce qui se passe derrière la Scène pendant l'Entr'acte. Je l'ai désignée entre chaque Acte. Tout ce qui tend à donner de la vérité est précieux dans un Drame sérieux, et l'illusion tient plus aux petites choses qu'aux grandes. Les Comédiens Français, qui n'ont rien négligé pour que cette Pièce fît plaisir, ont craint que l'œil sévère du Public ne désapprouvât tant de nouveautés à la fois ; ils n'ont pas osé hasarder les Entr'actes. Si on les joue en société, on verra que ce qui n'est qu'indifférent, tant que l'action n'est pas engagée, devient assez important entre les derniers Actes.

ACTE II.

SCENE PREMIERE.

Drink *seul, un paquet de Lettres à la main. Il se retourne en entrant et crie au Facteur qui s'en va:*

A moi seul, entendez-vous? (*Il avance dans le salon.*) Un homme averti en vaut deux, dit-on. Voyons ce que le Facteur vient de me remettre. Il faut servir un Maître qui rosse aussi fort qu'il récompense bien. (*Il lit une adresse.*) Hem, m, m, à Monsieur, Monsieur le Baron Hartley. Voilà pour le pere. Quelque sanglier forcé, quelque chien éreinté, etc., etc. (*Il en lit une autre.*) Hem, m, m,... Armée d'Irlande : c'est du fils. Ceci doit encore passer; l'ordre ne porte pas d'arêter les paquebots. (*Il en regarde une troisième.*) Hem, m, m, Lancastre! voici qui paroît suspect. (*Il lit.*) A Madame, Madame Murer, près du Parc S. James... Pour la tante... c'est l'écriture de M. Williams, notre Marieur, l'Intendant de Milord..... main-basse sur celle-ci. Peste! la jeune personne eût appris..... A propos, il se meurt, dit mon Maître. Voyons un peu ce qu'il écrit; puisque je ne dois pas la remettre, je puis bien la lire. Il n'y a pas plus de mal à l'un qu'à l'autre, et l'on apprend quelquefois..... (*Il hésite un peu, et enfin, rompant le cachet, il lit.*) « Madame, je touche au moment terrible où je vais rendre compte de toutes les actions de ma vie. » (*Il parle.*) Un Intendant!... le compte sera long. (*Il lit.*) « Les remords me pressent, et je veux réparer autant qu'il est en moi, par cet avis tardif, le crime dont je me suis rendu coupable en portant le jeune Lord, Comte de Clarendon, à tromper votre malheureuse nièce par un mariage simulé. » (*Il parle.*) Mon Maître s'était douté de cette Lettre : c'est un vrai Démon pour les précautions.

SCENE II.

LE COMTE, DRINK.

Le Comte, *arrivant par le jardin avec précaution.*

Est-ce toi, Drink?

DRINK.

Milord?

Le Comte.

Un mot, et je m'enfuis.

Drink.

Je vous écoute.

Le Comte.

J'avais oublié... J'étais si troublé en sortant... Mon mariage, qui se fait demain, est dans la bouche de tout le monde; on ne parle d'autre chose... Il faut empêcher qu'aucune visite, aujourd'hui sur-tout, ne vienne ici souffler le vent de la discorde.

Drink.

Elles ne connoissent personne à Londres.

LE COMTE.

Je sais que le pere est fort l'ami d'un certain Capitaine Cowerly, qui ne manque jamais le lever de mon oncle; brave homme, mais dont le défaut est d'apprendre le soir à toute la Ville les secrets qu'on lui a dit à l'oreille le matin dans les maisons.

DRINK.

Quelle figure est-ce?

LE COMTE.

Tu ne connais que lui. Du tems de la petite, il a soupé dix fois dans ce sallon.

DRINK.

Quoi! ce bavard qui vous a brouillé depuis avec Laure en lui rapportant que Lady Alton avait passé un jour entier ici?

LE COMTE.

Où diable vas-tu chercher Lady Alton?

DRINK.

Ah vraiment non! c'est plus nouveau que cela. C'était donc une des deux Ofalsen[1]? Ma foi, je confonds les époques, il en est tant venu!

LE COMTE.

Eh, non. C'est celui qui a marié cette fille soi-disant d'honneur de la Reine à ce benet d'Harlington, quand je la quittai.

DRINK

Ah! j'y suis, j'y suis.

1. Qui est un nom propre irlandais. (*Note de l'auteur.*)

LE COMTE.

S'il se présentoit...

DRINK.

Laissez-moi faire. Il en sera de lui comme du Facteur, dont j'ai fort à propos barré le chemin.

LE COMTE.

Je te l'avais recommandé.

DRINK.

C'est ce que je disais. Mon Maître n'oublie rien.

LE COMTE.

Eh bien?

DRINK, *s'approchant d'un air de confidence.*

J'ai détourné une furieuse Lettre de ce Williams pour la tante.

LE COMTE, *lui coupant la parole*[1].

Paix! C'est Eugénie.

SCENE III.

EUGÉNIE, LE COMTE, DRINK.

EUGÉNIE, *faisant un cri de surprise.*

Ah! Milord!

1. Variante 3.

Le Comte, à *Drink.*

Je ne puis l'éviter. Laisse-nous.

SCENE IV.

EUGÉNIE, LE COMTE.

Eugénie, *avec joie.*

Apprenez la plus agréable nouvelle...

Le Comte.

Si elle intéresse mon Eugénie...

Eugénie.

Mon père est enchanté de vous. Ah, j'en étais bien sûre! Il faisait votre éloge à l'instant. Je me serais mise de bon cœur à ses pieds pour le remercier. Il me rendait fière de mon époux. Je me suis sentie prête à lui tout avouer.

Le Comte, *ému.*

Vous me faites trembler! exposer tout ce que j'aime au brusque effet de son ressentiment!

Eugénie, *vivement.*

Je sais qu'il est violent; mais il est mon père. Il est juste, il est bon. Venez, Milord, que notre profond respect le désarme. Entrons, ce moment sera le plus heureux...

Le Comte, *embarrassé.*

Eugénie! quoi, vous voulez?... quoi, sans nulle précaution?...

Eugénie, *avec beaucoup de feu.*

Si jamais je te fus chère, c'est aujourd'hui qu'il faut me le prouver. Donnes-moi cette marque de ton amour. Viens, depuis trop longtemps les soupçons odieux outragent ta femme; les regards méchans la poursuivent. Fais cesser un si pénible état; déchire le voile qui l'expose à rougir. Tombons aux genoux de mon père. Viens, il ne nous résistera pas.

Le Comte, *à part.*

Quel embarras! (*A Eugénie.*) Souffrez au moins que je le revoie encore avant pour affermir ses bonnes dispositions.

Eugénie, *lui prenant la main.*

Non: elles peuvent changer. La premiere impression est pour toi. Non, je ne te quitterai plus[1].

SCENE V.

Madame MURER, EUGÉNIE, LE COMTE.

Le Comte, *appercevant Madame Murer.*

Ah! Madame, venez m'aider à lui faire entendre raison.

1. Variante 4.

Madame Murer.

Le Comte ici! J'aurais dû m'en douter à l'air d'empressement dont elle est sortie. Mais de quoi s'agit-il?

Le Comte.

Sur quelques mots en ma faveur échappés à son père, sa belle ame s'est échauffée. Elle veut, elle exige que nous lui fassions à l'instant un aveu de notre union.

Madame Murer.

Ah! Milord, gardez-vous-en bien! Mon avis, au contraire, est que vous vous retiriez promptement. S'il s'éveillait et vous trouvait ici, ce prompt retour lui ferait soupçonner...

Le Comte, *cachant sa joie sous un air empressé.*

Tout serait perdu! Je m'arrache d'auprès d'elle avec moins de chagrin, puisque c'est à sa sûreté que je fais ce sacrifice. (*Il sort.*)

SCENE VI.

Madame MURER, EUGÉNIE.

Eugénie *le regarde aller, et après un peu de silence dit douloureusement:*

Il s'en va!

Madame Murer.

Mais vous avez donc tout-à-coup perdu l'esprit?

Eugénie.

Etre réduite à composer avec son devoir ; n'oser regarder son père : voilà ma vie. Je suis confuse en sa présence ; sa bonté me pese, sa confiance me fait rougir, et ses caresses m'humilient. Il est si accablant de recevoir des éloges et de sentir qu'on ne les mérite pas.

Madame Murer.

Mais à Londres, où le Comte à tant de ménagemens à garder... d'ailleurs votre état ne rend pas encore cet aveu indispensable.

Eugénie.

N'est-il pas plus aisé de prévenir un mal que d'en arrêter les progrès ? Le tems fuit, l'occasion échappe, les convenances diminuent, l'embarras de parler augmente, et le malheur arrive.

Madame Murer.

Votre époux est trop délicat pour vous exposer,..

Eugénie, *vivement*.

N'avez-vous pas trouvé, comme moi, un peu d'apprêt dans son air, de recherches dans son langage ? cela me frappe à présent que j'y réfléchis. Cette touchante simplicité qu'il avait à la campagne était bien préférable.

Madame Murer.

Dès qu'il s'éloigne, l'imagination travaille.

SCENE VII.

Madame MURER, EUGÉNIE, DRINK.

Madame MURER, *à Drink, qui tient un paquet.*

Qu'est-ce que c'est?

DRINK.

Des Lettres que le Facteur vient d'apporter.

Madame MURER, *parcourant les adresses.*

D'Irlande : voici des nouvelles. (*Drink range le salon et écoute la conversation.*)

EUGÉNIE, *avec vivacité.*

De mon frère ?

Madame MURER.

Non. C'est une Lettre de son cousin, qui sert dans le même Corps. (*Elle lit tout bas.*)

EUGÉNIE.

Point de Lettres de Sir Charles[1]? Il est bien étonnant!...

Madame MURER, *à Drink, qui ouvre une malle.*

Laissez cela. Betsy serrera nos habits. (*Drink sort.*)

1. Sir Charles se prononce Ser Charles. (*Note de l'auteur.*)

SCENE VIII.

Madame MURER, EUGÉNIE.

EUGÉNIE, *pendant que Madame Murer lit bas.*

Son silence me surprend et m'afflige.

Madame MURER, *d'un ton composé.*

S'il vous afflige, Miss, la Lettre de Sir Henri[1] ne me paraît pas propre à vous consoler. Votre frère n'a pas reçu nos dernières; c'est un terrible état que le métier de la guerre!

EUGÉNIE, *troublée.*

Mon frère est mort!

Madame MURER.

Ai-je dit un mot de cela?

EUGÉNIE.

Je n'ai pas une goutte de sang.

Madame MURER.

Puisque votre effroi va au-devant de mes précautions, lisez vous-même.

EUGÉNIE *lit en tremblant.*

« Mon cousin, grièvement insulté par son Colonel, l'a forcé de se battre et l'a désarmé. Son ennemi vient de le

---

[1]. Sir Henri comme Sir Charles : *Ser*, et ainsi dans tout le Drame. (*Note de l'auteur.*)

dénoncer : ce qui a obligé Sir Charles à prendre secrètement la route de Londres. Mais le Colonel le suit, pour l'accuser chez le Ministre. » Ah ! mon frère !

SCENE IX.

Le BARON, Madame MURER, EUGÉNIE.

Le Baron.

Eh bien ! parce que je m'endors un moment en jasant avec vous..

Eugénie, *troublée.*

Mon frère s'est battu.

Le Baron.

D'où savez-vous cela ?

Eugénie.

C'est ce que mande Sir Henri.

Madame Murer, *avec importance.*

Et il a désarmé son homme ; si ce n'était pas son Colonel.

Le Baron.

Son Colonel tout comme un autre.

Eugénie.

Mon père, ma tante, occupons-nous tous des moyens de le sauver.

Madame Murer.

Où le prendre?

Eugénie.

Mon cousin dit qu'il est à Londres.

Madame Murer.

Mais il ne sait pas que nous y sommes.

Eugénie, *baissant les yeux*.

Milord Clarendon ne pourrait-il pas?...

Madame Murer, *d'un air dédaigneux* [1].

Le cher Lord! Ah! oui, si Monsieur lui fait la grace d'accepter ses services.

Le Baron, *lui rendant son air*.

Ma foi, ce serait ma dernière ressource. Donnes-moi la Lettre, Eugénie. (*Il lit bas.*) Diable! (*Il lit tout haut.*) « Quand il ne réussirait pas à le perdre, avertissez Sir Charles d'être toujours sur ses gardes; le Colonel a la réputation de se défaire des gens par toutes sortes de voies...» Bon; cela ne peut pas être; un Officier...

Madame Murer.

Cet évènement me ramene à ce que je vous disais tantôt, Monsieur; si, au lieu de destiner votre fille à un vieux Militaire sans fortune, vous trouviez bon que l'on eût pour elle des vues plus relevées. Les protections aujourd'hui...

Le Baron.

Nous y voilà encore. Ma sœur, une bonne fois pour

---

1. Variante 5.

toutes, afin de n'y jamais revenir : vous aimez les Lords, les gens de haut parage, et moi je les déteste; ma fille m'est trop chere pour la sacrifier à votre vanité et la rendre malheureuse.

Madame Murer.

Et pourquoi malheureuse?

Le Baron.

Est-ce que je ne connais pas vos petits-grands Seigneurs? Voyez-les dans les unions mêmes les plus égales pour la fortune : Une fille est mariée aujourd'hui, trahie demain, abandonnée dans quatre jours; l'infidélité, l'oubli, la galanterie ouverte, les excès les plus condamnables ne sont qu'un jeu pour eux. Bientôt le désordre de la conduite entraîne celui des affaires; les fortunes se dissipent, les terres s'engagent, se vendent; encore la perte des biens est-elle souvent le moindre des maux qu'ils font partager à leurs malheureuses compagnes.

Madame Murer.

Mais quel rapport ce tableau, faux ou vrai, a-t-il à l'objet que nous traitons? Vous faites le procès à la jeunesse, et nullement à la qualité; c'est dans cet état, au contraire, que les hommes ont le plus de ressources. S'ils se sont dérangés, un jour ils deviennent sages, et alors les graces de la Cour...[1]

Le Baron.

Arrivent tout à point pour réparer leurs sottises, n'est-ce pas? Peut-on solliciter des récompenses, quand on n'a rien fait pour son pays? Et quand le principe des demandes est aussi honteux, n'est-il pas absurde de faire fond d'avance

1. Variante 6.

sur des graces qui peuvent être mille fois mieux appliquées ? Mais je veux encore que son importunité les arrache. Eh bien, je lui préférerai toujours un brave Officier qui les aura méritées sans les obtenir; et cet homme, c'est Cowerly. S'il ne tient rien des faveurs de la Cour, il a l'estime de toute l'armée : l'un vaut bien l'autre, je crois.

Madame MURER.

Mais, Monsieur....

LE BARON, *impatient*.

Mais, Madame, si vous êtes éprise à ce point de vos Lords, que n'en épousez-vous quelqu'un vous-même ?

Madame MURER, *fierement*.

Vous mériteriez que je le fisse, et que je transportasse tous mes biens dans une famille étrangère.

LE BARON, *la saluant*.

A votre aise, ma sœur. Pour mes enfans moins de fortune, moins d'extravagance, moins d'occasion de sottises.

EUGÉNIE, *à part* [1].

Toujours en querelle ; que je suis malheureuse !

---

1. Variante 7.

SCENE X.

ROBERT, le BARON, Madame MURER, EUGÉNIE.

Robert.

Le Capitaine Cowerly demande à vous voir.

Le Baron.

Il ne pouvait arriver plus à propos. Qu'il entre.

SCENE XI.

Le BARON, Madame MURER, EUGÉNIE.

Madame Murer.

Un moment, s'il vous plaît, que nous soyons parties. Je vous l'ai dit, c'est un homme que je ne puis souffrir.

Le Baron.

Mais quelle politesse avez-vous donc, vous autres ? Un de nos amis communs, et qui va nous appartenir.

SCENE XII.

Le CAPITAINE COWERLY, le BARON, Madame MURER, EUGÉNIE.

Le Capitaine, *d'un ton bruyant.*

Bonjour, mon très-cher.

Le Baron.

Bonjour, Capitaine. Nous jouons aux barres.

Le Capitaine.

En rentrant chez moi, j'ai trouvé ce billet que vous y avez laissé; mais, en honneur, je m'en retournais sans vous voir.

Le Baron.

Et pourquoi?

Le Capitaine.

Un de vos gens, le plus obstiné valet (je ne sais où je l'ai vu), prétendait qu'il n'y avait personne au logis.

Le Baron.

Je n'ai point donné d'ordre... Ma sœur!

Madame Murer, *séchement.*

Ni moi. A peine arrivés, nous n'attendions aucune visite.

Le Capitaine.

En ce cas, Baron, j'aurai doublement à me féliciter d'avoir

forcé la porte, si je puis vous être utile, et si ces Dames veulent bien agréer mes hommages.

Le Baron.

Capitaine, c'est ma sœur, et voici bientôt la tienne. (*Montrant sa fille.*)

Le Capitaine, *à Eugénie*[1].

J'envie, Mademoiselle, le sort de mon frère. En vous voyant, on n'est plus étonné des précautions qu'il a prises pour assurer son bonheur.

Madame Murer, *d'un air distrait*.

Comme dit fort bien Monsieur, les précautions sont toujours utiles en affaires : chacun prend les siennes.

Le Capitaine, *cherchant des yeux*.

Mais où donc est-il?

Le Baron.

Qui?

Le Capitaine.

Votre fils.

Le Baron.

Mon fils? Qui le sait?

Madame Murer.

A quoi tend cette question, Monsieur?

Le Capitaine.

N'est-ce pas son affaire qui vous attire tous à Londres?

---

1. Variante 8.

Le Baron.

Pas un mot de cela : un maudit procès dont je ne sais autre chose, sinon que j'ai raison... Mais connaîtrais-tu déjà l'aventure de mon fils ?

Le Capitaine.

C'est une misère, une vétille, moins que rien.

Le Baron.

Sans doute ; il n'y a que la subordination...

Madame Murer, *séchement.*

J'admire comment Monsieur a le don de tout deviner : nous en recevons la première nouvelle à l'instant.

Le Capitaine.

Moi, je l'ai vu, Madame.

Eugénie.

Mon frère ?

Le Capitaine.

Oui, Mademoiselle.

Le Baron.

Où ? Quand ? Comment ?

Le Capitaine.

Au Parc, avant-hier, sur la brune. Sir Charles est ici secrètement depuis cinq jours ; il ne sort que le soir, parce qu'il s'est battu contre son Colonel ; il se fait appeller le Chevalier Campley. N'est-ce pas cela ?

Madame Murer.

Nous n'en savons pas tant.

Eugénie.

Où pourrons-nous le trouver, Monsieur?

Le Baron.

En quel lieu loge-t-il?

Le Capitaine.

Ma foi, je n'en sais rien ; mais je lui ai fait promettre de me venir voir. J'arrangerai son affaire : j'ai quelque crédit, comme vous savez.

Madame Murer, *dédaigneusement*.

La seule chose dont nous ayons besoin est justement celle que Monsieur ignore.

Le Capitaine.

Mais, Madame, je n'ai pas pu le prendre à la gorge pour lui faire déclarer sa demeure; et en lisant tout-à-l'heure le billet du Baron, je croyais de bonne foi le rencontrer ici.

Madame Murer.

Cela est d'autant plus malheureux que, dans le besoin où il est d'un protecteur, nous en avons un qui peut beaucoup auprès du Ministre.

Le Capitaine.

Oh! ce pays-ci est tout plein de gens qui font profession de pouvoir plus qu'ils ne peuvent réellement. Quel est-il? Je vous dirai bientôt...

Madame Murer, *dédaigneusement*.

Ce n'est que le Comte de Clarendon.

Le Capitaine.

Le neveu de Milord Duc?

Madame Murer.

Pas davantage.

Le Capitaine.

Je le crois. Son oncle l'idolâtre ; il est fort de mes amis. Je me charge, si vous voulez...

Madame Murer, *d'un air vain.*

Il me fait aussi l'honneur d'être un peu des miens.

Le Baron.

C'est lui qui nous loge.

Le Capitaine.

Vous avez raison. Je regardais en entrant... Mais ce valet a détourné mon attention... Eh parbleu ! c'est un homme à lui. Je disais bien... Je reconnais tout ceci. Nous avons fait quelquefois de jolis soupers dans ce Sallon : c'est, comme il l'appelle à la française, sa petite maison.

Madame Murer, *fièrement.*

Petite maison, Monsieur ?

Le Baron.

Eh ! petite ou grande ! faut-il disputer sur un mot ? Il suffit qu'il nous la prête... Il était ici il n'y a pas une heure.

Le Capitaine.

Aujourd'hui ? Je l'aurais parié à Windsor.

Le Baron.

Il en arrivait.

Le Capitaine.

C'est ma foi vrai. J'oubliais que le mariage se fait à Londres.

Madame Murer et Eugénie, *en même tems.*

Le mariage !

LE CAPITAINE.

Oui, demain. Mais vous m'étonnez : il n'est pas possible que vous l'ignoriez, si vous l'avez vu réellement aujourd'hui.

LE BARON.

Je le savais bien, moi.

Madame Murer, *dédaigneusement.*

Hum... C'est comme la petite maison. Que voulez-vous dire ? Quel mariage ?

LE CAPITAINE.

Le plus grand mariage d'Angleterre : la fille du Comte de Winchester : un Gouvernement que le Roi donne au jeune Lord en présent de nôces. Mais c'est une chose publique et que tout Londres sait.

Eugénie, *à part.*

Dieux ! Où me cacher ?

Madame Murer.

Je vais gager qu'il n'y a pas un mot de vrai à tout cela.

LE CAPITAINE.

Quoi ! sérieusement ? Dès que Madame nie les faits, je n'ai plus rien à dire.

LE BARON.

Il est vrai, Capitaine, qu'il s'en est beaucoup défendu tantôt.

Le Capitaine.

Mais moi qui passe ma vie avec son oncle, moi qu'on a consulté sur tout ; ce sera comme il vous plaira, au reste. Ainsi donc les livrées faites, les carrosses et les diamans achetés, l'hôtel meublé, les articles signés sont autant de chimères ?

Eugénie, *à part*.

Ah malheureuse !

Le Baron.

Mais, ma sœur, cela me paraît assez positif : qu'avez-vous à répondre ?

Madame Murer.

Que Monsieur a rêvé tout ce qu'il dit. Parce que je sais de très-bonne part, moi, que le Comte a d'autres engagemens.

Le Capitaine [1].

Ah ! oui. Quelque illustre infortunée dont il aura ajouté la conquête à la liste nombreuse de ses bonnes fortunes. Nous connaissons l'homme. Je me souviens effectivement d'avoir entendu dire qu'un goût provincial l'avait tenu quelque tems éloigné de la Capitale.

Madame Murer, *dédaigneusement*.

Un goût provincial ?

Le Baron, *riant*.

Quelque jeune innocente à qui il aura fait faire des découvertes, et dont il s'est amusé apparemment ?

---

1. Variante 9.

Le Capitaine.

Voilà tout.

Le Baron, *d'un air content.*

C'est bon, c'est bon. Je ne suis pas fâché que de tems en tems une pauvre abandonnée serve d'exemple aux autres, et tienne un peu ces Demoiselles en respect devant les suites de leurs petites passions. Et les père et mère, moi, c'est cela qui me réjouit[1].

Eugénie, *à part.*

Je ne puis plus soutenir le supplice où je suis.

Le Capitaine.

Mademoiselle me paraît incommodée.

Le Baron.

Ma fille?... Qu'as-tu donc, ma chère enfant?

Eugénie, *tremblante.*

Je ne me sens pas bien, mon père.

Madame Murer.

Je vous l'avais dit aussi, ma chère nièce; nous devions nous retirer. Venez, laissons ces Messieurs se raconter leurs merveilleuses anecdotes.

1. Variante 10.

SCENE XIII.

LE BARON, LE CAPITAINE.

Le Baron.

Pardon, Capitaine.

Le Capitaine, *lui prenant la main.*

Adieu, Baron, je prends bien de la part...

Le Baron, *le ramenant.*

Ah ça, mon fils, je te prie, comment dis-tu qu'il se fait appeller?

Le Capitaine.

Le Chevalier Campley.

Le Baron.

Campley? Si je n'écris pas ce nom-là, je ne m'en souviendrai jamais. C'est que j'ai là une Lettre qui menace d'assassins... Il ne va que la nuit... seul... Tout cela est inquiétant.

Le Capitaine.

J'irai demain au soir au Parc, et si je le trouve, je lui sers moi-même d'escorte jusqu'ici.

Le Baron.

A merveille. (*Ils sortent par la porte du Vestibule.*)

FIN DU DEUXIEME ACTE

JEU D'ENTR'ACTE.

Betsy sort de la chambre d'Eugénie, ouvre une malle et en tire plusieurs robes l'une après l'autre, qu'elle secoue, qu'elle déplisse, et qu'elle étend sur le sopha du fond du Sallon. Elle ôte ensuite de la malle quelques ajustemens et un chapeau galant de sa Maîtresse, qu'elle s'essaye avec complaisance devant une glace après avoir regardé si personne ne peut la voir. Elle se met à genoux devant une seconde malle, et l'ouvre pour en tirer de nouvelles hardes. Au milieu de ce travail, Drink et Robert entrent en se disputant : c'est là l'instant où l'orchestre doit cesser de jouer et où l'Acte commence.

ACTE III.

SCENE PREMIERE.

BETSY, DRINK, ROBERT.

Drink, *à Robert en disputant.*

Et moi je te prie de te mêler de tes affaires. Quand je refuse la porte à quelqu'un, es-tu fait pour l'annoncer?

Robert.

Mais c'est que vous ignorez que le Capitaine Cowerly est l'intime ami de Monsieur.

Drink, *plus haut, en colère.*

L'intime ami du diable. Est-ce à toi d'entrer dans les raisons? Es-tu valet de chambre ici?

Betsy, *à genoux, se retourne.*

Chut... Parlez plus bas. Ma maîtresse est chez elle; elle est incommodée. (*Elle prend des robes sous son bras et va pour entrer chez Eugénie*).

Drink, *courant après.*

Miss, Miss, n'avez-vous plus rien à prendre dans les malles? (*Il veut l'embrasser.*)

BETSY, *s'esquivant.*

Ah ! sans doute...... Non, vous pouvez les emporter. (*Elle entre chez Eugénie.*)

SCENE II.

DRINK, ROBERT.

DRINK *revient prendre la malle.*

Que cela t'arrive encore.

ROBERT.

Voilà bien du bruit pour rien. (*Ils enlevent une malle et sortent.*)

SCENE III.

EUGÉNIE, BETSY.

Eugénie sort de chez elle, marche lentement comme quelqu'un enseveli dans une rêverie profonde. Betsy, qui la suit, lui donne un fauteuil ; elle s'assied en portant son mouchoir à ses yeux sans parler. Betsy la considere quelque tems, fait le geste de la compassion, soupire, prend d'autres hardes et rentre dans la chambre de sa maîtresse.

SCENE IV[1].

EUGÉNIE, *assise, d'un ton bien douloureux.*

J'ai beau rêver, je ne puis percer l'obscurité qui m'environne. Quand je cherche à me rassurer, tout m'accable... Personne dans le sein de qui répandre ma douleur... (*Les valets viennent chercher la deuxieme malle, Eugénie reste en silence tant qu'ils sont dans le Sallon.*) Des valets à qui je n'ai plus même le droit de commander. Une seule démarche hasardée m'a mise à la merci de tout le monde... Oh ma mère! c'est bien aujourd'hui que je dois vous pleurer! (*Elle se lève vivement.*) C'est trop souffrir.:. Quand cet aveu me rendrait la plus malheureuse des femmes, je dirai tout à mon père. L'état le plus funeste est moins pénible que mon agitation... Mais les craintes de ma tante... ses défenses... Tout aujourd'hui doit céder au respect filial. Ah malheureuse! c'était alors qu'il fallait penser ainsi. Dieux! le voici! (*Elle tombe dans son siége.*)

SCENE V.

EUGÉNIE, LE BARON.

Le Baron.

Tu es ressortie, mon enfant; ton état m'inquiète.

[1]. Variante 11.

EUGÉNIE, *à part.*

Que lui dirai-je? (*Elle veut se lever, son père la fait rasseoir.*)

LE BARON, *avec bonté*[1].

Tes yeux sont rouges : tu as pleuré. Ma sœur t'aura sans doute...

EUGÉNIE, *tremblante.*

Non, non, Monsieur; ses bontés et les vôtres seront toujours présentes à ma mémoire.

LE BARON.

Ta tante prétend que je t'ai affligée tantôt. Je badinais avec le Capitaine, et le tout pour la contrarier un moment : car elle est engouée de ce Milord, qui franchement est bien le plus mauvais sujet... Dès qu'on en dit un mot, elle vous saute aux yeux. Que nous importe qu'il se soit amusé d'une folle, et qu'il l'ait abandonnée? Ce n'est pas la centieme. On ferait peut-être mieux de ne pas rire de ces choses-là; mais lorsqu'elles n'intéressent personne, et que les détails en sont plaisans... C'est une drôle de femme avec son esprit. Au reste, si notre conversation t'a déplu, je t'en demande pardon, mon enfant.

EUGÉNIE, *à part.*

Je suis hors de moi!

LE BARON, *tirant un siége auprès d'elle et la baisant avant de s'asseoir.*

Viens, mon Eugénie, baise-moi. Tu es sage, toi, honnête, douce : tu mérites toute ma tendresse.

1. Variante 12.

EUGÉNIE, *troublée, se leve.*

Mon père!...

LE BARON, *attendri.*

Qu'as-tu, mon enfant? Tu ne m'aimes plus du tout.

EUGÉNIE, *se laissant tomber à genoux.*

Ah! mon père...

LE BARON, *étonné.*

Qu'avez-vous donc, Miss? Je ne vous reconnais plus.

EUGÉNIE, *tremblante.*

C'est moi...

LE BARON, *vivement.*

Quoi? c'est moi.

EUGÉNIE, *éperdue, se cachant le visage.*

Vous la voyez...

LE BARON, *brusquement.*

Vous m'impatientez. Qu'est-ce que je vois?

EUGÉNIE, *morte de frayeur.*

C'est moi... Le Comte... Mon père...

LE BARON, *avec violence.*

C'est moi... Le Comte... Mon père... Achevez : parlerez-vous?

EUGÉNIE *se cache la tête entre les genoux de son père, sans répondre.*

Le Baron.

Seriez-vous cette malheureuse?

Eugénie, *sentant que les soupçons vont trop loin, lui dit d'une voix étouffée par la crainte.*

Je suis mariée.

Le Baron *se lève et la repousse avec indignation.*

Mariée! Sans mon consentement! (*Eugénie tombe : un mouvement de tendresse fait courir le Baron à sa fille pour la relever.*)

SCENE VI.

Madame MURER *accourant*, LE BARON, EUGÉNIE.

Madame Murer.

Quel vacarme! quels cris! A qui en avez-vous donc, Monsieur?

Le Baron *relevait tendrement sa fille; il la jette sur son fauteuil et reprend toute sa colère.*

Ma sœur, ma sœur, laissez-moi. Je vous ai confié l'éducation de ma fille ; félicitez-vous : l'insolente Miss mariée à l'insçu de ses parens.

Madame Murer, *froidement.*

Point du tout : je le sais.

Le Baron, *en colere.*

Comment! vous le savez!

Madame Murer, *froidement.*

Oui, je le sais.

Le Baron.

Et qui suis-je donc, moi?

Madame Murer, *froidement.*

Vous êtes un homme très-violent, et le plus déraisonnable gentilhomme d'Angleterre.

Le Baron, *étouffant de fureur.*

Eh mais... Eh mais, vous me feriez mourir avec votre sang froid et vos injures. On m'ose déclarer...

Madame Murer, *fièrement.*

Voilà son tort. Je le lui avais défendu. C'est par-là seulement qu'elle mérite tout l'effroi que vous lui causez.

Eugénie, *pleurant.*

Ma tante, vous l'irritez encore. Suis-je assez malheureuse!

Madame Murer, *fièrement.*

Laissez-moi parler, Milady.

Le Baron.

Milady?

Madame Murer.

Oui, Milady; et c'est moi qui l'ai mariée de mon autorité privée au Lord Comte de Clarendon.

Le Baron, *outré*.

A ce Milord?

Madame Murer.

A lui-même.

Le Baron.

Je devais bien me douter que votre misérable vanité...

Madame Murer, *s'échauffant*.

Quelles objections avez-vous à faire?

Le Baron.

Contre lui? mille. Et une seule les renferme toutes : c'est un libertin déclaré.

Madame Murer.

Vous en avez fait tantôt un éloge si magnifique.

Le Baron.

Il est bien question de cela. Je louais son esprit, sa figure, un certain éclat, des avantages qui le distinguent, mais qui me l'auraient fait redouter plus qu'un autre, dès qu'il en abuse au mépris de ses mœurs et de sa réputation.

Madame Murer.

Vous êtes toujours outré. Eh bien, il s'est autrefois permis des libertés qu'il est le premier à condamner aujourd'hui : car c'est un homme plein d'honneur.

Le Baron.

Avec les hommes, et scélérat avec les femmes : voilà le mot. Mais votre sexe a toujours eu dans le cœur un sentiment secret de préférence pour les gens de ce caractere.

Eugénie, *toute en larmes*.

Ah ! mon pere ! si vous le connaissiez mieux, vous regretteriez...

Le Baron.

C'est toi qui pleureras de l'avoir méconnu.... Une femme juger son séducteur !

Madame Murer.

Mais moi ?...

Le Baron, *furieux*.

Vous ?... vous êtes mille fois...

Madame Murer[1].

Point de mots, des choses.

Le Baron, *avec feu*.

C'est un homme incapable de remords sur un genre de fautes dont la multiplicité seule fait ses délices ; fomentant de gaieté de cœur dans la famille d'autrui des désordres qui feraient son désespoir dans la sienne ; plein de mépris pour toutes les femmes, parmi lesquelles il cherche ses victimes ou choisit les complices de ses déréglemens.

Madame Murer.

Mais vous conviendrez que sa femme est au moins excep-

---

1. Variante 13.

tée de ce mépris général; et plus vous reconnaissez de mérite à votre fille, plus elle est propre à le ramener.

Le Baron.

Je vous remercie pour elle, ma sœur. Ainsi donc, le bonheur que vous lui avez ménagé est d'être attachée au sort d'un homme sans mœurs, de partager les affections bannales de son mari avec vingt femmes méprisables. La voilà destinée, en attendant une réformation incertaine, à répandre des larmes dont il aura peut-être la bassesse de se faire un triomphe à ses yeux; la fille la plus modeste est devenue l'esclave d'un libertin dont le cœur corrompu regarde comme un ridicule la tendresse et la fidélité qu'il exige de sa femme. Je te croyais plus délicate, Eugénie.

Eugénie, *du ton du ressentiment que le respect réprime.*

En vérité, Monsieur, je me flatte que jamais le modele d'un portrait aussi vil n'aurait été dangereux pour moi.

Madame Murer, *avec impatience.*

Mais c'est que le Comte n'est point du tout l'homme que vous dépeignez. Peut-être a-t-il, dans le feu de la premiere jeunesse, un peu trop négligé de faire parler avantageusement de ses mœurs; mais...

Le Baron.

Et quel garant a pu vous donner pour l'avenir celui qui jusqu'à présent a méprisé la censure publique sur le point le plus important?

Madame Murer.

Quel garant? Tout ce qui inspire la confiance, cimente l'estime et augmente la bonne opinion; la franchise de son caractere, qui le rend supérieur au déguisement, même dans ce qui lui est contraire ; la noblesse de ses procédés avec ses inférieurs ; sa générosité pour ses domestiques, et la bonté de son cœur, qui le porte à soulager tous les malheureux.

EUGÉNIE, *avec amour.*

Ce n'est pas un ennemi de la vertu, je vous assure, mon père.

LE BARON.

Voilà comme on érige tout en vertus dans ceux qu'on veut défendre. Il est humain, il est grand, généreux, obligeant : tout cela n'est-il pas bien méritoire ! Amenez-moi quelqu'un pour qui ces choses-là ne soient pas un plaisir ! Et qu'en voulez-vous conclure ?

Madame MURER.

Qu'un homme aussi noble, aussi bienfaisant pour tout le monde, ne peut pas devenir injuste et cruel uniquement pour l'objet de son amour.

LE BARON, *adouci*[1].

Je le voudrais, mais...

EUGÉNIE.

Ne lui faites pas, je vous prie, le tort d'en douter.

LE BARON, *plus doucement.*

Mon enfant, l'ame d'un libertin est inexplicable ; mais tu te flattes en vain d'un changement de conduite. Les plaisanteries du Capitaine sur sa derniere aventure n'avaient pas rapport à des tems antérieurs à son mariage avec toi.

---

1. Variante 14.

Madame Murer.

C'est où je vous attendais. Tout cet amer badinage a porté sur votre fille, dont l'union mystérieuse a donné jour à mille fausses conjectures; mais quand vous saurez qu'il l'adore...

Le Baron, *haussant les épaules.*

Il l'adore : c'est encore un de leurs termes, *adorer.* Toujours au-delà du vrai. Les honnêtes gens aiment leurs femmes; ceux qui les trompent les adorent : mais les femmes veulent être adorées[1].

Madame Murer.

Vous penserez différemment, lorsque vous apprendrez qu'un gage de la plus parfaite union...

Le Baron.

Comment?

Madame Murer, *du ton de quelqu'un qui croit en dire assez.*

Lorsqu'avant peu...

Le Baron, *à sa fille.*

Bon! Est-ce qu'elle dit vrai?

Eugénie, *fléchissant le genou.*

Ah, mon pere! comblez par votre bénédiction le bonheur de votre fille.

1. Variante 15.

Le Baron, *la relevant avec tendresse.*

Réellement? Eh bien... eh bien... eh bien, mon enfant, puisque c'est ainsi, j'approuve tout. (*A part.*) Aussi bien est-ce un mal sans remède.

Eugénie.

De quel poids mon cœur est soulagé.

Madame Murer, *avec joie.*

Milady, embrassez votre père.

Le Baron, *baisant Eugénie.*

Laisse-là Milady : sois toujours mon Eugénie.

Eugénie.

(*Avec feu.*) Toute la vie, mon père. (*Par exclamation.*) Ah! Milord, quel jour heureux pour nous!

Le Baron, *du ton d'un homme que ce mot de Milord ramene à d'autres idées.*

Mais, dites-moi donc un peu, vous autres : puisqu'elle est la femme de ce Milord, que diable veulent-ils dire avec cet autre mariage? Car aussi on n'y comprend rien.

Madame Murer.

Il vous l'a dit tantôt. Discours de valets, bruits populaires.

Eugénie.

J'en ai été troublée malgré moi.

Le Baron.

C'est que cela n'est pas net au moins.

Madame Murer.

Drink est son homme de confiance : il n'y a qu'à l'interroger vous-même. (*Elle sonne.*)

SCENE VII.

(*Cette scene marche rapidement.*)

LE BARON, Madame MURER, DRINK, EUGENIE.

Le Baron.

Vous avez raison; je saurai bientôt... (*Saisissant Drink au collet.*) Viens ici, fripon : dis-moi tout ce que tu sais du mariage.

Drink *regarde autour de lui d'un air embarrassé.*

Du mariage! Est-ce qu'on aurait appris?.... Oh! maudit Intendant!...

Le Baron, *vivement.*

Cet Intendant? Parleras-tu?... Faut-il?...

Drink, *effrayé.*

Non, non, Monsieur... Il n'est pas besoin que vous vous fâchiez pour cela. C'est le mariage que vous demandez?

Le Baron.

Oui.

Drink.

(*A part.*) Il faut mentir ici. (*Haut.*) Il est véritable, le mariage.

Le Baron [1].

Véritable? Eh bien, ma sœur?

Madame Murer.

Il vous ment.

Drink.

Je ne mens pas, Monsieur.

Le Baron, *avec violence.*

Tu ne mens pas, misérable?

Drink, *à part.*

Allons, tout est découvert; quelqu'autre lettre sera venue.

Le Baron.

Raconte-moi le fait : je veux l'entendre mot à mot de ta bouche.

Drink.

Monsieur... puisque vous le savez aussi bien que moi..

Le Baron.

Traître !

1. Variante 16.

Madame MURER, *retenant le Baron.*

Mon frere!

LE BARON.

Qu'il laisse son verbiage, et qu'il avoue.

DRINK, *cherchant et tirant une lettre de sa poche.*

Puisqu'il n'y a plus moyen de dissimuler... Voici une lettre de M. Williams, l'Intendant de Milord.

LE BARON, *lui arrachant la lettre.*

Pour qui?

DRINK.

Elle est adressée à Madame.

Madame MURER.

A moi? D'où me vient cette préférence? Et quel rapport cet Intendant...

DRINK, *surpris.*

Comment, quel rapport? C'est le même qui a fait le mariage...

Madame MURER, *prenant la lettre du Baron.*

D'honneur, si j'y entends quelque chose. Elle est décachetée.

LE BARON.

Mais apprends-moi comment il peut penser à se marier, étant l'époux de ma fille?

DRINK, *tout-à-fait troublé.*

Quoi, Monsieur? C'est du nouveau mariage que vous parlez?

LE BARON.

Et duquel donc?

Madame MURER *a lu.*

Ah! le scélérat! (*Elle porte les mains à son visage, qu'elle couvre de la lettre chifonnée.*)

LE BARON.

Qu'est-ce que c'est?

DRINK[1].

Me voilà perdu! je n'ai plus qu'à quitter l'Angleterre. (*Il sort.*)

SCENE VIII.

Le BARON, Madame MURER, EUGÉNIE.

Madame MURER, *avec horreur.*

Il nous a trompés indignement! Ma nièce n'est pas sa femme.

EUGÉNIE, *les bras levés.*

Dieu tout-puissant! (*Elle tombe dans un fauteuil.*)

1. Variante 17.

Madame Murer.

Son Intendant a servi de Ministre, et toute la race infernale de complices.

Le Baron, *frappant du pied.*

Rage! fureur! ô femmes, qu'avez-vous fait?

Madame Murer, *effrayée.*

Mon frère, par pitié, suspendez vos reproches! Ne voyez-vous pas l'état où elle est?

Eugénie, *se relevant.*

Non, ne l'arrêtez pas. Je n'ai plus rien à craindre que de vivre..... Mon père, j'implore votre colere....

Le Baron, *hors de lui.*

Et tu l'as méritée.... Sexe perfide! Femme à jamais le trouble et le deshonneur des familles!. Noyez-vous maintenant dans des larmes inutiles!.... Avez-vous cru vous soustraire à mon obéissance? Avez-vous cru violer impunément le plus saint des devoirs?... Tu l'as osé; toutes tes démarches se sont trouvées fausses; tu as été séduite, trompée, deshonorée, et le Ciel t'en punit par l'abandon de ton père et sa malédiction.

Eugénie, *s'élançant vers le Baron et le retenant à bras le corps*[1].

Ah! mon père! ayez pitié de mon désespoir! révoquez l'épouvantable arrêt que vous venez de prononcer!

1. Variante 18.

Le Baron, *attendri, la repousse doucement.*

Otez-vous de mes yeux : vous m'avez rendu le plus misérable des hommes. (*Il sort.*)

SCENE IX[1].

Madame MURER, EUGÉNIE.

Eugénie, *courant dans les bras de sa tante.*

Ah! Madame! m'abandonnerez-vous aussi?

Madame Murer.

Non, mon enfant; écoutez-moi.

Eugénie.

Ah! ma tante! venez, secondez-moi : courons nous jetter aux pieds de mon père, implorons ses bontés, et sortons tous d'une odieuse maison[2]....

Madame Murer.

Ce n'est pas mon avis : il faut y rester, au contraire, et écrire au Comte que vous l'attendez ici ce soir.

Eugénie, *avec horreur.*

Lui!... moi!... Vous me faites frémir.

1. Variante 19. — 2. Variante 20.

Madame Murer.

Il le faut. Il viendra, vous l'accablerez de reproches, j'y joindrai les miens; il apprendra que votre père veut implorer le secours des loix : la crainte ou le repentir peut le ramener.

Eugénie, *outrée.*

Et je serais assez lâche, après son indignité..... Je devrais respecter un jour celui que je ne peux plus estimer! J'irais aux pieds des autels jurer la fidélité au parjure, la soumission à l'homme sans foi, et une tendresse éternelle au perfide qui m'a sacrifiée! Plutôt mourir mille fois!

Madame Murer, *fermement.*

Prenez garde, Miss, qu'ici l'opprobre serait le fruit du découragement.

Eugénie, *au désespoir.*

L'opprobre! m'en reste-t-il encore à redouter? Dégradée par tant d'outrages, abandonnée de tout le monde, anéantie sous la malédiction de mon père, en horreur à moi-même, je n'ai plus qu'à mourir. (*Elle rentre dans sa chambre.*)

SCENE X.

Madame Murer, *seule, la regarde aller.*

Elle me quitte et n'écrit pas... (*Elle se promène.*) Un père en fureur qui ne connait plus rien ; une fille au désespoir qui n'écoute personne ; un amant scélérat qui comble la mesure... Quelle horrible situation ! (*Elle rêve un moment.*) Vengeance, soutiens mon courage ! Je vais écrire moi-même au Comte : s'il vient..... Traître, tu paieras cher les peines que tu nous causes !

FIN DU TROISIÈME ACTE.

JEU D'ENTR'ACTE.

Un domestique entre, range le Sallon, éteint le lustre et les bougies de l'appartement. On entend une sonnette de l'intérieur : il écoute, et indique par son geste que c'est Madame Murer qui sonne. Il y court. Un moment après il repasse avec un bougeoir alumé, et sort par la porte du vestibule. Il rentre sans lumiere, suivi de plusieurs domestiques auxquels il parle bas, et ils passent tous à petit bruit chez Madame Murer, qui est alors censée leur donner ses ordres. Les valets repassent dans le Sallon, courent dehors par le vestibule et rentrent chez Madame Murer par le même Sallon, armés de couteaux de chasse, d'épées et de flambeaux non allumés. Un moment après, Robert entre par le vestibule une lettre à la main, un bougeoir dans l'autre. Comme c'est la réponse du Comte de Clarendon qu'il rapporte, il se presse de passer chez Madame Murer pour la lui remettre. Il y a ici un petit intervalle de tems sans mouvement, et le quatrieme Acte commence.

ACTE IV.

SCENE PREMIERE.

Madame MURER, ROBERT, *portant un bougeoir, rallume les bougies qui ont été éteintes sur la table pendant l'Entr'acte. Le Sallon est obscur.*

Madame MURER *tient un billet, et, en marchant, se parle à elle-même.*

Il viendra. (*Au Laquais.*) Vous avez été bien long-tems ?

ROBERT.

Il n'était pas rentré : j'ai attendu. Et puis, c'est un tapage dans l'hôtel, il se marie demain ; tout est sens-dessus-dessous : on ne savait où prendre de l'encre et du papier.

Madame MURER, *à part.*

Il viendra... Ecoutes, Robert, fais exactement ce que je vais t'ordonner. Vas dans le jardin, tout auprès de la petite porte ; tiens-toi là sans remuer, et quand tu entendras le bruit d'une clef dans la serrure, viens vîte ici m'en donner avis.

ROBERT.

Il doit donc entrer par là ?

Madame Murer.

Faites ce qu'on vous dit.

Robert sort par la porte du jardin.

SCENE II.

Madame MURER, *seule, se promenant et frappant du billet sur sa main.*

Il viendra... Je te tiens donc à mon tour, fourbe insigne! Le parti est violent.., c'est le plus sûr... Il convient si bien au caractère du père... Je dois pourtant l'en prévenir. (*Elle regarde sa montre.*) J'ai le tems... Il est à consoler sa fille ; il a jetté son feu maintenant... c'est comme je le veux... Il faut dompter cet homme pour le ramener. Le voici ! Qu'il a l'air accablé !

SCENE III.

Le BARON, Madame MURER.

Madame Murer, *d'un ton sombre.*

Eh bien, Monsieur, êtes-vous satisfait? Il s'en est peu fallu que votre fille ne soit morte de frayeur.

Le Baron *s'assied sans rien dire près de la table, et s'appuye la tête sur les mains d'un air accablé.*

Madame Murer, *continuant.*

Des éclats! de la fureur! sans choix de personnes.

LE BARON, *sourdement.*

Ceux qui ont fait le mal le reprochent aux autres.

Madame MURER.

Un homme livré à ses emportemens.

LE BARON, *désespéré.*

Vous abusez de mon état et de ma patience. Vous avez juré de me faire mourir de chagrin. Laissez-nous, gardez votre héritage; il est trop cher : aussi bien ma malheureuse fille n'en aura-t-elle peut-être bientôt plus besoin. (*Il se lève et se promène avec égarement.*)

Madame MURER.

Vous n'avez jamais su prendre un parti.

LE BARON.

Je l'ai pris, mon parti.

Madame MURER.

Quel est-il?

LE BARON, *marchant plus vîte et gesticulant violemment.*

J'irai à la Cour... oui, je vais y aller... Je tombe aux pieds du Roi; il ne me rejettera pas. (*Madame Murer hoche de la tête.*) Et pourquoi me rejetterait-il? Il est père... Je l'ai vu embrasser ses enfans[1].

Madame MURER.

La belle idée! Et que lui direz-vous?

---

1. Variante 21.

Le Baron, *s'arrêtant devant elle.*

Ce que je lui dirai ? Je lui dirai : Sire... Vous êtes père, bon père... je le suis aussi; mais j'ai le cœur déchiré sur mon fils et sur ma fille. Sire, vous êtes humain, bienfaisant... Quand un des vôtres fut en danger, nous pleurions tous de vos larmes; vous ne serez pas insensible aux miennes. Mon fils s'est battu, mais en homme d'honneur; il sert Votre Majesté comme son bisaïeul, qui fut emporté sous les yeux du feu Roi; il sert comme mon père, qui fut tué en défendant la patrie dans les derniers troubles; il sert comme je servais lorsque j'eus l'honneur d'être blessé en Allemagne... J'ouvrirai mon habit... il verra mon estomac... mes blessures. Il m'écoutera, et j'ajouterai : Un suborneur est venu, en mon absence, violer notre retraite et l'hospitalité; il a deshonoré ma fille par un faux mariage... Je vous demande à genoux, Sire, grace pour mon fils et justice pour ma fille.

Madame Murer.

Mais ce suborneur est un homme qualifié, puissant.

Le Baron, *vivement.*

S'il est qualifié, je suis gentilhomme... Enfin je suis un homme... Le Roi est juste ; à ses pieds toutes ces différences d'état ne sont rien, ma sœur; il n'y a d'élévation que pour celui qui regarde d'en bas; au-dessus tout est égal, et j'ai vu le Roi parler avec bonté au moindre de ses sujets comme au plus grand. (*Il va et vient.*)

Madame Murer, *d'un ton ferme.*

Croyez-moi, Monsieur le Baron, nous suffirons à notre vengeance.

Le Baron *n'a entendu que le dernier mot.*

Oui, vengeance .. et qu'on le livre à toute la rigueur des loix.

Madame Murer, *très-ferme.*

Les loix! la puissance et le crédit les étouffent souvent; et puis c'est demain qu'il prétend se marier. Il faut le prévenir; incertitude! lenteur! est-ce ainsi qu'on se venge? Eh! la justice naturelle reprend ses droits par-tout où la justice civile ne peut étendre les siens. (*Après un peu de silence, d'un ton plus bas.*) Enfin, mon frère, il est tems de vous dire mon secret; avant deux heures le Comte sera votre gendre, ou il est mort.

Le Baron.

Comment cela?

Madame Murer *s'approche de lui.*

Ecoutez-moi. J'ai envoyé à Milord Duc un détail très-étendu des atrocités de son neveu, sans néanmoins lui rien dire de mon projet; ensuite... votre fille n'a jamais voulu s'y prêter; mais j'ai écrit pour elle au scélérat qu'elle l'attend ce soir.

Le Baron.

Il ne viendra pas.

Madame Murer, *lui montrant le billet.*

Au coup de minuit... voici sa réponse. J'ai fait armer vos gens et les miens; vous le surprendrez chez elle. J'ai ici un Ministre tout prêt; qu'il tremble à son tour!

Le Baron, *surpris.*

Quoi, ma sœur, un guet-à-pens! Des pièges!

Madáme Murer, *avec impatience.*

Y a-t-on regardé de si près pour nous faire le plus sanglant outrage?

Le' Baron.

Vous avez raison; mais quand il arrivera, j'irai au-devant de lui, je l'attaquerai.

Madame Murer, *avec effroi.*

Il vous tuera [1].

Le Baron.

Il me tuera! Eh bien, je n'aurai pas survécu à mon deshonneur.

SCENE IV.

Madame MURER, *seule.*

Va, vieillard indocile! je saurai me passer de toi. J'ai fait le mal, c'est à moi seule à le réparer.

SCENE V.

Madame MURER, ROBERT.

Robert, *accourant.*

Madame, j'ai entendu essayer une clef à la serrure; je suis accouru de toutes mes forces.

1. Variante 22.

Madame Murer.

Rentrons vîte. Je vais prendre ma nièce chez elle; éteignez, éteignez. (*Le Laquais éteint les bougies, ils sortent.*)

SCENE VI.

LE COMTE, SIR CHARLES.

Le Comte est en fracq, le chapeau sur la tête, et l'épée au foureau dans une main; de l'autre il conduit Sir Charles, qui a son épée nue sous le bras. Le Sallon est obscur.

Le Comte.

Vous êtes ici en sûreté, Monsieur; cette maison est à moi, quoique j'aie usé de mystere en y entrant... Mais n'êtes-vous pas blessé?

Sir Charles.

Je n'ai qu'un coup à mon habit; mais apprenez-moi de grace, Monsieur, à qui j'ai l'obligation de la vie. Sans votre heureuse rencontre, sans votre généreux courage, j'aurais infailliblement succombé : ces quatre coquins en voulaient à mes jours.

Le Comte.

Ce service n'est rien; vous eussiez sûrement fait la même chose en pareil cas : on m'appelle le Comte de Clarendon.

Sir Charles, *vivement*.

Quoi, c'est le Comte de Clarendon!... J'étais destiné à

vous tout devoir, Milord, et à tenir de vous l'honneur et la vie.

LE COMTE.

Comment serais-je assez heureux?...

SIR CHARLES.

Je vous suis adressé de Dublin.

LE COMTE.

Vous êtes le Chevalier Campley, pour qui ma sœur et ma cousine m'ont écrit d'Irlande des lettres si pressantes, et que j'ai trouvé sur la liste des visites à ma porte?

SIR CHARLES.

C'est moi-même[1]. Depuis cinq jours je m'y suis présenté tous les soirs; aujourd'hui vous veniez de sortir à pied; l'on m'a indiqué votre route, j'ai couru, et j'étois prêt à vous rejoindre lorsqu'ils m'ont attaqué; c'est la deuxieme fois depuis mon arrivée ; mais ce soir, sans vous, Milord ..

LE COMTE.

Je suis enchanté de cette rencontre : le bien que ces Dames m'écrivent de vous...

SIR CHARLES.

Je me suis annoncé sous le nom de Campley, quoique ce ne soit pas le mien.

LE COMTE.

Ma sœur me mande qu'une affaire d'honneur vous force à le déguiser ici.

1. Variante 23.

Sir Charles.

Contre mon Colonel. Il me poursuit; mais vous jugez, à ce qui m'arrive, quel homme est cet adversaire.

Le Comte.

Cela est horrible! nous en parlerons demain. Vous ne me quitterez pas de la nuit, crainte d'accident. Je vous ferai donner un lit chez moi. J'éprouve pourtant un singulier embarras à votre sujet.

Sir Charles.

Ordonnez de moi, je vous prie.

Le Comte.

La circonstance m'oblige à vous faire un aveu. Je suis attendu dans cette maison pour une explication secrète : j'y venais à pied, lorsque j'ai eu le bonheur de vous être utile.

Sir Charles, *souriant*.

Ne perdez pas avec moi un tems précieux.

Le Comte.

Non : ce n'est pas ce que vous pensez sûrement. Mais vous savez que les mariages d'intérêt rompent souvent des liaisons agréables : c'est précisément mon histoire. Une fille charmante qui s'est donnée à moi, et que j'aime à la folie, loge ici depuis quelques jours avec sa famille; elle a eu vent de mon mariage, on m'a écrit ce soir : je viens, assez... embarrassé, je l'avoue.

Sir Charles.

C'est une grisette, sans doute?

Le Comte.

Ah! rien moins! Voilà ce qui m'afflige et qui m'embarrasse. J'ai même un soupçon que ceci pourra bien avoir un jour des suites.. Il y a un frère... Mais je crois entendre le signal convenu. Souffrez que je vous laisse un moment au jardin : vous voyez jusqu'où va déja ma confiance en votre amitié. (*Le Comte le mène au jardin, revient et ferme la porte après lui*[1].)

SCENE VII.

Madame MURER, EUGÉNIE, LE COMTE *a posé son épée sur le fauteuil le plus près de la porte ;* BETSY *tient une lumière, elle rallume les bougies sur la table et se retire ensuite.*

Madame Murer, *attirant Eugénie à elle.*

C'est trop résister, Eugénie, je le veux absolument.

Le Comte, *d'un air empressé.*

J'arrive l'effroi dans l'ame. Un billet que j'ai reçu ce soir m'a glacé le sang : et les deux heures qui ont précédé ce moment ont été les plus cruelles de ma vie.

1. Variante 24.

Madame Murer, *fierement.*

Ce n'est pas votre exactitude qu'il faut défendre.

Le Comte.

Quel sombre accueil! A quoi dois-je l'attribuer?

Madame Murer, *indignée.*

Descendez dans votre cœur.

Le Comte.

Que dites-vous? Ces vains bruits d'un mariage auroient-ils opéré?...

Eugénie, *vivement, à elle-même.*

Affreuse dissimulation!

Madame Murer, *lui fermant la bouche de sa main.*

N'épuisez pas le reste de vos forces, ma chère nièce. (*Au Comte.*) Ainsi, tout ce qu'on rapporte à ce sujet n'est donc qu'un faux bruit? (*Eugénie s'assied et couvre son visage de son mouchoir*[1].)

Le Comte, *moins ferme.*

Daignez revenir sur le passé, et jugez vous-même : comment se pourrait-il?...

Madame Murer, *l'examinant*

Vous vous troublez...

1. Variante 25.

Le Comte, *troublé.*

Si je ne suis pas cru, j'aurai pour moi... j'invoquerai les bontés de ma chère Eugénie.

Madame Murer, *froidement.*

Pourquoi n'osez-vous l'appeller votre femme?

Eugénie, *outrée, à elle-même.*

Qui m'aurait dit que mon indignation pût s'accroître encore!

Le Comte, *absolument déconcerté.*

En vérité, Madame, je ne conçois rien à ces étranges discours[1].

Madame Murer, *avec fureur.*

Démens donc, vil corrupteur, le témoignage de tes odieux complices ; démens celui de ta conscience qui imprime sur ton front la difformité du crime confondu : lis. (*Elle lui donne la lettre de Williams. Le Comte la lit. Madame Murer le regarde avec attention pendant qu'il lit.*)

Le Comte *a lu et dit à part.*

Tout est connu.

Madame Murer.

Il reste anéanti.

Le Comte, *hésitant.*

Je le suis en effet, et je dois m'accuser puisque toutes les apparences me condamnent. Oui, je suis coupable. La frayeur de vous perdre, et la crainte d'un oncle trop puis-

[1]. Variante 26.

sant m'ont fait commettre la faute de m'assurer de vous par des voies illégitimes : mais je jure de tout réparer.

Madame Murer, *à part.*

Et plutôt que tu ne crois.

Le Comte, *plus vîte.*

Vous fûtes outragée, sans doute, Eugénie; mais votre vertu en est-elle moins pure? a-t-elle pu souffrir un instant de mon injustice? Un profond secret met votre honneur à couvert; et si vous daignez accepter ma main, à qui aurai-je fait tort qu'à moi? L'amant et l'époux ne se confondront-ils pas aux yeux de mon Eugénie? Ah! l'égarement d'un jour une fois pardonné sera suivi d'un bonheur inaltérable.

Eugénie *se lève et le regarde avec dédain.*

O le plus faux des hommes! fuis loin de moi. J'ai en horreur tes justifications. Vas jurer aux pieds d'une autre femme des sentimens que tu ne connus jamais. Je ne veux t'appartenir à aucun titre : je sais mourir. (*Elle entre dans sa chambre.*)

Madame Murer *au Comte en entrant après elle et emportant la lumière.*

L'abandonnerez-vous en cet état affreux ?

Le Comte, *avec chaleur.*

Non, je la suis.

SCENE VIII[1].

LE COMTE, seul.

Elle se croit deshonorée, il suffit; elle est à moi, elle sera à moi. Ah! qu'ai-je fait? Pour l'abandonner, il ne fallait pas la revoir.

SCENE IX.

LE COMTE, SIR CHARLES, rentrant.

Sir Charles, dans l'obscurité.

Milord?

Le Comte.

Est-ce vous, Chevalier Campley?

Sir Charles.

C'est moi.

Le Comte.

Pardon : encore un moment, et nous sortons ensemble. (*Il veut entrer chez Eugénie.*)

Sir Charles, *l'arrêtant par le bras.*

Mais ne craignez-vous rien, Milord? pour une heure aussi avancée, je vois bien du monde sur pied.

1. Variante 27.

Le Comte, *n'écoutant point.*

Ce sont des valets : je vous rejoins.

SCENE X.

SIR CHARLES, *seul, d'un air de méfiance.*

Il y a un grand mouvement dans cette maison : on va, l'on court. J'ai vu du monde dans le jardin : on vient d'en fermer la porte... Il a l'air troublé, Milord... L'explication doit avoir été orageuse.

SCENE XI.

SIR CHARLES, Madame MURER.

Madame Murer *sort de la chambre d'Eugénie sans lumière, et dit à elle-même en marchant :*

Le voilà à ses genoux, l'instant est favorable : allons. (*Elle traverse le Sallon et sort par la porte du jardin.*)

SCENE XII.

SIR CHARLES, *seul, écoute, et, n'entendant plus rien, dit :*

Ha! ha! cette voix a un rapport singulier... (*Il se promène en faisant le geste de quelqu'un qui rejette une idée bizarre.*) C'est un homme bien lâche que ce Colonel!... car ces gens n'étaient pas des voleurs... Mais quelle foule de biens réunis dans la rencontre de Milord Clarendon! mon libérateur! l'homme qui doit solliciter ma grace auprès du Roi! Que de titres pour l'aimer!... J'entends du bruit... je vois de la lumière : écoutons.

SCENE XIII.

Madame MURER, SIR CHARLES.

Madame MURER *rentre et dit à ses gens qui sont derrière elle :*

N'entrez que quand on vous le dira; vous vous rangerez tous vers la porte, et à sa sortie vous fondrez sur lui et l'arrêterez. Prenez bien garde qu'il ne vous échappe. (*Elle traverse le Sallon en silence et rentre chez Eugénie. Les Laquais retournent au jardin.*)

Sir Charles, *après avoir écouté.*

Il y a de la trahison! Serais-je assez heureux pour être à mon tour utile à mon nouvel ami?...

SCENE XIV.

LE BARON, SIR CHARLES.

Le Baron entre par la porte du vestibule, le chapeau sur la tête et l'épée au côté, sans lumière.

Le projet de ma sœur m'inquiète; Clarendon serait-il ici?

Sir Charles tire son épée, et, marchant fièrement au Baron, lui met la pointe sur le cœur et lui dit :

Qui que vous soyez, n'avancez pas.

Le Baron crie, en portant la main à la garde de son épée :

Quel est donc l'insolent?

Sir Charles, *d'un ton encore plus fier.*

N'avances pas, où tu es mort.

SCENE XV.

LE BARON, SIR CHARLES.

Des valets armés entrent précipitamment avec des flambeaux allumés par la porte du jardin.

Le Baron, *reconnaissant Sir Charles.*

Mon fils!

SIR CHARLES.

O Ciel! mon père!

LE BARON.

Par quel bonheur es-tu chez moi à cette heure?

SIR CHARLES.

Chez vous? Et quel est donc cet apartement? (*Montrant celui où il a vu entrer le comte.*)

LE BARON.

C'est celui de ta sœur.

SIR CHARLES, *avec un mouvement terrible.*

Ah! grands Dieux! Quelle indignité!

SCENE XVI.

Madame MURER, LE BARON, SIR CHARLES, LES GENS.

Madame MURER, *accourant au bruit, et s'écriant d'étonnement*[1].

Sir Charles!... C'est le Ciel qui nous l'envoie.

SIR CHARLES, *au désespoir.*

Affreux événement! Je n'ai plus que le choix d'être ingrat ou déshonoré.

1. Variante 28.

Madame Murer.

Il va sortir.

Sir Charles, *troublé.*

Ma sœur! mon libérateur! Je suis épouvanté de ma situation.

Madame Murer.

Osez-vous balancer?

Sir Charles, *les dents serrées.*

Balancer?... Non, je suis décidé.

Madame Murer, *aux valets.*

Approchez tous.

SCENE XVII.

Madame MURER, LE BARON, SIR CHARLES, LES GENS, BETSY, LE COMTE, EUGÉNIE.

Eugénie, *au bruit, ouvre sa porte, et, retenant le Comte, dit :*

Ils sont armés! O Dieux! ne sortez pas.

Le Comte, *la repoussant.*

Je suis trahi. (*A Sir Charles.*) Mon ami, donnez-moi mon épée. (*Sir Charles, qui tient toujours son épée nue, court se saisir de celle du Comte.*)

> Eugénie, *effrayée.*
>
> C'est mon frère !
>
> Le Comte.
>
> Son frère ?
>
> Sir Charles, *furieux.*
>
> Oui, son frère.

Presque en même tems.

Le Comte, *à Eugénie avec mépris.*

Ainsi donc vous m'attiriez dans un piège abominable !

Eugénie, *troublée.*

Il m'accuse !

Le Comte.

Votre colère, vos dédains n'étaient qu'une feinte pour leur donner le loisir de me surprendre.

Eugénie *tombant mourante sur un fauteuil, Betsy la soutient.*

Voilà le dernier malheur.

Madame Murer, *au Comte.*

Tous ces discours sont inutiles : il faut l'épouser sur le champ, ou périr.

Le Comte, *avec indignation.*

Je céderais au vil motif de la crainte ? Ma main serait le fruit d'une basse capitulation ?... Jamais.

Madame Murer.

Qu'as-tu donc promis tout-à-l'heure?

Le Comte, *sur le même ton.*

Je rendais hommage à la vertu malheureuse : sa douleur était plus forte qu'un million de bras armés. Elle amollissait mon cœur, elle allait triompher; mais je méprise des assassins.

Le Baron.

M'as-tu cru capable de l'être? Juges-tu de moi par le déshonneur où tu nous plonges?

Madame Murer, *fortement, aux valets.*

Saisissez-le.

Sir Charles *se jette entre le Comte et les valets.*

Arrêtez.

Madame Murer, *plus fort.*

Saisissez-le, vous dis-je.

Sir Charles, *d'une voix et d'un geste terrible.*

Le premier qui fait un pas...

Le Baron, *aux valets.*

Laissez faire mon fils.

Madame Murer *va se jetter sur un fauteuil en croisant ses mains sur son front comme une personne au désespoir.*

Sir Charles, *au Comte, du ton d'un homme qui contient une grande colère.*

Ma présence vous rend ici, Milord, ce que vous avez fait

pour moi : nous sommes quittes. Les moyens qu'on emploie contre vous sont indignes de gens de notre état. Voilà votre épée. (*Il la lui présente.*) C'est désormais contre moi seul que vous en ferez usage. Vous êtes libre, Milord, sortez. Je vais assurer votre retraite : nous nous verrons demain.

Le Comte, *étonné, regardant Eugénie et Sir Charles tour-à-tour, dit à plusieurs reprises :*

Monsieur, je.. j'y compte... je vous attendrai chez moi[1]. (*Il regarde de nouveau Eugénie en soupirant comme un homme désolé. Il sort par la porte du jardin ; le Baron retient les valets et lui livre le passage.*)

SCENE XVIII.

EUGÉNIE, LE BARON, Madame MURER, LEURS GENS, SIR CHARLES.

Madame Murer, *furieuse, se relevant et s'adressant à son neveu*[2].

C'était donc pour l'arracher de nos mains que tu t'es rencontré ici ?

Sir Charles, *troublé.*

Vous me plaindrez tous lorsque vous saurez... Vous serez vengés, n'en doutez pas... Mais cette Eugénie dont toute sa famille était si vaine...

1. Variante 29. — 2. Variante 30.

Madame Murer, *d'un ton furieux.*

Sir Charles... vengez votre sœur, et ne l'accusez pas. Elle est l'innocente victime... Entrons chez elle : venez, vous frémirez de mon récit.

Sir Charles, *pénétré de douleur.*

Elle n'est pas coupable! Ah! ma sœur, pardonne mon erreur. Reçois... (*Il lui prend les mains.*) Elle ne m'entend pas. (*A sa tante.*) Ne songez qu'à la secourir. (*Madame Murer, Betsy et Robert, qui se détache du groupe des valets, emmènent Eugénie dans sa chambre par-dessous les bras.*)

SCENE XIX.

LE BARON, SIR CHARLES, LES GENS.

Sir Charles, *du ton le plus terrible, en prenant la main du Baron.*

Et vous, mon père! recevez pour elle le serment que je fais... Oui, si la rage qui me possède ne m'a pas étouffé, si le feu qui dévore le sang de cette infortunée ne l'a pas tari avant le jour, je jure par vous qu'une vengeance éclatante aura devancé sa mort.

Le Baron.

Viens, mon cher fils. (*Ils entrent chez Eugénie. Les Laquais sortent par la porte du vestibule avec leurs flambeaux.*)

FIN DU QUATRIÈME ACTE.

JEU D'ENTR'ACTE.

Betsy sort de l'appartement d'Eugénie, très-affligée, un bougeoir à la main, car il est pleine nuit. Elle va chez Madame Murer et en rapporte une cave à flacons qu'elle pose sur la table du Sallon, ainsi que sa lumière. Elle ouvre la cave et examine si ces flacons sont ceux qu'on demande. Elle porte ensuite la cave chez sa maîtresse, après avoir allumé les bougies qui sont sur la table. Un instant après, le Baron sort de chez sa fille d'un air pénétré, tenant d'une main un bougeoir allumé et de l'autre cherchant une clef dans ses goussets; il s'en va par la porte du vestibule qui conduit chez lui, et en revient promptement avec un flacon de sel, ce qui annonce qu'Eugénie est dans une crise affreuse. Il rentre chez elle. On sonne de l'intérieur, un Laquais arrive au coup de sonnette. Betsy vient de l'appartement de sa maîtresse en pleurant, et lui dit tout bas de rester au Sallon pour être plus à portée. Elle sort part le vestibule. Le Laquais s'assied sur le canapé du fond et s'étend en baillant de fatigue. Betsy revient avec une serviette sur son bras, une écuelle de porcelaine couverte à la main: elle rentre chez Eugénie. Un moment après les Acteurs paraissent, le valet se retire, et le cinquième Acte commence. Il serait assez bien que l'orchestre, pendant cet Entr'acte, ne jouât que de la musique douce et triste, même avec des sourdines, comme si ce n'était qu'un bruit éloigné de quelque maison voisine: le cœur de tout le monde est trop en presse dans celle-ci pour qu'on puisse supposer qu'il s'y fait de la musique.

ACTE V.

SCENE PREMIERE.

SIR CHARLES, Madame MURER, *sortant de la chambre d'Eugénie.*

Madame Murer.

Passons ici, maintenant qu'elle est un peu calmée, nous y parlerons avec plus de liberté.

Sir Charles, *d'un ton terrible.*

Après ce que vous venez de me dire, après tout ce que j'ai appris..... l'outrage et l'horreur sont à leur comble. Ma fureur ne connaît plus de bornes. Le sort en est jetté : il va périr.

SCENE II.

Madame MURER, SIR CHARLES, EUGÉNIE, *sortant de sa chambre, l'air troublé, l'habillement en désordre, les cheveux à bas, sans collier ni rouge, et absolument décoëffée.*

EUGÉNIE.

Qu'ai-je entendu? Mon frère.....

SIR CHARLES, *lui baisant la main.*

Chère et malheureuse Eugénie! si je n'ai pu prévenir le crime, au moins j'aurai la triste satisfaction de le punir.

EUGÉNIE, *cherchant à le retenir.*

Arrêtez... Quel fruit attendez-vous?.....

SIR CHARLES, *avec fermeté.*

Ma sœur, quand on n'a plus le choix des moyens, il faut se faire une vertu de la nécessité.

EUGÉNIE, *d'une voix altérée.*

Vous parlez de vertu! et vous allez égorger votre semblable!

SIR CHARLES, *indigné.*

Mon semblable! un monstre!

EUGÉNIE.

Il vous a sauvé la vie.

Sir Charles, *fièrement.*

Je ne lui dois plus rien.

Eugénie, *éperdue.*

Grand Dieu ! sauvez-moi de mon désespoir... Mon frère... au nom de la tendresse, et sur-tout au nom du malheur qui m'accable... Serai-je moins infortunée, moins perdue, quand le nom d'un parjure... quand son souvenir sera effacé sur la terre[1]...? (*Plus fort.*) Et si votre présomption se trouvait punie par le fer de votre ennemi, quel coup affreux pour un père ! Vous, l'appui de sa vieillesse, vous allez mettre au hasard cette vie dont il a tant besoin !... (*D'une voix brisée*) pour une malheureuse fille que tous vos efforts ne peuvent plus sauver. Je vais mourir.

(*Madame* Murer *se jette sur un siège contre la table et appuye sa tête dessus.*)

Sir Charles, *avec feu.*

Tu vivras... pour jouir de ta vengeance.

Eugénie, *désespérée, du ton le plus violent.*

Non, je n'en suis pas digne. En faut-il des preuves ? Ah ! je me méprise trop pour les dissimuler. Tout perfide qu'il est, mon cœur se révolte encore pour lui ; je sens que je l'aime malgré moi. Je sens que, si j'ai le courage de le mépriser vivant, rien ne pourra m'empêcher de le pleurer mort. Je détesterai votre victoire ; vous me deviendrez odieux ; mes reproches insensés vous poursuivront partout ; je vous accuserai de l'avoir enlevé au repentir.

---

1. Variante 31.

Sir Charles, *en colère*[1].

L'honneur outragé s'indigne de tes discours et méprise tes larmes. Adieu, je vole à mon devoir.

Eugénie, *égarée.*

Ah! barbare! arrêtez... Quelle horrible marque d'attachement allez-vous m'offrir?

(*Madame Murer la retient, Sir Charles sort.*)

SCENE III.

EUGÉNIE, Madame MURER, BETSY.

Eugénie, *continuant avec égarement.*

Le spectacle de son épée sanglante arrachée du sein de mon époux.. (*D'un ton étouffé*[2].) Mon époux! Quel nom j'ai prononcé! Mes yeux se troublent... les sanglots me suffoquent... (*Madame Murer et Betsy l'asseyent.*)

Madame Murer.

Modérez l'excès de votre affliction.

Eugénie, *pleurant amèrement.*

Non: l'on ne connaîtra jamais la moitié de mes tourmens. L'insensé qu'il est! s'il savait quel cœur il a déchiré!

1. Variante 32. — 2. Variante 33.

Madame Murer, *pleurant aussi.*

Consolez-vous, ma chère fille : l'horrible histoire sera ensevelie dans un profond secret. Espérez, mon enfant.

Eugénie, *hors d'elle-même.*

Non, je n'espérerai plus : je suis lasse de courir au-devant du malheur. Eh! plût à Dieu que je fusse entrée dans la tombe le jour qu'au mépris du respect de mon père, je me rendis à vos instances! Votre cruelle tendresse a creusé l'abîme où l'on m'a entraînée.

Madame Murer, *avec saisissement.*

Quoi!... vous aussi, Miss!...

Eugénie, *troublée.*

Je m'égare... Ah! pardon, Madame : oubliez une malheureuse... (*D'une voix ténébreuse.*) Où donc est Sir Charles?..... Il ne m'a pas entendue..... Le sang va couler...... Mon frère ou son ennemi percés de coups!...

SCENE IV.

LES ACTEURS PRÉCÉDENTS. LE BARON *entre.*

Eugénie *lui crie avec désespoir :*

Mon père, vous l'avez laissé sortir!

Le Baron, *pénétré.*

Crois-tu mon cœur moins déchiré que le tien ? N'augmente pas mes peines, lorsque le courage de ton frère va tout réparer, (*A part.*) ou nous rendre doublement à plaindre.

Eugénie, *au désespoir, avec feu.*

Pouvez-vous l'espérer, mon père ? La vengeance de sa famille ne vivra-t-elle pas pour faire tomber votre fils à son tour ? Nos parens, aussi fiers que les siens, laisseront-ils cette mort impunie ? Quel est donc le terme où le carnage devra s'arrêter ? Est-ce quand le sang des deux maisons sera tout-à-fait épuisé ?

Le Baron, *avec colère.*

Imprudente ! Un cœur aussi crédule, avec autant de moyens de t'en garantir ! (*Betsy sort par le vestibule.*)

SCENE V[1].

EUGÉNIE, Madame MURER, LE BARON, SIR CHARLES, *sans épée.*

Le Baron, *apercevant Sir Charles.*

Mon fils !....

Madame Murer.

Sitôt de retour !

1. Variante 34

Le Baron.

Sommes-nous vengés?

Sir Charles, *d'un air consterné*.

O mon pere! vous voyez un malheureux.... A deux pas d'ici, j'ai trouvé le Comte; il a voulu me parler; sans l'écouter, je l'ai forcé de se défendre; mais, lorsque je le chargeais le plus vigoureusement..... ô rage!..... mon épée s'est rompue.....

Le Baron.

Eh bien, mon fils?...

Sir Charles.

Vous n'avez plus d'arme, m'a dit froidement le Comte; je ne regarde point cette affaire comme terminée; j'approuve votre ressentiment; je connais, comme vous, les loix de l'honneur; nous nous verrons dans peu..... Il est parti.....

Madame Murer.

Pour aller terminer son mariage : voilà ce que j'avais prévu.

Sir Charles, *d'un ton désespéré*.

Je suis prêt à m'arracher la vie. Ma sœur! ma chère Eugénie! je t'avais promis un défenseur, le sort a trompé mon attente.

Eugénie, *assise, d'un ton mourant*.

Le ciel a eu pitié de mes larmes, il n'a pas permis qu'un autre fût entraîné dans ma ruine.... O mon père!..... ô mon frère!.... serez-vous plus inflexibles que lui? La douleur qui me tue va laver la tache que j'ai imprimée sur toute ma famille. (*Ici sa voix baisse par degrés.*) Mais ce sacrifice lui suffit; j'étais seule coupable, et le juste ciel veut que j'expie ma faute par le déshonneur, le désespoir et la mort. (*Elle tombe épuisée, Madame Murer la reçoit dans ses bras.*)

SCENE VI.

LE BARON, SIR CHARLES, Madame MURER, EUGÉNIE (*les yeux fermés, renversée sur le fauteuil*), BETSY.

Betsy, *accourant.*

On frappe à coups redoublés.

Madame Murer.

A l'heure qu'il est...... si matin...... courez. Qu'on n'ouvre pas. (*Betsy sort.*)

SCENE VII.

Madame MURER, LE BARON, SIR CHARLES.
EUGÉNIE.

Le Baron.

Pourquoi?

Madame Murer.

Il y a tout à craindre..... un homme aussi méchant.....
son oncle.....

Le Baron.

Que peut-on nous faire ?

Madame Murer.

Après ce qui s'est passé cette nuit, mon frère..... Un ordre
supérieur..... votre fils..... que sait-on ?

Sir Charles.

Il n'est pas capable de cette lâcheté.

Madame Murer.

Il est capable de tout.

SCENE VIII.

LES MÊMES ACTEURS, BETSY, *accourant*.

Betsy, *tout essoufflée*.

C'est le comte de Clarendon.

Sir Charles, Madame Murer, *ensemble*.

Clarendon !

Le Baron.

Je le voudrais.

BETSY.[1]

Je l'ai vu dans la cour...... le même habit. Il me suit.

SCENE IX et derniere.

LES MÊMES, le COMTE DE CLARENDON entre précipitamment sans épée.

Le Baron, *avec horreur.*

C'est lui !

Madame Murer.

Il veut la voir mourir.

Le Baron.

Il mourra avant elle. (*Il avance vers lui et met l'épée à la main*). Défends-toi, perfide !

Sir Charles *se jettant au-devant.*

Mon père, il est sans armes.

Le Comte[1].

J'ai cru que le repentir était la seule qui convint au coupable. (*Il court se mettre aux genoux d'Eugénie.*) Eugénie, tu triomphes. Je ne suis plus cet insensé qui s'avilissait en te trompant ; je te jure un amour, un respect éternels. (*Se levant avec effroi.*) O Ciel ! l'horreur et la mort m'environnent ! Que s'est-il donc passé ?

1. Variante 35.

Sir Charles, *pleurant.*

Ces nouvelles arrivent trop tard ; l'objet de tant de larmes n'est plus en état de recevoir aucune consolation.

Le Comte, *vivement.*

Non, non. L'excès de la douleur seul a porté le trouble dans ses esprits[1].

Madame Murer, *pleurant.*

Hélas ! nous n'espérons plus rien. (*Betsy est debout derrière le fauteuil de sa maîtresse, et s'essuye les yeux avec son tablier.*)

Le Comte, *effrayé.*

Craindriez-vous pour elle ? Ah ! laissez-moi me flatter que je ne suis pas si coupable. (*D'un ton plus doux.*) Eugénie ! chère épouse ! Cette voix qui avait tant d'empire sur ton cœur ne peut-elle plus rien sur toi ? (*Il lui prend la main.*)

Eugénie, *rappelée à elle par le mouvement qu'elle reçoit, regarde en silence, fait un mouvement d'horreur en voyant le Comte, se retourne et dit :*

Dieux !...... j'ai cru le voir...

Le Comte, *se remettant à ses pieds.*

Oui, c'est moi.

Eugénie, *dans les bras de sa tante, dit en frissonnant, sans regarder.*

C'est lui !......

1. Variante 36.

Le Comte.

L'ambition m'égarait, l'honneur et l'amour me ramènent à vos pieds..... Nos beaux jours ne sont pas finis.

Eugénie, *les yeux fermés et levant les bras.*

Qu'on me laisse..... qu'on me laisse.....

Le Comte, *avec feu.*

Non, jamais. Écoutez-moi. Cette nuit, en vous quittant, le cœur plein d'amour pour vous et d'admiration pour un si noble ennemi (*Il montre Sir Charles en se levant*), j'ai couru me jeter aux pieds de mon oncle et lui faire un aveu de tous mes attentats. Le repentir m'élevait au-dessus de la honte. Il a vu mes remords, ma douleur ; il a lu l'acte faux qui atteste mon crime et votre vertu. Mon désespoir et mes larmes l'ont fait consentir à mon union avec vous ; il serait venu lui-même ici vous l'annoncer ; mais, le dirai-je ? il a craint que je ne pusse jamais obtenir mon pardon. Prononcez, Eugénie, décidez de mon sort.

Eugénie, *d'une voix faible, lente et coupée.*

C'est vous !... J'ai recueilli le peu de forces qui me restent pour vous répondre..... ne m'interrompez point..... je rends grace à la générosité de Milord Duc..... je vous crois même sincère en ce moment..... mais l'état humiliant dans lequel vous n'avez pas craint de me plonger..... l'opprobre dont vous avez couvert celle que vous deviez chérir, ont rompu tous les liens.....

Le Comte, *vivement.*

N'achevez pas. Je puis vous être odieux ; mais vous m'appartenez, mes forfaits nous ont tellement unis l'un à l'autre...

Eugénie, *douloureusement.*

Malheureux!... qu'osez-vous rappeler?

Le Comte, *avec feu.*

J'oserai tout pour vous obtenir. Au défaut d'autres droits, je rappellerai mes crimes pour m'en faire des titres. Oui, vous êtes à moi. Mon amour, les outrages dont vous vous plaignez, mon repentir, tout vous enchaîne et vous ôte la liberté de refuser ma main; vous n'avez plus le choix de votre place, elle est fixée au milieu de ma famille : interrogez l'honneur, consultez vos parens, ayez la noble fierté de sentir ce que vous vous devez[1].

Le Baron, *au Comte.*

Ce qu'elle se doit est de refuser l'offre que vous lui faites. Je ne suis pas insensible à votre procédé, mais j'aime mieux la consoler toute ma vie du malheur de vous avoir connu que de la livrer à celui qui a pu la tromper une fois. Sa fermeté lui rend toute mon estime.

Le Comte, *pénétré.*

Laissez-vous toucher, Eugénie; je ne survivrais pas à des refus obstinés.

Eugénie *veut se lever pour sortir, sa faiblesse la fait retomber assise.*

Cessez de me tourmenter par de vaines instances; le parti que j'ai pris est inébranlable : j'ai le monde en horreur.

---

1. Variante 37.

Le Comte, *regardant autour de lui, s'adresse enfin à Madame Murer.*

Madame, je n'espère plus qu'en vous.

Madame Murer, *fièrement.*

Je consens qu'elle vous pardonne, si vous pouvez vous pardonner à vous-même.

Le Comte, *d'une voix forte et d'un ton de dignité.*

Vous avez raison, celui qui s'est rendu si criminel est à jamais indigne de partager son sort. Vous n'ajouterez rien dont je ne sois pénétré d'avance... (*A Eugénie avec plus de chaleur.*) Mais, cruelle! quand le ciel et la terre déposent contre mon indignité, aucun murmure ne se fait-il entendre dans ton sein? et l'être infortuné qui te devra bientôt le jour n'a-t-il pas des droits plus sacrés que ta résolution? C'est pour lui que j'élève une voix coupable; lui raviras-tu, par une double cruauté, l'état qui lui est dû? et l'amour outragé ne cédera-t-il pas au cri de la nature? (*En s'adressant à tous.*) Barbares! si vous ne vous rendez pas à ces raisons, vous êtes tous, s'il se peut, plus inhumains, plus féroces que le monstre qui a pu outrager sa vertu, et qui meurt de douleur à vos pieds. (*Il tombe aux genoux du baron.*) Mon père!

Le Baron, *le relevant, lui serre les mains, et après un moment de silence.*

Je vous la donne.

Le Comte, *s'écrie.*

Eugénie!

Le Baron, *à Eugénie.*

Rendons-nous, ma fille ; celui qui se repent de bonne foi est plus loin du mal que celui qui ne le connut jamais (¹).

Eugénie *regarde son père, laisse tomber sa main dans celle du Comte et va parler. Le Comte lui coupe la parole.*

Le Comte, *par exclamation.*

Elle me pardonne !

Eugénie, *après un soupir.*

Va ! tu mérites de vaincre, ta grâce est dans mon sein ; et le père d'un enfant si désiré ne peut jamais m'être odieux. Ah, mon frère ! ah, ma tante ! la vue du contentement que je fais naître en vous tous me remplit de joie à mon tour. (*Madame Murer l'embrasse avec joie.*)

Le Comte, *transporté.*

Eugénie me pardonne ; ah ! la mienne est extrême ; cet évenement va nous rendre tous aussi heureux que vous êtes dignes de l'être, et que j'ai peu mérité de le devenir.

Sir Charles, *au Comte.*

Généreux ami ! que d'éloges nous vous devons !

Le Comte.

Je rougirais de moi si je n'avais aspiré qu'à les obtenir ; le bonheur avec Eugénie, la paix avec moi-même, et l'es-

---

1. Variante 38.

time des honnêtes gens : voilà le seul but auquel j'ose prétendre.

Le Baron, *avec joie.*

Mes enfans, chacun de vous a fait son devoir aujourd'hui : vous en recevrez la récompense. N'oubliez donc jamais qu'il n'y a de vrais biens sur la terre que dans l'exercice de la vertu.

Le Comte, *baisant la main d'Eugénie avec enthousiasme.*

O ma chère Eugénie!.....

Tous se rassemblent autour d'elle, et la toile tombe.

FIN DU CINQUIEME ET DERNIER ACTE.

APPROBATION.

J'ai lu, par ordre de Monseigneur le Vice-Chancelier, *Eugénie*, Drame en cinq Actes, et je crois qu'on peut en permettre l'impression.

A Paris, le 27 juin 1767.

MARIN.

VARIANTES

VARIANTES

Variante I.

LE BARON.

C'est bien fou! mais vos chambres sont-elles comme la mienne? On ne peut poser sa perruque, son mouchoir ou son chapeau sur rien, sans risquer de casser pour plus de cent guinées de porcelaines, et qui pis est, de porcelaines de France.

Madame MURER.

Ne fallait-il pas orner les consoles et les cheminées de superbes fayences d'Angleterre?

LE BARON.

Ma foi! Cela vaudrait mieux que de changer perpétuellement notre or contre toutes les fariboles de cette nation.

Madame MURER.

Que ne parlez-vous? On fermera nos ports à tous les Étrangers...

LE BARON.

Non, il faudrait toujours leur vendre et ne jamais acheter d'eux (*Betsy sort en riant.*) Entendez-vous votre insolente?

Var. II.

Eugénie.

Grâces aux considérations qui tiennent notre mariage secret, il faut bien que je dévore mes peines. Mais est-on maître de ne les pas sentir?

Madame Murer.

Miss! Miss! il y a si loin d'être Mme Cowerly à s'appeler milady Clarendon qu'on peut souffrir quelque chose en faveur de ces avantages.

Eugénie.

Je sais ce que je vous dois.

Var. III.

Le Comte.

Paix! voici quelqu'un. Tu me l'apporteras (*la lettre de Williams*) demain en venant me rendre compte de tout. C'est Eugénie. Ah! je ne puis la voir sans être ému jusqu'au fond de l'âme!..

(*Drink se retire d'un côté au fond du salon; le Comte s'avance par derrière pour écouter.*)

Eugénie, *à elle-même.*

Le cœur me bat encore... Il m'embrasse... Je suis sa chère enfant... Il dit mille biens de milord... comme il me rend coupable! Si ma tante n'eut pas été là?.. mais elle me regardait... Dix fois mon secret a pensé m'échapper, qu'attend-elle donc? Je veux parler au comte en particulier; je le déterminerai. Voilà Drink; une seule démarche hasardée m'a mise à la merci de tout le monde (*à Drink*) : mon cher Drink, je connais ton zèle; il m'est important de revoir promptement ton maître. Je ne puis écrire, va, cours à l'hôtel de Clarendon, dis lui...

LE COMTE.

Le voici lui-même!..

EUGÉNIE, *faisant un cri de surprise.*

Ah!..

LE COMTE.

Son bonheur l'amène à vos ordres!.. (*Drink sort.*)

Var. IV.

LE COMTE, *à part, en s'en allant.*

Si le père fût entré, j'étais pris dans mon piége.

Var. V.

Madame MURER, *d'un air dédaigneux.*

Le cher lord! ah! oui, si Monsieur lui fait la grâce d'accepter ses services.

LE BARON, *lui rendant son air.*

Ma foi, ce serait ma dernière ressource. Donne-moi la lettre, Eugénie. (*Il lit tout bas.*)

EUGÉNIE, *à sa tante, à part.*

Oh! Madame, quelle occasion de faire approuver le mariage à mon père!

Madame MURER.

Les gens qui n'ont qu'une affaire sont bien assommants!

EUGÉNIE, *à part, en soupirant.*

Ah! quel empire!

Madame MURER.

Quel empire! Eh bien, Miss, puisque vous osez m'en donner le conseil, je vais essayer de parler pour vous en convaincre.

Var. VI.

Madame MURER.

…….. Un jour ils deviennent sages, et alors les grâces de la Cour....

LE BARON.

Arrivent tout à point pour réparer leurs sottises, n'est-ce pas? Je verrais ma fille gémir dans un coin, pendant que mon gendre irait, glissant sur le parquet, faisant la navette des bureaux aux antichambres, et demandant bravement l'aumône en parements dorés et en talons rouges [1]!

Madame MURER.

Ah! voilà bien le ton de vieille guerre, un propos de vieux soldat!..

Var. VII.

EUGÉNIE, *à part*.

Toujours en querelle! que je suis malheureuse!

Madame MURER.

Remerciez donc votre père, miss, de l'agréable sort qu'il vous destine, et répétez-moi, je vous prie, que j'ai l'empire dur.

---

1. En marge du manuscrit, une main restée inconnue a inscrit la critique suivante : « L'auteur oublie ici que la scène est en Angleterre, où l'on ne glisse pas sur le parquet, où l'on ne fait pas la navette des bureaux, et où l'on ne porte pas de talons rouges. »

Var. VIII.
>LE CAPITAINE, *à Eugénie.*

J'envie, Mademoiselle, le sort de mon frère; en vous voyant, on n'est plus étonné des précautions qu'il a prises pour assurer son bonheur. Il aurait à craindre autant de rivaux qu'il y a d'hommes dans cette île :

>>Mais vous ferez, dans une paix profonde,
>>Le bien d'un seul, et les désirs du monde!

Deux vers du poëte français.

>MADAME MURER, *d'un air distrait.*

Je les connais; j'accepte pour ma nièce l'application qu'on lui en fait...

Var. IX.
>LE CAPITAINE.

Ah oui! quelqu'illustre infortunée dont il aura ajouté la conquête au nombreux catalogue de ses espiégleries! Nous connaissons l'homme charmant, adorable, le plus séduisant auprès des femmes; mille histoires piquantes en ont fait le héros de ce siècle; mais tout cela n'empêche pas qu'il se marie demain!

>MADAME MURER, *à part.*

Le maussade personnage!..

>EUGÉNIE, *à part.*

Je meurs de douleur!..

Var. X.
>LE BARON.

.... Et les père et mère, moi, c'est cela qui me réjouit!..

Le Capitaine.

Rien n'est plus plaisant effectivement! Mais c'est qu'on dit que sa dernière histoire est délicieuse; madame paraît la savoir?

Madame Murer.

Je ne prendrai pas la peine de relever de pareils propos.

Le Capitaine.

Je suis au désespoir d'en avoir parlé, puisqu'on semble y prendre intérêt ici...

Madame Murer.

Non, pas à ce que vous dites, assurément!

Eugénie, *à part*.

Je ne puis plus soutenir le supplice où je suis.

Le Baron.

Eh bien! ma sœur, votre cher ami?...

Madame Murer.

Vous avez toujours des plaisanteries si plates, venues de sociétés si extraordinaires!..

Le Capitaine.

Mademoiselle me paraît incommodée?

Le Baron.

Ma fille!...

Madame Murer.

Votre ton bruyant et rustique est si peu fait pour les femmes que la voilà prête à s'évanouir.

Le Baron.

Moi? je n'ai rien dit.

Madame MURER.

Croyez-vous qu'une jeune personne, fatiguée d'une longue route, indisposée d'ailleurs, puisse soutenir les clameurs de monsieur et les éclats de votre grosse gaieté?.. Je vous l'avais dit aussi, ma chère nièce, nous devions nous retirer; venez. Laissons ces messieurs se raconter leurs merveilleuses anecdotes!..

LE BARON, *à sa fille.*

Qu'as-tu donc, ma chère enfant?

EUGÉNIE, *tremblante.*

Je ne me sens pas bien, mon père.

Var. XI.

EUGÉNIE, *assise.*

J'ai beau rêver, je ne puis percer l'obscurité qui m'environne! Quand je cherche à me rassurer sur l'évidence, une sueur froide me saisit et me glace, comme si un abîme venait s'ouvrir sous mes pas; je me sens accablée. Personne dans le sein de qui répandre ma douleur; je suis dans un désert. O ma mère! pourquoi vous ai-je perdue? (*Elle se lève.*) C'est trop souffrir!... (*Elle s'assied.*) Ah! malheureuse! C'était alors qu'il fallait penser ainsi; mais s'il va désapprouver... Ciel, quels éclats! qui me soutiendra? Ma tante et lui, également offensés par cet aveu... Mon frère absent... mon époux... je n'ose plus prononcer ce nom si cher... O ma mère!.. c'est bien maintenant que je dois vous pleurer!.. (*Avec effroi.*) Dieux! le voici...

Var. XII.

LE BARON, *avec bonté.*

Ta tante prétend que je t'ai affligée tantôt. La sotte femme, avec son esprit. (*Prenant le ton de sa sœur.*) « Seriez-vous bien aise qu'on en dît autant de votre fille? » Morbleu! ma sœur, point de comparaison, s'il vous plaît, de vos créatures à la fille du baron de Hartley! Oh! elle étoit piquée; je la soupçonne un peu de savoir l'histoire dont parlait Cowerly... mais le diable ne la lui arracherait pas...

Var. XIII.

Madame Murer.

Point de mots, des choses!

Le Baron.

Quoi! vous ne savez pas qu'un libertin n'est qu'un homme injuste, toujours prêt à soutenir par la violence les crimes dont il se rend coupable par l'intrigue et la séduction; détruisant partout l'ordre établi, et fomentant, de gaieté de cœur, dans la famille d'autrui, des désordres qui feraient son désespoir dans la sienne...

Madame Murer.

Objection générale qui ne porte sur personne...

Le Baron.

C'est un homme incapable de remords sur un genre de fautes dont la multiplicité seule fait ses délices; plein de mépris pour toutes les femmes, parmi lesquelles il cherche ses victimes ou choisit les complices de ses déréglements.

Madame Murer.

Oui, des femmes perdues.

Le Baron, *plus fort.*

Et comment supposerait-il à quelques-unes de l'honnêteté? L'abandonné qu'il est! chaque jour de sa vie, chaque victoire qu'il remporte, nourrit son fol orgueil en affermissant son incrédulité.

Var. XIV.

LE BARON, *adouci.*

Que vous êtes bien une vraie femme ! Je le voudrais, je perdrais de bon cœur les 2,000 guinées ; mais...

Var. XV.

LE BARON.

.... Mais les femmes veulent être adorées ; aussi arrive-t-il bien souvent que l'autel de l'amour n'est que l'échafaud de la vertu.

Var. XVI.

LE BARON.

Véritable ?

Madame MURER.

Que dit-il ?

LE BARON.

Eh bien, ma sœur ?

Madame MURER.

Il vous ment.

DRINK.

Je ne mens pas, monsieur.

LE BARON.

Tu ne mens pas ? Je m'y perds...

Madame MURER.

Tu l'oses soutenir, toi qui fus l'un des témoins ?..

LE BARON.

Oh ! ne crois pas me cacher......

DRINK, *à part.*

Allons, tout est découvert. Quelqu'autre lettre sera venue à mon insçu. Tout est au diable !

LE BARON.

Raconte-moi le fait tel qu'il est.

DRINK.

Puisque vous le savez aussi bien que moi, que voulez-vous que je vous dise ?

LE BARON.

Je veux l'entendre d'un bout à l'autre de ta propre bouche.

DRINK, *indécis de ce qu'il doit dire.*

Comment voulez-vous qu'un pauvre diable de valet?...

LE BARON.

Traître !

DRINK.

Eh bien, je vais tout avouer. Mais est-ce que j'y puis quelque chose, moi? Ce n'est pas que je lui aie bien représenté que cela était abominable !

Madame MURER.

Quoi donc ?

DRINK.

Un maître dont les coups précèdent toujours la menace !..

LE BARON.

Je devrais me servir de sa recette avec toi, misérable !...

———

Var. XVII.

DRINK.

Bon Dieu ! quelle affreuse sottise je viens de faire !

Madame MURER.

Il nous a joués indignement, ma nièce n'est pas sa femme !

EUGÉNIE, *les bras levés.*

Dieu tout-puissant! (*Elle tombe dans un fauteuil.*)

Madame MURER.

Son intendant a servi de ministre, et toute la race infernale de complices!..

LE BARON, *frappant du pied.*

Rage, fureur, malédiction sur vous tous!...

DRINK, *se sauvant.*

Je n'ai plus qu'à quitter l'Angleterre, si je ne veux pas être haché en pièces!..

Var. XVIII.

EUGÉNIE.

Mon père, j'implore votre courroux avec plus de ferveur.

LE BARON, *faisant effort pour aller à elle.*

Tu seras satisfaite.

Madame MURER, *courant au-devant.*

Oh malheureuse! (*Eugénie, effrayée, tombe en reculant dans le fauteuil.*)

LE BARON *s'arrête.*

Eh bien! sortez-en comme vous pourrez; je ne m'en mêle plus, je vous abandonne à l'infamie. Allez, sexe perfide, femmes à jamais le trouble et le déshonneur des familles, je vous maudis toutes dans les personnes de ces deux-ci!... (*Il sort.*)

Var. XIX.

Madame MURER. *Elle sonne.*

Nous voilà quittes de ce premier mouvement si terrible; comment êtes-vous, Eugénie?

Eugénie.
Je voudrais être morte.

Var. XX.

(Cette scène et la suivante terminent l'acte III dans le manuscrit.)

Madame Murer, *à Betzy*.
Betzy, votre maîtresse se trouve mal.

Betzy.
Ah ciel !

Madame Murer. *Elle va se jeter dans un fauteuil au bout du salon, et dit à part :*

J'étouffe aussi ; jamais je n'eus un pareil saisissement. (*Elle desserre ses rubans.*) O rage ! Et je ne me vengerais pas ! Quel parti prendre ?

Betsy, *à Eugénie.*
Milady serait mieux dans sa chambre.

Eugénie, *avec un mouvement d'horreur.*
Milady ! moi ?

Madame Murer, *à part.*
Si je pouvois l'attirer ici....

Betsy, *à Eugénie.*
Milady tremble.

Eugénie, *en s'appuyant sur Betsy.*
Milady ! Milady ! O Betsy, je ne suis rien !..

Madame Murer, *à part.*
Le ciel m'inspire un projet...

Betsy, *à Eugénie.*

Monsieur votre père aussi.....

Madame Murer, *à part.*

Elle ne voudra jamais écrire.

Betsy, *à Eugénie.*

..... Est bien étrange.

Madame Murer, *à part.*

Comment la déterminer? Dissimulons. Un mot de sa main est essentiel. Essayons... s'il vient?... (*Elle se lève.*) Laissez-nous, Betsy. (*Betsy sort.*)

SCÈNE XI.

Madame MURER, EUGÉNIE.

Eugénie, *l'air troublé.*

Ah! madame, je vous en conjure, sortons de cette odieuse maison!

Madame Murer.

Ma nièce, votre douleur est juste; mais ne prenons pas de parti sans nous être bien consultées.

Eugénie, *vivement, en se levant.*

Que faisons-nous ici? La demeure d'un perfide peut-elle nous convenir un instant? Ah! je m'y fais horreur.

Madame Murer *s'assied.*

Asseyez-vous, mon enfant, raisonnons ensemble.

Eugénie.

Non! non!..

Madame Murer.

Écoutez-moi: il peut se repentir.

EUGÉNIE.

Lui se repentir?

Madame MURER.

Pourquoi non? L'innocence ne se recouvre pas, mais la vertu....

EUGÉNIE.

Oui! l'homme faible ou léger qui a manqué à la vertu; mais celui qui n'y croit pas, qui les a toutes jouées, ah! il est sans ressource! Partons, je vous en conjure.

Madame MURER.

Nous partirons demain, puisque vous le voulez. Mais ne pourrait-on pas essayer avant?

EUGÉNIE.

Où il n'y a plus d'honneur, que reste-t-il à tenter?

Madame MURER.

Il faut le voir.

EUGÉNIE, *avec horreur*.

Qui, lui? moi, le voir?

Madame MURER.

Votre répugnance est légitime, je le sais; mais moi qui vois les choses avec plus de sang froid, je dis : « Cet homme n'est peut-être pas un monstre; il ne passe pas pour être tout-à-fait sans honneur. S'il n'était qu'ambitieux, on pourrait le ramener. » Il faut lui écrire; voilà mon avis.

EUGÉNIE *se jette à genoux et lève ses bras au ciel*.

O ma mère! n'abandonnez pas votre malheureuse fille; inspirez-lui du ciel ce qu'elle doit faire aujourd'hui!

Madame MURER, *à part*.

Elle n'écrira pas.

Eugénie.

Hélas! pour avoir négligé votre voix un moment, je me suis égarée, j'ai été séduite, trompée, déshonorée, et, pour comble d'infamie, je suis venue accroître par mon désespoir le triomphe du parjure et de la trahison!»

Madame Murer.

Nous perdons en paroles un temps précieux pour agir. Songez que demain rien ne pourra contenir la colère de votre père. L'éclat le plus nuisible est tout ce qu'il se propose Il vous perdra...

Eugénie, *élevant la voix*.

Je le suis! je le suis déjà!...

Madame Murer.

Il perdra votre frère, dans l'instant où tous les ménagements du monde peuvent à peine le sauver. Il va lui susciter une foule d'ennemis puissants qui se vengeront sur le fils des cris du père et de la fille.

Eugénie, *pleurant*

Non, on ne connaîtra jamais la moitié de mes tourments... L'insensé qu'il est! S'il savait quel cœur il a déchiré?

Madame Murer, *à part*.

Elle pleure, elle écrira. (*A sa nièce.*) Eugénie...

Eugénie, *les dents serrées*.

Ciel! ciel! ciel!...

Madame Murer, *fortement*.

Prenez garde qu'ici l'opprobre serait le fruit du découragement. Levez-vous...

Eugénie, *outrée*.

L'opprobre?.. M'en reste-t-il encore à redouter?.

Madame Murer, *la relevant.*

Écrivez au comte que vous voulez le voir absolument ce soir; mon frère se retire de bonne heure. Il viendra; vous l'accablerez de reproches sanglants; j'y joindrai les miens, il saura que nous allons mettre en œuvre contre lui les moyens les plus puissants...

Eugénie.

Non, non! Il sait trop que l'abandon et l'oubli sont le partage des malheureux.

Madame Murer.

Il apprendra que votre père veut implorer le secours des lois; il tremblera : la crainte peut vous le rendre.

Eugénie, *avec indignation.*

Et je serais assez lâche pour l'accepter à ce titre? Je devrais respecter un jour celui que je ne peux plus estimer? J'irais au pied des autels jurer la fidélité au parjure, la soumission à l'homme sans foi, et une tendresse éternelle au perfide qui m'a sacrifiée? Ah! plutôt mourir mille fois!

Madame Murer.

Un père en fureur qui ne connaît plus rien, une fille au désespoir qui n'écoute personne, un fils prêt à périr quand on pourrait le sauver, quels tourments! Ne voulez-vous donc rien faire, miss, pour votre frère que vous chérissez?

Eugénie, *interrompant.*

Je connais mon frère, il refuserait avec dédain la vie qu'il ne devrait qu'au déshonneur de sa famille.

Madame Murer, *d'un ton plus doux.*

Eh bien, vous le rejetterez! Votre refus ou votre pardon est égal à mon dessein; mais, au nom de votre famille, de votre frère, de vous-même, Eugénie, faites ce que j'exige de vous, mon enfant!

Eugénie.

Non, je n'espérerai plus. Je suis lasse de courir au-devant du malheur. Eh! plût à Dieu que je fusse entrée dans la tombe le jour qu'au mépris du respect paternel, je me rendis à vos instances! Votre cruelle tendresse a creusé l'abîme où l'on m'a entraînée.

Madame Murer, *étonnée.*

Eugénie!

Eugénie.

Dégradée par tant d'outrages, anéantie sous la malédiction de mon père, en horreur à moi-même, je n'ai plus qu'à mourir. (*Elle sort.*)

Var. XXI.

Le Baron.

.... Il est père; je l'ai vu embrasser ses enfants avec tant de plaisir qu'il semblerait un particulier... Cela m'encourage.

Var. XXII.

Madame Murer.

Il vous tuera.

Le Baron.

Il me tuera?

Madame Murer.

Un homme de votre âge? Apprenez de moi que les vieillards et les femmes se vengent et ne se battent pas; que leur point d'honneur est dans la sûreté de leurs mesures : chaque état a ses devoirs et ses priviléges.

Le Baron.

Oh! ces femmes, quelle morale! Elle est comme leur prudence. Ma sœur, encore un coup, je m'oppose à tout ce qui s'écartera de ma résolution.

Madame Murer.

Eh bien, mon frère, vous le voulez absolument; allez vous reposer, je vous ferai avertir quand il sera ici.

Var. XXIII.

Sir Charles.

C'est moi-même. Depuis cinq jours je m'y suis présenté tous les soirs, car je n'ose marcher que la nuit. Aujourd'hui, votre Suisse m'a dit que vous étiez arrivé, mais que vous ne seriez chez vous que fort tard. Mon affaire ne pouvant souffrir de plus long délai, j'y suis retourné à onze heures. Vous sortiez à pied, l'on m'a indiqué votre route, j'ai couru, et j'étais prêt à vous rejoindre lorsqu'ils m'ont attaqué. C'est la deuxième fois depuis mon arrivée. J'avais si fort maltraité l'un d'eux avant-hier au soir que je les croyais dégoûtés d'y jamais revenir; mais aujourd'hui, sans vous, Milord...

Var. XXIV.

Sir Charles.

Allez, mon aimable défenseur, brave et fait comme vous l'êtes, les hommes ni les femmes ne doivent jamais tenir contre vous.

Var. XXV.

Le Comte, *d'un ton rassuré.*

La nouvelle qui circule de bouche en bouche s'accroît, s'enfle et se dénature; mais c'est un brouillard qui s'éclaircit à mesure qu'on s'en approche.

Madame Murer.

Son audace me confond; cela n'est donc pas vrai?

Var. XXVI.

LE COMTE, *absolument décontenancé.*

L'air terrible dont on me parle, le feu qui étincelle dans tous les yeux, peut troubler l'innocence même.

EUGÉNIE *prend l'air d'une compassion écrasante.*

Vous me faites pitié!

Madame MURER.

Ce qui est sans foi devrait être aussi sans pudeur; mais c'est trop vous tourmenter, lisez! (*Elle jette la lettre par terre, le Comte la ramasse.*)

Var. XXVII.

LE COMTE, *seul.*

Elle m'appartient! Elle se croit déshonorée, il suffit. Avec ou sans honneur, elle est à moi. O femme céleste! qu'ai-je fait? pour l'abandonner, il ne fallait pas la revoir!..

Var. XXVIII.

Madame MURER.

Sir Charles! C'est le ciel qui nous l'envoie pour nous seconder au moment de nous venger d'un scélérat qui a déshonoré la famille.

SIR CHARLES.

O funeste rencontre! affreux événement! Que n'ai-je péri!

LE BARON.

Que dis-tu, mon fils?

SIR CHARLES.

Je n'ai plus le choix que d'être ingrat ou déshonoré.

Madame MURER.

Entendez-vous sa voix? Il va sortir.

Var. XXIX.

Madame MURER.

Qu'on les arrête tous deux!.

(*Sir Charles se retourne fièrement vers les gens, ce qui leur impose.*)

LE BARON.

Laissez faire à mon fils.

(*Le Comte s'arrête et regarde Eugénie douloureusement.*)

SIR CHARLES, *couvrant le Comte de sa personne, dit avec inquiétude.*

Sortez donc, Milord! (*Il sort avec le Comte.*)

(*Eugénie est debout, les bras pendants, les yeux fixés en terre, sans aucun mouvement.*)

Madame MURER.

Je n'y conçois rien; tout ce que je vois me passe.

Var. XXX.

Madame MURER.

C'était donc pour l'arracher de nos mains que tu t'es rencontré ici?

SIR CHARLES.

Vous me plaindrez tous lorsque je vous aurai conté... J'avais les bras liés pour cet instant. Bientôt vous serez vengés... n'en doutez pas... Mais cette malheureuse fille, cette Eugénie dont toute la famille était si vaine, comment est-elle tombée? (*Eugénie ne fait aucun mouvement.*)

Madame MURER.

Sir Charles, il fallait protéger votre sœur au lieu de l'accuser? Elle est l'innocente victime... Entrons chez elle, venez... je vais vous faire frémir par mon récit.

SIR CHARLES.

Elle n'est pas coupable? (*Il lui prend les mains.*) Pardonnez mon erreur... Prends confiance en moi, chère sœur; reçois... Elle ne m'entend pas? Recevez tous les serments que je fais.. Oui! si la rage que je possède ne m'a pas étouffé, si le feu qui dévore le sang de cette infortunée ne l'a pas tari avant le jour, je jure qu'une vengeance éclatante aura devancé sa mort.

LE BARON.

Viens, mon cher fils, aide-nous à la conduire chez elle. (*Sir Charles la prend à bras-le-corps, par derrière; elle se renverse sur lui les yeux fermés, sans parler; on la mène dans sa chambre, en donnant des marques d'une vive douleur.*)

Var. XXXI.

EUGÉNIE, *d'une voix plus ferme.*

Que dis-je, effacé? La vengeance de sa famille ne vivra-t-elle pour vous poursuivre et vous faire tomber à votre tour? Vos parents, aussi fiers que les siens, laisseront-ils votre mort impunie? Eh Dieu! quel est donc le terme où le carnage devra s'arrêter? Est-ce donc quand le sang des deux maisons sera tout à fait épuisé?... Je vais mourir; la douleur a fait son office; encore un moment, et tout est réparé.

Var. XXXII.

SIR CHARLES.

L'homme outragé s'indigne de tes discours et méprise tes larmes. C'est du sang qu'il demande! Adieu, je vole où je devrais être...

EUGÉNIE, *égarée.*

Ah! barbare, arrêtez! Quelle horrible marque d'attachement voulez-vous offrir à votre sœur éperdue? Le spectacle de votre épée sanglante arrachée du sein de celui qu'elle adorait hier comme son époux!

Sir Charles, *à son père.*

Ne l'abandonnez pas. (*Il sort.*)

Var. XXXIII.

Eugénie.

Mon époux! (*D'un ton étouffé.*) Quel nom j'ai prononcé! Mes yeux se troublent, mes esprits s'égarent, les objets tournent devant moi... je roule dans un abîme. (*Elle chancelle, Mme Murer la soutient et l'asseoit; elle reste comme assoupie.*)

Madame Murer.

Quel tableau touchant et terrible! qui pourrait le soutenir?

Le Baron *s'asseoit en pleurant.*

Elle dit vrai, il déchire le cœur. Homme exécrable! O ma fille! je suis aussi coupable envers elle d'un excès d'emportement... J'ai perdu mon enfant, rien ne pourra m'en consoler. Ah! ma sœur!

Madame Murer, *s'essuyant les yeux avec son mouchoir.*

Mon frère, chacun de nous a des reproches à se faire. Vos torts sont grands, mais les miens sont impardonnables. Il n'est plus de bonheur pour nous sur la terre, un monstre a détruit toutes nos espérances.

Eugénie. *Elle se réveille.*

Où suis-je?

Madame Murer.

Elle revient.

Eugénie, *sans se remuer, d'un ton lent.*

Je ne distingue rien, je suis dans une nuit profonde.

Le Baron, *étouffé de sanglots, lui baise la main.*

Ma fille! mon enfant!

Eugénie, *d'une voix brisée, se levant un peu.*

Vous pleurez, mon père? Ne pleurez pas; consolez-vous. (*Ici elle sourit.*) Je vais être heureuse! (*Elle se renverse.*) Il fallait bien mourir, après des malheurs comme les miens. A peine j'ai vingt ans : quelle carrière de douleur à parcourir jusqu'à la vieillesse! La mort était le seul bien que j'eusse à demander au Ciel, je l'ai obtenue.

Madame Murer, *d'une voix altérée.*

Ma chère nièce, vous nous arrachez l'âme. Voyez l'excès de l'affliction de votre père, voyez la mienne. Consolez-nous, ma chère fille, consolez-vous. L'horrible histoire sera ensevelie dans un profond secret; vivez pour nous, vivez!

Eugénie, *d'une voix profonde et ténébreuse.*

Où donc est sir Charles? (*Elle regarde de côté et d'autre.*) Il ne m'a pas entendue! (*Elle se renverse en fermant les yeux.*) Honneur terrible! barbare préjugé! Le sang va couler... mon frère ou son ennemi frappé du glaive... tout sert à hâter ma perte!

Var. XXXIV.

(*C'est la Scène IV dans le manuscrit.*)

Le Baron, *apercevant sir Charles.*

Mon fils! Sitôt de retour?

Madame Murer.

Mon neveu?

Eugénie, *apercevant sir Charles.*

Que vois-je?

Sir Charles, *la tête penchée, d'un air d'abandon général, dit bas et lentement d'un ton funeste.*

Ah! malheureuse, que l'espoir de la vengeance vient de trahir!

J'ai trouvé près d'ici le Comte dans sa voiture, allant sans doute terminer son mariage. Il a voulu me parler. Sans daigner l'écouter, je l'ai forcé de se défendre : « A la bonne heure ! dit-il, j'ai tort avec votre sœur, il faut bien, avant tout, vous en faire raison. » Nos fers se sont croisés, mais, lorsque je le chargeais le plus vigoureusement, ô rage ! ma lame, hachée par les coups de sabre qu'elle reçut hier, a sauté en dix morceaux, dont l'un m'a blessé à la main. Il a remis froidement son épée et m'a dit, d'un ton que je ne saurais définir : « Je ne regarde pas cette affaire comme terminée, mais vous n'avez plus d'arme. J'estime votre courage, j'aime votre personne, j'approuve votre ressentiment, je connais comme vous les lois de l'honneur. Quand vous serez moins agité, la partie sera très-égale entre nous. Je vais près d'ici faire étancher le sang qui sort de mon bras, nous nous verrons dans peu. » Il est monté dans sa chaise en me saluant, et il est parti comme un trait, sans que mon étonnement m'ait permis de lui dire un seul mot. (*D'un ton désespéré.*) Je suis prêt à m'arracher la vie, ma sœur ! Ma chère Eugénie, je t'avais promis un défenseur, le sort a trompé mon attente ; la vertu n'a plus d'appui et le crime triomphe !

Eugénie.

... Et la mort !... (*Elle tombe épuisée.*)

Madame Murer.

Je devrais bien plutôt m'accuser de tout ; ma coupable précipitation a ouvert l'abîme.

Le Baron.

Je reprends mon projet, puisque celui-ci est manqué.

Var. XXXV.

(*C'est la scène VIII dans le manuscrit.*)

Le Comte.

J'ai cru que le repentir était la seule (arme) qui convînt au coupable. Mon père, mon désespoir servirait mieux votre ressentiment que tous vos projets de vengeance...

Var. XXXVI.

Le Comte.

Un mouvement de joie peut réparer le désordre causé par le désespoir. Sa sensibilité est extrême, mais son âme est forte; elle m'entendra, elle verra mon repentir et mes larmes. La vérité de sentiment a des traits que l'imposture n'imite pas.

Madame Murer.

Hélas! non, n'espérons plus rien. Sa raison lutte encore contre la douleur, ses forces reviennent par accès, mais la mort l'a saisie.

Le Comte.

Quoi! mes amis, craindriez-vous pour elle? Ah! laissez-moi me flatter que je ne suis pas si coupable. (*D'un ton plus doux.*) Eugénie, ouvrez les yeux. Chère épouse, cette voix qui avait tant d'empire sur ton cœur ne peut-elle plus rien sur toi? (*Fortement.*) Mais vous pleurez! Vous oubliez de la secourir. Qui vous dit qu'elle n'est pas mourante? Allez, chère Betsy, courez. (*Betsy sort*). Qu'on prenne mon carrosse; un prompt secours,... Malheureux que je suis! Si je l'ai perdue, que la terre m'engloutisse tout vivant!... (*Eugénie se retourne.*) Ah! elle revient. (*Plus bas.*) Je vais la soutenir. (*Il passe son bras derrière elle, s'assied sur celui du fauteuil et la tire sur lui.*) Que rien ne la saisisse, ne faites aucun mouvement; elle ouvre les yeux.

Sir Charles, *à Eugénie, lui prenant la main.*

Eh bien! ma sœur, eh bien! ma chère Eugénie?

Eugénie *revient à elle, la tête appuyée sur l'épaule du Comte, qu'elle ne voit pas.*

Pourquoi ces caresses me rendent-elles à la vie? Vous devez me haïr tous pour les peines que je vous cause, et plus encore pour l'indigne amour qui me domine malgré moi jusqu'aux portes de la mort. Je ne puis arracher ce barbare de mon cœur; il eut si bien l'art de s'en emparer quand je l'en croyais digne... Je me fais horreur! (*Pendant qu'elle parle, le Comte donne des marques d'un grand attendrissement.*)

BETSY. *Elle rentre.*

On est parti.

Madame MURER.

Paix donc!

SIR CHARLES.

Non, tu ne mourras pas, ton sort est changé!

Var. XXXVII.

SIR CHARLES.

Ma sœur, au nom de ta famille!

LE BARON.

Ma fille, nous t'en prions tous.

Madame MURER.

Nous lui pardonnons, imitez notre générosité.

EUGÉNIE.

Ah! c'est à mes dépens que vous voulez tous être généreux! Ne pouvez-vous lui pardonner sans y ajouter une victime?

LE COMTE.

Ma chère Eugénie!

Var. XXXVIII.

Eugénie s'est recueillie, son mouchoir sur les yeux; enfin, elle laisse retomber sa main dans celle du Comte et fait un geste pour parler; le Comte lui coupe la parole.

Le Comte.

Elle me pardonne!.

Eugénie.

Oui, tu as vaincu! Ta grâce est dans mon cœur, et le père d'un enfant si désiré[1] ne peut jamais m'être odieux.

Le Comte, *troublé.*

Vous me pardonnez, Eugénie?

Eugénie.

Va! je désire qu'un sentiment trop profond de ta faute ne t'empêche pas de te pardonner à toi-même.

Le Comte

Tu me pardonnes.

Le Baron.

Parle librement, mon enfant. Est-ce de bon cœur que tu reviens à lui?

Eugénie.

Ah, mon père! le plaisir de lui faire grâce m'en a ravi tout le mérite... Ah, ma tante! Ah, mon frère! la vue du contentement que je fais naître en vous tous me remplit de joie à mon tour!

Le Comte.

O toi, l'exemple de ton sexe et les délices du nôtre!

---

1. Ici Eugénie devait tout d'abord, selon les indications du manuscrit, mettre les mains sur son sein, et Beaumarchais ajoute en marge, de sa main : « Il faut bien prendre garde à ce geste. »

EUGÉNIE.

Garde ta reconnaissance pour les bienfaits de ton oncle. Ton cœur me suffit, mon cher ami. Que le réveil de la vertu efface un songe trop funeste; reprends la dignité qui convient à mon époux, et que je n'aperçoive jamais dans tes complaisances la moindre trace d'un temps malheureux, qui n'est déjà plus dans mon souvenir.

LES DEUX AMIS

OU

LE NÉGOCIANT DE LYON

DRAME EN CINQ ACTES

NOTICE
SUR LES DEUX AMIS
OU
LE NÉGOCIANT DE LYON

L E *Mercure de France, dédié au roi, du mois de janvier* 1770[1], *annonçait à ses lecteurs* « *qu'un drame de M. de Beaumarchais étoit en préparation sur la scène françoise.* » Ce drame, c'était celui des Deux Amis ou du Négociant de Lyon, représenté en effet pour la première fois sur le théâtre de la Comédie-Française[2], à Paris, le samedi 13 jan-

---

1. Tome II, page 156.
2. La Comédie était alors installée, et cela depuis le 11 février 1689, rue des Fossés-Saint-Germain-des-Prés (aujourd'hui de l'Ancienne-Comédie). Elle quitta son hôtel du faubourg Saint-Germain, précisément à la clôture de 1770, pour se transporter à la salle des Machines, élevée en 1671 aux Tuileries par Vigarini. La clôture de 1770 se fit par les représentations de *Béverly* et du *Sicilien*. La recette fut de 1,250 livres. L'ouverture de la salle des Tuileries se fit, le 21 avril de la même année, par la tragédie de *Phèdre*, suivie du *Médecin malgré lui*. L'hôtel de la rue des Fossés avait été construit par Fran-

vier 1770[1]. *Le public accueillit froidement cette œuvre nouvelle de l'auteur d'*Eugénie; *elle ne fit que paraître, et, comme on le verra, la critique ne lui épargna ni le blâme, ni les plus sanglantes épigrammes. Selon Bachaumont*[2]*, le drame des* Deux Amis *fut successivement intitulé par son auteur :* Le Bienfait rendu, le Marchand de Londres, la Tournée du Fermier-général; *le manuscrit de la Comédie-Française, qu'il nous a été donné de comparer au texte imprimé, a pour titre :* Le Négociant de Lyon, ou les Vrais Amis. *L'œuvre de Beaumarchais fut jouée, à l'origine, onze fois; reprise au mois de février* 1783, *sans aucun succès, elle ne put avoir plus de deux représentations. Nous devons à M. Léon Guillard, l'archiviste érudit et plein de bienveillance de la Comédie-Française, de pouvoir donner ici le relevé des recettes des onze représentations du drame et aussi le détail de la première et de la dernière de ces recettes.*

Les voici l'un et l'autre scrupuleusement copiés sur les registres conservés à la Comédie :

1re Représ.	sam. 13 janv. 1770.	Recette.	3,327 liv.
2e —	lundi 15 —	—	1,963 »
3e —	merc. 17 —	—	1,929 »
4e —	sam. 20 —	—	2,151 »
5e —	lundi 22 —	—	1,649 »
6e —	merc. 24 —	—	1,532 »
7e —	sam. 27 —	—	1,533 »
8e —	lundi 29 —	—	960 »
9e —	merc. 31 —	—	1,075 »
10e —	sam. 3 fév. —	—	1,583 »
11e et dernière.	lundi 5 — —	—	906 »

çois d'Orbay. (Voyez l'*Abrégé de l'Histoire du Théâtre-Français*, par le chevalier de Mouhy, tome III, pages 30 et 90.)

1. Les comédiens s'étaient engagés cependant à le jouer le 10 janvier 1770.
2. *Mémoires secrets*, à la date du 15 janvier 1770.

DÉTAIL DES RECETTES[1].

PREMIÈRE REPRÉSENTATION.

14	Premières loges[2] à	48 livres.	672 livres.
2	Balcons à	37 — 10 sous.	75 —
4	— à	15 —	60 —
8	Deuxièmes loges à	30 —	240 —
5	Troisièmes — à	20 —	100 —
8	Petites — à	10 —	80 —
275	Premières places à	6 —	1,650 —
450	Parterres à	1 —	450 —

A la onzième et dernière représentation, les premières loges, les balcons, les deuxièmes loges, sont vides. Voici cette triste recette :

2	Troisièmes loges à	20 livres.	40 livres.
6	Petites — à	10 —	60 —
47	Premières places à	6 —	282 —
61	Secondes[3] — à	3 —	183 —
31	Troisièmes — à	2 —	62 —
279	Parterres à	1 —	279 —

A la reprise de 1783, *reprise qui est un fait nouveau que personne n'avait relevé jusqu'à ce jour, et qui est confirmé par les registres de la Comédie, les deux représentations eurent lieu, le mercredi* 12 *et le vendredi* 14 *février. Le mercredi, la recette s'éleva à* 2,855 *livres* 10 *sous. Selon le* Journal de Paris, *du vendredi* 14 *février* 1783, *l'auteur des*

---

1. Ces recettes, si on veut bien les lire de près, contiennent en elles-mêmes tout un enseignement; elles sont l'indiscutable reflet des impressions du public.

2. Voir, sur la disposition de la salle, une brochure de M. J. Bonnassies sur les anciens bâtiments de la Comédie (pages 10 et suivantes). Paris, in-8°, 1868.

3. Les secondes et troisième places étaient sans doute remplies à la première représentation par les entrées de faveur. Voyez là-dessus les *Mémoires de Lekain.*

Deux Amis « *avait abandonné le produit*[1] *de sa pièce au « sieur de la Porte* (sic), *souffleur de la Comédie*[2], *et cela « pour des raisons particulières.* » *Le drame des* Deux Amis, *joué à l'origine par Préville, Brizard, Molé, Belcourt, Pin, Feuillie, et par mademoiselle Doligny, le fut, à la reprise de* 1783, *par Préville, Vanhove, Fleury, Dazincourt et cette même mademoiselle Doligny. On trouvera sur tous ces artistes de longs détails biographiques, que nous ne pouvons donner ici, dans un excellent et précieux ouvrage de M. de Manne :* La Troupe de Voltaire[3]. *Voici néanmoins un détail nouveau et qui a son importance ; il est relatif à l'acteur Feuillie.*

M. Guillard nous apprend que cet artiste avait été désigné par Beaumarchais pour jouer le rôle de Figaro dans le Barbier de Séville. *Une note autographe de l'auteur des* Deux Amis, *retrouvée depuis, en fait foi. Le bout de rôle de ce niais d'André avait donc révélé chez Feuillie de grandes aptitudes comiques aux yeux de Beaumarchais. Nous dirons aussi quelques mots sur mademoiselle Doligny. Elle avait été reçue au Théâtre-Français en* 1764, *et demeurait rue de Seine lors des représentations des* Deux Amis. *Elle quitta le théâtre à la clôture de* 1783[4], *avec une pension de*

1. Sur ce qui revenait aux auteurs du produit de leurs pièces, voyez la note 3 de la page 14.

2. L'*Almanach des spectacles* de l'année 1784 qualifie le sieur *Delaporte* de secrétaire, répétiteur et souffleur. Si l'on s'étonne de cette accumulation d'emplois si divers, on n'a qu'à lire au tome VII de la *Revue rétrospective* (2ᵐᵉ série, page 486) la pétition adressée par le sieur Dorny, souffleur dans la troupe de S. A. le prince d'Orange, à MM. les comédiens ordinaires du Roi, en leur hôtel à Paris. On y verra dépeintes toutes les qualités nécessaires au difficile métier de souffleur. Le sieur Delaporte demeurait vis-à-vis du Théâtre-Français, rue de Vaugirard, n° 113. « La quittance de ce produit, signée du sieur Delaporte, existe dans les archives de la Comédie», ajoute le *Journal de Paris*. Nous n'avons pu l'y trouver malgré toutes nos recherches.

3. Pages 119, 135, 153, 167, 215. Voyez aussi la note 2 de la page 15. Pour la reprise de 1783, on pourra consulter la *Troupe de Talma*, par le même auteur.

4. Elle joua pour la dernière fois le 5 avril 1783. M. de Manne fait erreur

1,500 *livres de la Comédie, et une autre, sur la cassette particulière du Roi, de* 500 *livres. Beaumarchais fait peut-être allusion au talent de cette artiste dans cette phrase de la première scène du premier acte des* Deux Amis :

Figure charmante ! Organe flexible et touchant, de l'âme surtout !.... Une jeune actrice se fait toujours assez entendre lorsqu'elle a le talent de se faire écouter.

Ces vers que lui adressait, en 1766, *le marquis Dudoyer de Gastels*[1], *semblent nous le faire croire* :

> Quel est ce charme que j'ignore,
> Doligny? Viens me révéler
> Comment, à peine à ton aurore,
> Tu peux m'agiter, me troubler,
> Me remplir de tendres alarmes,
> M'arracher de si douces larmes,
> M'affliger et me consoler ?
> Etc.

Une sensibilité extrême et une grâce touchante étaient, on le voit, les qualités prédominantes de mademoiselle Doligny.

Si la pièce n'eut pas de succès[2], *la faute en fut à l'auteur, et non aux artistes, et le* Journal de Paris *du* 13 *février* 1783 *parle en ces termes de ceux qui reprirent le drame à cette époque :*

Ils se sont surpassés eux-mêmes. Ils ont obtenu et mérité beaucoup d'applaudissements.

---

en disant le 23. Le Théâtre-Français fit en effet sa clôture annuelle le 5 avril et ne rouvrit ses portes que le lundi 28 du même mois. Il n'est trace d'aucune représentation durant la fermeture.

1. Le marquis Dudoyer de Gastels, qui devait en 1789 épouser Mlle Doligny, avait tout d'abord éprouvé pour elle une vive passion. Elle n'y répondait pas, et sur ses refus il avait fait une comédie intitulée : *Adélaïde, ou l'Antipathie pour l'amour* (2 actes en vers). Le marquis de Gastels, avant de se consacrer au théâtre, s'était occupé de sciences avec succès.

2. Le drame des *Deux Amis*, qui ne put s'établir à Paris, fut cependant maintes fois joué en province, et surtout dans les villes commerçantes.

Nous avons dit en commençant combien la critique s'était montrée sévère à l'égard de Beaumarchais[1], *et nous allons passer en revue tous les jugements des contemporains les plus marquants, jugements implacables, mais, il faut le dire, vrais et mérités.*

Fréron[2], *dans sa fameuse* Année littéraire, *trouve des plus mauvais le drame de Beaumarchais, et il ajoute :*

Tant que Monsieur de Beaumarchais ne sortira pas de ce

---

1. Beaumarchais était loin de croire assuré le succès des *Deux Amis;* la lettre suivante, écrite le 20 novembre 1769 aux Sociétaires de la Comédie-Française, en fait foi :

« Messieurs et Mesdames,

« J'accepte l'engagement que vous voulés bien prendre avec moi de jouer ma pièce définitivement le 10 janvier prochain. Aucun mécontentement que j'eusse reçu de vous ne me portait à retirer mon manuscript. Mais vous savés que plus un ouvrage a été attendu, plus il est sévèrement jugé. Il semble alors que le public veuille punir l'auteur de la témérité qu'il a eu de se faire désirer si longtemps, et les plaisans ajoutent : *pour si peu de chose encore.* Je n'ay pas un amour propre assés mal réglé pour croire que la privation de mon ouvrage fit un grand tort cet hiver à la Comédie-Française, et j'atribue à votre politesse tout ce que vous me dites d'obligeant à son sujet, comme je rendray grâces à vos talents de son succès. En reconnoissance je dois vous faire part d'une réflexion qui me soutient un peu contre les terreurs du 1er jour, c'est que vous vous êtes rendus en quelque façon garants envers le public de la bonté de l'ouvrage par la nouvelle adoption que vous venés d'en faire et que vous partagerés désormais avec moi tous les soucis de la paternité.

« Ce nouveau point de vue doit vous engager à me prodiguer vos avis aux répétitions, car la part que nous avons à cet enfant commun a cela de différent que je l'ai conçu avec plaisir dans le silence, et qu'il y a tout à craindre que vous ne l'enfantiés avec douleur parmy les cris et le tapage. Puisse-t-il, lorsqu'il sera au monde, nous dédomager de ce pénible instant, moy par un grand succès, et vous par la plus abondante recette.

« Ce sont les vœux sincères de celui qui s'honore d'être, avec la plus parfaite reconnoissance,

« Messieurs et Mesdames,
« Votre très-humble et très-obéissant serviteur.
« Signé : CARON DE BEAUMARCHAIS.

« *Paris, ce 27 novembre 1769.* »

L'original de cette lettre fait partie de notre cabinet. Nous lui avons conservé son orthographe en la citant.

2. Tome VI de l'année 1770, page 73.

genre étroit et plat qu'il paraît avoir embrassé, je lui conseille de ne pas briguer les honneurs de la scène.

Voici quelques extraits de Bachaumont qui donnent en même temps sur les représentations des Deux Amis *d'amusants détails anecdotiques. A la date du* 15 *janvier* 1770, *Bachaumont*[1] *écrit :*

Cette pièce, prônée d'avance avec beaucoup d'emphase, a attiré une affluence prodigieuse, et Madame la duchesse de Chartres[2] l'a honorée de sa présence. L'auteur y a fait entrer des scènes si analogues aux circonstances du jour, qu'il avait excité une curiosité générale. C'est une double banqueroute qui fait l'intrigue du drame; mais le sujet, défectueux en lui-même, a encore plus révolté par la manière dont il a été présenté. On y a pourtant trouvé des scènes heureuses et produisant le plus tendre intérêt. Quoique les spectateurs paraissent en général avoir proscrit cette pièce, elle a encore des défenseurs. Elle a eu un succès plus marqué hier[3], mais qu'on attribue à un redoublement de cabale; s'il se soutient, on en parlera plus amplement.

A la date du 20 *janvier :*

Les représentations successives[4] des *Deux Amis* ont encore essuyé beaucoup de contradiction. Dans l'une, à l'occasion de l'imbroglio fort mal développé du drame, un plaisant s'est

1. *Mémoires secrets.* Londres, chez John Adamson. Bachaumont, n'étant mort que le 28 avril 1771, a pu dire son mot sur ce drame des *Deux Amis.* C'est chez Mme Doublet de Persan que furent élaborés ces fameux mémoires si curieux pour l'histoire du XVIIIe siècle. Le salon de Mme Doublet était le rendez-vous de tous les hommes d'esprit du temps, et c'est de là que sortaient généralement toutes les nouvelles vraies ou fausses.
2. Louise-Marie-Adélaïde de Bourbon-Penthièvre, née le 23 mars 1753, morte à Ivry-sur-Seine le 23 juin 1821, avait épousé, le 5 avril 1769, Louis-Philippe-Joseph, duc de Chartres, mort le 6 novembre 1793.
3. La deuxième représentation ayant eu lieu le 15, c'est sans doute le 16 qu'écrivait Bachaumont.
4. Du 13 au 20 (inclusivement) la pièce fut jouée quatre fois, comme on l'a vu plus haut.

écrié du fond du parterre : « Le mot de l'énigme au prochain *Mercure*. » L'auteur a cependant été obligé de faire beaucoup de changements, qui répugnaient à son amour-propre, mais que les Comédiens ont exigés.

A la date du 3 février :

C'est aujourd'hui la dixième et dernière [1] représentation du Drame des *Deux Amis*, qui va s'éteindre enfin après une agonie plus longue que de coutume. Heureusement, l'amour-propre de l'auteur le défend contre la désertion générale du public, et lui fait mettre sur le compte du mauvais goût, du défaut de mœurs, de la frivolité, ce qui n'est que l'effet du dégoût, de l'ennui et de l'indignation. La critique la meilleure, la plus vraie et la plus fine de cette pièce, est la pasquinade d'un plaisant qui a écrit au bas d'une affiche où l'on annonçait les *Deux Amis :* « Ici on joue au noble jeu de Billard [2] ». En effet, ce drame n'est autre chose qu'une apologie des banqueroutiers, où l'on cherche à intéresser en faveur d'un homme de cette espèce, et à donner comme louable, comme vertueuse, comme l'effort de l'amitié la plus héroïque, une infidélité véritable, vicieuse dans son essence, et qui, sous quelque belle couleur qu'on la présente, quelque motif épuré qu'on lui donne, est digne de toute l'animadversion de la justice.

A la date du 5 février :

On est toujours curieux de ce qui sort de la bouche de Mademoiselle Arnould [3], le Piron femelle pour les ripostes et les

---

1. C'est là une erreur, puisque la onzième et dernière représentation fut donnée le surlendemain 5 février.
2. Le sieur Billard, caissier général de la poste, aidé de l'abbé Grizel, son confesseur, venait de faire une banqueroute frauduleuse de plusieurs millions. (*Note de M. Ravenel.*)
3. On peut consulter, au sujet de cette célèbre actrice, l'*Arnoldiana*, par P. F. Alberic Deville (Paris, 1813, in-12), et aussi l'ouvrage que lui ont consacré MM. E. et J. de Goncourt (Paris, Poulet-Malassis, in-12). Il existe des exemplaires avec un carton qui prouve à quel point Sophie Arnould avait le culte du mot juste. Ses mémoires, parus en 1837 (Paris, Allardin, 2 vol. in-8°), sont une œuvre apocryphe due au baron de Lamothe Langon.

saillies. Monsieur Caron de Beaumarchais, l'auteur des *Deux Amis*, dénigrant l'Opéra actuel devant elle : « Voilà, disait-il, une bien belle salle, mais vous n'aurez personne à votre *Zoroastre*[1]. — Pardonnez-moi, reprit-elle, vos *Deux Amis* nous en enverront. »

On lit encore ce qui suit, non sans intérêt, à la date du 26 avril 1770 :

On prétend que l'auteur du placard affiché à la porte du Contrôle général, où il était écrit : « Ici on joue au noble jeu de Billard », a été arrêté, et que, pour entrer dans les vues de douceur et d'indulgence de Monsieur l'abbé Terray[2], on lui en a rendu compte, mais que ce ministre avait décidé qu'il fallait le laisser à la Bastille jusqu'à ce que la partie fût finie.

Voyons à présent l'opinion de Grimm, extraite de sa Correspondance littéraire :

Il écrit le 15 janvier 1770 :

On donna, avant hier 12 janvier[3], sur le théâtre de la Comédie Française, la première représentation des *Deux Amis*, drame en cinq actes et en prose, par l'auteur d'*Eugénie*, Monsieur Caron de Beaumarchais. Cette pièce a eu un peu de peine à aller jusqu'à la fin, mais elle y est parvenue, tantôt un peu huée, tantôt fort applaudie. J'évalue son succès à douze ou quinze représentations. Elle serait fort belle si elle était moins ennuyeuse, si elle n'était pas si dépourvue de naturel et de vérité, si elle avait le sens commun, et si Monsieur de Beaumarchais avait un peu de génie ou de talent; mais, comme il s'en faut, comme il n'a pas l'ombre de naturel, comme il ne sait pas écrire, comme il n'entend pas le théâtre, qu'il ordonne son drame à faire pitié, que ses personnages entrent et sortent sans savoir comment ni pourquoi, il ne m'a pas été plus possible

---

1. Voir, sur cet opéra, Grimm, à la date du 15 janvier 1770.
2. L'abbé Terray était alors contrôleur général. Il a honteusement attaché son nom au célèbre pacte de famine.
3. Il devait dire 13 janvier.

de m'accommoder de ses *Deux Amis* que de son *Eugénie*, à qui la force du sujet et le jeu des acteurs ont procuré un succès passager. . . . .

Quand on veut faire passer à la meilleure compagnie de France une journée tout entière dans la maison d'un Receveur des Fermes, avec un commerçant brise-raison et un fermier général fat et suffisant, on a encouru *ipso facto* la peine des sifflets, et l'on doit se louer toute sa vie de l'indulgence de ses juges, qui ont bien voulu bâiller tout bas quand ils pouvaient siffler tout haut[1].

Plus loin, à cette même date du 15 janvier, Grimm ajoute :

On a fait sur la pièce des *Deux Amis* le quatrain suivant :

> J'ai vu de Beaumarchais le drame ridicule,
> Et je vais en un mot vous dire ce que c'est :
> C'est un change où l'argent circule,
> Sans produire aucun intérêt.

Il faut que M. de Beaumarchais ait beaucoup de torts, car il n'a point d'amis. Un homme mit sur l'affiche, le jour de la première représentation des *Deux Amis :* « Par un homme qui n'en a aucun. »

Ce dernier trait est un pendant au noble jeu de Billard; et, qu'on nous passe le mot, il nous semble qu'en 1770 l'esprit aimait à s'afficher.

Les appréciations de Collé, de La Harpe, sont à peu de chose près celles que l'on vient de lire. L'acteur Préville, dans ses Mémoires, trouve la pièce touchante et bien propre à faire couler les larmes.

Le chevalier de Mouhy déclare que la pièce eut un énorme succès, et « il s'étonne qu'elle n'ait point encore été reprise[2]*. »*

---

1. Tome VI, pages 340 et 341 de l'édition in-8° parue chez Furne en 1829.
2. *Abrégé de l'Histoire du Théâtre-Français*, tome Ier, page 28 (1780). L'ouvrage du chevalier de Mouhy, fait avec les documents conservés aux archives de la Comédie-Française, est beaucoup plus estimable qu'on ne le pense généralement.

Le Mercure de France *de février* 1770[1] *traite Beaumarchais d'une façon moins rigoureuse que Grimm ou que Fréron. Son appréciation tempère un peu cette exubérance de reproches que nous avons cités.*

Il y a, lit-on dans le *Mercure,* des situations attachantes dans cet ouvrage, et quelques détails heureux. On peut lui reprocher trop de complication dans les ressorts, dont le jeu n'est ni assez clair ni assez fondé[2].

1. Tome I, p. 152.
2. Il semble que ce titre des *Deux Amis* ait été fatal à tous les auteurs qui l'ont employé. Le drame de Beaumarchais n'était pas le premier auquel le public faisait un si triste accueil. Nous lisons ce qui suit dans la correspondance littéraire de Grimm, à la date du 15 août 1762 : « On vient de donner, sur le Théâtre de la Comédie-Française, Les Deux Amis, comédie en prose et en trois actes... (jouée pour l'unique fois le 11 août). C'est une froide et plate comédie, digne d'amuser une assemblée de soldats aux gardes. » Plus tard, à la date du 15 mars 1779, Grimm cite encore une comédie qui eut ce lamentable sort de n'être représentée qu'une seule et unique fois. M. Durozoi en était l'auteur, et elle était intitulée : *Les Deux Amis, ou le Faux Vieillard.*
Ce titre des *Deux Amis* a servi aussi à un grand nombre de comédies ou de vaudevilles, voire même à une tragi-comédie. Nous empruntons au curieux *Dictionnaire dramatique,* de Henri Duval, conservé aux manuscrits de la Bibliothèque impériale (n° 15,049), la nomenclature qui suit :
Gesipe, ou les Deux Amis, tragi-comédie, par Urbain Chevreau, représentée et imprimée en 1638.
Les Deux Amis, comédie en 3 actes et en prose, par Dancourt, comédien de province, jouée sur le Théâtre-Français en 1762.
Les Deux Amis, parodie d'*Iphigénie en Tauride,* 2 actes en vers. Gaillard. Musique de M. Triangle. Théâtre des Petits-Comédiens du bois de Boulogne, 29 juin 1779.
Les Deux Amis, ou les Deux font la paire, proverbe en 1 acte et en prose, par Carmontel. (*Recueil de proverbes.* Paris, 1785.)
Les Deux Amis, 3 actes en vers, par Maurin. 1800. Catalogue Soleinne, m. s. 3096.)
Les Deux Amis, ou la Manie du duel : Chassez le naturel, il revient au galop, proverbe en 1 acte et en prose, par Ch. de Mesle. (*Proverbes dramatiques.* Paris, Mongié aîné, 1830.)
Les Deux Amis, ou le Trésor de l'instruction, 1 acte en prose, par B. Lunel. Théâtre de la Jeunesse. Paris, chez l'auteur, 1848.
Les Deux Amis, ou l'Heureuse Rencontre, scène comique en prose. B. Lunel. Théâtre de la Jeunesse. Paris, chez l'auteur.
Les Deux Amis rivaux. L'Affichard.
Les Deux Amis, 1 acte en prose. Théâtre des Jeunes-Élèves. 16 frimaire an VIII.

Après tous ces jugements, une opinion curieuse à connaître est celle de Beaumarchais lui-même. La lettre suivante[1], *écrite en* 1779, *va nous l'apprendre. Nous la faisons suivre des deux réponses qui y ont été faites, celle de Monvel et celle de mademoiselle Doligny.*

« A Messieurs les Comédiens Français, à leur Assemblée.

« Messieurs,

« De trois essais que la Comédie a bien voulu adopter, le plus fortement composé (celui des *Deux Amis*) est resté depuis huit ans accroché sans jeu ni reprise. On croira bientôt que vous voulez punir ce Drame de ses succès sur tous les Théâtres-Français de l'Europe, en ne le représentant jamais sur le vôtre. La Reine, qui se plaît quelquefois à le voir, n'a pu l'obtenir encore que des Comédiens de la ville. On me demande pourquoi vous ne le jouez pas, et moi, qui n'en sais rien, je suis obligé de vous passer la parole.

« Au reste, il n'y a pas d'instant plus favorable que celui-ci, Messieurs, pour tâter le goût de la capitale sur cet ouvrage, la tragédie étant un peu en désordre, attendu ce que vous savez[2]. En attendant que le ciel y mette la main, ne pourrait-on pas essayer ce que Paris pensera de la vertu dure et franche du bon Aurelly, de la noble et vive sensibilité du philosophe Mélac?

« Il est bien vrai que cette pièce est du genre bâtard et misérable qu'on cherche à proscrire aujourd'hui sous le nom de Drame[3], mais le vrai public, qui ne proscrit que ce qui l'ennuie,

---

Les Deux Amis de Collège, ou la Liaison dangereuse, 5 actes en prose, par Demonval. Théâtre du Gymnase-Enfantin. 22 décembre 1836.
Les Deux Amis, ou l'Héroïsme de l'amitié, pièce militaire en 3 actes, musique de Dupré. Théâtre des Grands-Danseurs. 12 décembre 1781.

1. Voyez la *Revue rétrospective*, tome VII (2ᵐᵉ série, page 441). C'est M. Régnier, l'excellent comédien, qui le premier tira cette lettre de la poussière destructive des archives de la Comédie, en 1836.
2. Il s'agit ici de la querelle de Mˡˡᵉ Sainval et de Mˡˡᵉ Vestris, querelle dans laquelle le duc de Duras, protecteur de Mˡˡᵉ Vestris, joua un rôle honteux de despote.
3. Plus tard, en 1785, dans la préface de *la Folle Journée* (pages 12 et 13), Beaumarchais apprécie comme il suit son drame des *Deux Amis* :
« Depuis j'ai fait *les Deux Amis*, dans laquelle un père avoue à sa prétendue

n'a pas encore prononcé l'anathème sur ce genre intéressant. Si l'état affreux des finances du royaume sous feu l'abbé Terray, d'écrasante mémoire[1], et surtout si l'époque de la banqueroute frauduleuse du janséniste Billard, empêchèrent alors les Jansénistes du parterre, les mécontents de la Bourse et les perdants de la banqueroute, de goûter, autant qu'on le devait, un intérêt dramatique fondé sur la faillite inopinée d'un honnête homme, c'est qu'on s'imagina que je traduisais le malheur public au théâtre et que j'y jouais l'honnête pénitent de M. Grizel.

« Mais, une situation opposée ayant amené des sentiments contraires, et le parterre, aujourd'hui, paraissant moins porté vers le rigorisme de Jansénius, depuis qu'il est régenté par des molinistes en soutanelle bleue galonnée d'argent, je crois qu'on peut essayer de remettre cette pièce à l'étude et de lui faire gagner à son tour les honneurs du répertoire[2].

« M. Préville, pour qui le rôle d'Aurelly fut fait, voudra bien sans doute y déployer de nouveau le plus superbe talent.

« On dit que M. Brizard a quitté les rôles nobles des pièces du siècle pour se resserrer absolument dans le haut tragique. Si

nièce qu'elle est sa fille illégitime. Ce drame est aussi très-moral, parce qu'à travers les sacrifices de la plus parfaite amitié, l'auteur s'attache à y montrer les devoirs qu'impose la nature sur les fruits d'un ancien amour, que la rigoureuse dureté des convenances sociales, ou plutôt leur abus, laisse trop souvent sans appui.

« Entre autres critiques de la pièce, j'entendis dans une loge, auprès de celle que j'occupais, un jeune *important* de la cour qui disait gaiement à des dames : « L'auteur, sans doute, est un garçon fripier, qui ne voit rien de plus
« élevé que des commis des fermes et des marchands d'étoffe; et c'est au fond
« d'un magasin qu'il va chercher les nobles amis qu'il traduit à la scène fran-
« çaise — Hélas! monsieur, lui dis-je en m'avançant, il a fallu du moins les
« prendre où il n'est pas impossible de les supposer; vous ririez bien plus de
« l'auteur s'il eût tiré deux vrais amis de l'Œil-de-Bœuf ou des Carrosses. Il
« faut un peu de vraisemblance, même dans les actes vertueux. »

1. Voir ci-dessus la note sur l'abbé Terray.
2. Déjà, dans une lettre écrite le 21 décembre 1771 à M. D'Auberval, comédien du Roi et semainier en fonctions, Beaumarchais disait:

« Bien des gens paraissent persuadés que, si Messieurs les Comédiens fesaient un nouvel essai des *Deux Amis*, qui n'ont pas eu sur tous les autres théâtres de l'Europe un moindre succès qu'*Eugénie*, l'influence fâcheuse qu'un moment critique pour l'intérêt eut sur tous les esprits étant dissipée depuis longtemps, cette pièce prendrait dans l'opinion publique le rang que la Comédie-Française lui avait accordé dans la sienne... »
(*Revue rétrospective*, tome VII, 2ᵉ série, pages 434 et 435.)

cela est, il faut gémir de la paralysie qui attaque un grand acteur dans la plus belle moitié de ses succès, et plaindre le public et les auteurs de ce qu'une telle infirmité leur enlève un bon comédien pièce par pièce, et vient ainsi couper en deux la brillante carrière de M. Brizard. Dans ce cas malheureux, il faudrait prier M. Vanhove de remplacer la moitié de M. Brizard, qui ne vit plus, dans le rôle de Mélac père [1].

« Il est possible aussi que le rôle de Mélac fils semble un peu jeunet à M. Molé, devenu premier tragique; alors j'engagerais M. Monvel, qui n'a pas dédaigné le plus grand succès dans ce rôle en province, à sa dernière tournée, de vouloir bien s'en promettre un semblable à Paris dans cette reprise.

« J'ignore aussi, Messieurs, à qui appartient le rôle de Saint-Alban, que jouait M. Belcourt; s'il n'obtenait pas non plus l'adoption de M. Molé, son successeur naturel, M. Fleury, qui joue très-noblement tout ce qu'il joue, serait prié de vouloir bien l'étudier.

« Pour ma petite Doligny, c'est toujours ma Pauline, ma Rosine, mon Eugénie, et, quoique je sois, dit-elle, un vilain monstre, qui n'aime point la Comédie-Francaise, et mille autres lamentables faussetés du même genre,

> Entre elle et moi, messieurs, c'est dit;
> Nous ne formons qu'une famille,
> Je suis son père, elle est ma fille,
> Et cela va jusqu'au dédit.

« Quant à mon pauvre imbécile d'*André*, son souvenir me rappelle bien tristement celui du charmant comédien, de la douce créature, de l'aimable et honnête garçon, de Feuillie, que j'aimais de cœur et d'esprit au théâtre et dans la société. Comme il y a peu d'apparence que M. Bourette, à qui Feuillie avait plaisamment dérobé ce petit rôle, qu'il aimait, disait-il, parce qu'il était rondement bête; comme il n'y a pas d'apparence, dis-je, que M. Bourette consente à rentrer dans une possession aussi mesquine que tardive, dans le cas de son refus, je suis bien certain que mon ami Dazincourt ne me refuserait pas ce petit remplissage.

---

1. Vanhove joua ce rôle à la reprise de 1783.

« Voilà tout, je crois. Hé! bon Dieu! j'oubliais le rôle de Dabins, qui fut joué, si vous vous le rappelez, Messieurs, par M. Pin[1], avec une perruque si intolérablement ridicule que le public, aheurté, crut ne voir qu'un commis d'usurier dans le rôle sensible d'un très-honnête homme. Je voudrais bien l'offrir à un monsieur dont le nom ne m'est pas connu, mais que j'ai vu jouer dans le tragique avec autant de sens que de sensibilité, pourvu, toutefois, que l'offre d'un rôle en prose ne soit pas regardée à la Comédie comme une insulte faite à un acteur en vers, car je ne veux blesser personne. J'ai vu ce monsieur jouer Théramène avec grand plaisir, et je ne sais s'il ne se nomme pas Dorval ou Dorival.

« Maintenant, Messieurs, que vous avez entendu ma requête, vous m'obligerez infiniment si vous daignez l'accueillir et me faire la grâce de me croire, avec toute la considération possible,

« Messieurs,

« Votre, etc.

« BEAUMARCHAIS. »

Réponse de Monvel à Beaumarchais, au nom de la Comédie[2].

« MONSIEUR,

« Nous avons reçu votre charmante lettre, et l'on me charge de vous répondre que l'on n'épargnera rien pour remplir vos vues; c'est une commission que j'accepte avec autant d'empressement que de joie. La Comédie va remettre à l'étude votre pièce des *Deux Amis*[3]. Elle désirerait avec ardeur que vous fussiez le sien, et fera tout pour mettre le tort de votre côté, si ses efforts sont infructueux.

1. Ce Pin était comédien pensionnaire.
2. Voyez le précieux ouvrage de M. de Loménie, tome I, pages 510 et suivantes.
3. Elle ne le fit que quatre ans après, mais à différentes reprises (juin et août 1781) Beaumarchais reprocha vivement aux comédiens leur manque de parole.

« L'espèce d'oubli (oubli local toutefois) où votre ouvrage est resté, peut être est moins sa faute que celle des circonstances. Vous-même (à ce qu'on dit) avez négligé de l'en tirer : on dit que vous n'avez jamais parlé de la reprise de ce Drame attendrissant, joué partout avec un succès qui reproche à la capitale et ses jugements précipités, et cet esprit de parti armé souvent contre les productions les plus estimables.

« S'il se trouve parmi nous, parmi les amateurs *du bon genre,* quelques détracteurs de ce genre intéressant que l'on condamne en pleurant, quelques ennemis de ces pièces si fort dans la nature, si morales, si touchantes, aux représentations desquelles le public *maladroit* se porte ordinairement en foule, j'espère que la recette appaisera leur bile, désarmera leur colère, et qu'ils pardonneront à l'auteur du *Barbier de Séville* et d'*Eugénie* d'avoir le double talent, ce talent si rare, de faire rire et d'arracher des larmes.

« Tous mes camarades souscrivent de grand cœur à la distribution que vous faites de vos rôles. Molé n'a point encore prononcé sur *Mélac* fils et sur *Saint-Alban.* Quoique je sache le premier, quoiqu'il m'ait fait quelque honneur, s'il en conserve la possession, l'honnête fermier général satisfera mon ambition ; je m'efforcerai de n'être point au-dessous de la noblesse de son âme. Puissé-je vous convaincre, Monsieur, par mon zèle et mon activité, que personne plus que moi ne rend justice aux talents variés et charmants dont vous avez donné tant de preuves, à cette touche originale et piquante qui vous caractérise, et au mérite réel des ouvrages divers dont vous avez enrichi notre littérature.

« J'ai l'honneur d'être, avec toute la considération possible,

« Monsieur,

« Votre très-humble et très-obéissant serviteur.

« *Signé :* Boutet de Monvel. »

Ce 24 novembre 1779.

Mademoiselle Doligny à Beaumarchais.

« Monsieur,

« Je ne saurais trop vous remercier de tout ce que vous avez dit de moi dans la lettre que vous avez écrite à la Comédie au sujet des *Deux Amis*. Tous mes camarades ont été enchantés de la gaieté et de l'esprit qui brillent dans votre lettre. J'ai été plus enchantée qu'eux tous, mais c'est de votre amitié et de vos bontés pour moi. M. de Grammont, dont vous connaissez les qualités et les talents, m'engage à vous demander une grâce, c'est de faire donner un ordre de début ou un engagement, par les actionnaires de Bordeaux, à Mme Linguet, qui se trouve à présent à *Bordeaux*. Elle a été deux ans à la Comédie-Italienne, et n'en est sortie que par rapport à son mari. M. de Grammont, qui vous donnera ma lettre, vous expliquera l'affaire plus en détail. Faites placer, je vous prie, Mme *Linguet;* c'est votre *Eugénie*, votre *Rosine*, votre Pauline, c'est la comtesse Almaviva[1], qui vous sollicitent : j'ose espérer que vous aurez quelque égard à leur recommandation.

« Recevez les témoignages de l'estime, de l'attachement et de la reconnaissance avec lesquels je suis pour la vie,

« Monsieur,

« Votre très-humble et très-obéissante servante.

« *Signé* : Doligny. »

Le drame des Deux Amis, *nous l'avons dit, fut repris en 1783, et joué seulement deux fois, sans le moindre succès.*

Nous allons maintenant dire quelques mots du texte que nous avons suivi, et des variantes entièrement inédites que nous publions.

Le texte est celui de l'édition originale, parue en octobre 1770, chez la veuve Duchesne et chez Merlin, édition pu-

---

1. Mlle Doligny possédait sans doute déjà ce rôle, en promesse du moins.

bliée, *s'il faut en croire Fréron*[1]*, aux frais de Beaumarchais*[2]*. Nous l'avons scrupuleusement reproduite, sans même en excepter de la musique de l'andante de la première scène, musique qui pourrait bien être de Beaumarchais lui-même. Quant aux variantes, elles nous ont été fournies par le manuscrit qui fait partie des archives de la Comédie-Française*[3]*. Ce manuscrit, non autographe, plein de raccords, dictés au copiste par Beaumarchais lui-même*[4]*, a certainement servi aux représentations des* Deux Amis; *la note suivante, qu'on lit à la fin, paraît en faire foi :*

J'ai lu par ordre de Monsieur le Lieutenant-général de Police les *Vrais Amis*, Drame en cinq actes et en prose, et je crois qu'on en peut permettre la représentation. A Paris, ce 18 avril 1769 : Marin. Vu l'approbation. Permis de représenter, le 28 avril 1769 : De Sartines[5].

Ce manuscrit est donc en même temps celui qui a été offert à l'examen de la Censure, et les raccords qu'il renferme[6] *sont les divers changements exigés par les Comédiens après la quatrième représentation. Tel qu'il est, il diffère encore beaucoup de la pièce imprimée, et ce sont*

1. Tome VI de son *Année littéraire* de 1770. L'édition porte comme épigraphe ce passage extrait de la scène vii de l'acte IV de la pièce :

« Qu'opposerez-vous aux faux jugements, à l'injure, aux clameurs ?
« Rien ! »

Ce passage ne se trouve pas dans le manuscrit que nous avons sous les yeux.
2. Nous le croyons assez, car nous avons retrouvé sur cinq ou six exemplaires des *Deux Amis* le même paraphe fait à la main au bas du titre du volume. On pourrait voir là comme une marque de propriété.
3. Carton 97. Quand ces variantes portaient sur un mot, sur une inversion de phrase, nous avons jugé inutile de les donner.
4. Voir Bachaumont, à la date du 20 janvier.
5. Quand une pièce avait été reçue, et que son tour d'être jouée était venu, l'auteur devait avoir soin de se munir de l'autorisation de la police.
6. Ces raccords, écrits sur des fragments de papier collés sur le manuscrit, empêchent complétemeut de lire le premier texte.

ces différences qui constituent nos variantes. Leur importance est réelle. Les scènes analogues « aux circonstances du jour », dont parle Bachaumont, disparaissent entièrement dans le texte imprimé, revu, remanié et amélioré par Beaumarchais; tandis qu'elles se retrouvent, et en grand nombre, dans le manuscrit conservé à la Comédie-Française. Si dans le texte imprimé Beaumarchais a supprimé plusieurs situations dramatiques trop longues et que le lecteur pourra lire dans les variantes, il y a apporté en revanche plus de netteté et un certain enchaînement plus logique, qui eût donné sans doute au drame quelques chances de succès; mais son esprit absorbé n'était pas encore apte à polir et repolir une œuvre. Dévoré par une fièvre d'entreprises et d'affaires de tous genres, il n'arriva que plus tard à cette perfection relative qui s'est révélée dans le Mariage de Figaro, et a placé Beaumarchais au rang des auteurs dramatiques qui ont laissé après eux une impérissable renommée.

F. de Marescot.

LES
DEUX AMIS,
OU
LE NÉGOCIANT
DE LYON[1],
DRAME
EN CINQ ACTES EN PROSE;

Par M. DE BEAUMARCHAIS.

Représenté pour la premiere fois sur le Théâtre de la Comédie Française à Paris, le 13 Janvier 1770.

Qu'opposerez-vous aux faux jugemens, à l'injure, aux clameurs?
Rien.
Les deux Amis, Acte IV. Scene VII.

Le prix est de 36 sols.

A PARIS,

Chez { la Veuve DUCHESNE, rue S. Jacques, au Temple du Goût.
MERLIN, rue de la Harpe, à S. Joseph.

M. DCC. LXX.
Avec Approbation et Privilége du Roi.

1. Variante 1re.

AVERTISSEMENT.

Pour faciliter les positions théâtrales aux Acteurs de Province ou de Société qui joueront ce Drame, on a fait imprimer au commencement de chaque Scene le nom des Personnages, dans l'ordre où les Comédiens Français se sont placés, de la droite à la gauche, au regard des Spectateurs. Le seul mouvement du milieu des Scenes reste abandonné à l'intelligence des Acteurs.

Cette attention de tout indiquer peut paraître minutieuse aux indifférens, mais elle est agréable à ceux qui se destinent au Théâtre ou qui en font leur amusement, sur-tout s'ils savent avec quel soin les Comédiens Français, les plus consommés dans leur art, se consultent et varient leurs positions théâtrales aux répétitions, jusqu'à ce qu'ils aient rencontré les plus favorables, qui sont alors consacrées pour eux et leurs successeurs, dans le Manuscrit déposé à leur Bibliotheque.

C'est en faveur des mêmes personnés que l'on a par-tout indiqué la pantomime. Elles sauront gré à celui qui s'est donné quelques peines pour leur en épargner; et si le Drame, par cette façon de l'écrire, perd un peu de sa chaleur à la lecture, il y gagnera beaucoup de vérité à la représentation.

PERSONNAGES.   ACTEURS.

AURELLY, riche Négociant de Lyon, homme
 vif, honnête, franc et naïf.   *M. Préville.*

MÉLAC pere [1], Receveur général des Fermes
 à Lyon, Philosophe sensible.   *M. Brizard.*

PAULINE, Niece d'Aurelly, élevée par Mélac
 pere, jeune Personne au-dessus de son âge.   *Mlle Doligny.*

MÉLAC fils, élevé avec Pauline, jeune homme
 bouillant, et d'une sensibilité excessive.   *M. Molé.*

SAINT-ALBAN [2], Fermier général en tournée,
 homme du monde estimable.   *M. Belcourt.*

DABINS, Caissier d'Aurelly, Protégé de Mélac
 pere, homme de jugement, et fort attaché à
 son Protecteur.   *M. Pin.*

ANDRÉ, Domestique de la maison, Garçon
 très-simple.   *M. Feuillie.*

La Scene est à Lyon, dans le Sallon commun d'une Maison occupée par Aurelly et par Mélac.

1. Variante 2. — 2. Variante 3.

LES DEUX AMIS

ACTE PREMIER.

SCENE PREMIERE.

PAULINE, MÉLAC Fils.

Il est dix heures du matin. Le Théâtre représente un Sallon; à l'un des côtés est un Clavecin ouvert avec un Pupitre chargé de Musique. Pauline en peignoir est assise devant; elle joue une Piece. Mélac debout à côté d'elle, en léger habit du matin, ses cheveux relevés avec un peigne, un Violon à la main, l'accompagne. La toile se leve aux premières mesures de l'Andante (*) [1].

PAULINE, *après que la Piece est jouée.*

Comment trouvez-vous cette Sonate ?

(*) Pendant que les Acteurs sont censés faire de la Musique, les premiers Violons de l'Orchestre jouent, avec des sourdines, un *Andante*, que les seconds Dessus et les Basses accompagnent en pinçant, ce qui complete l'illusion du petit Concert que le Spectacle représente. L'Auteur a fait imprimer, à la suite du Drame, l'*Andante* composé exprès pour cet Ouvrage, et qui a été exécuté avec applaudissement à Paris toutes les fois qu'on y a joué *Les Deux Amis*. (*Note de Beaumarchais.*)

1. Variante 4.

MÉLAC fils.

Votre brillante exécution la fait beaucoup valoir.

PAULINE.

C'est votre avis que je demande, et non des éloges.

MÉLAC fils.

Je le dis aussi ; elle me plairait moins sous les doigts d'un autre.

PAULINE *se leve.*

Fort bien ; mais[1] je m'en vais, je n'ai point encore vu mon oncle.

MÉLAC fils *l'arrête.*

Il est sorti, il va.....

PAULINE.

A la Bourse, apparemment ? .

MÉLAC fils.

Je le crois. Le paiement s'ouvre demain[2] ? Ce temps critique et dangereux pour les Négocians de Lyon exige qu'ils se voient.....

PAULINE.

Il s'est retiré bien tard cette nuit !

MÉLAC fils.

Ils ont long-temps jasé. Mon pere se plaignait à lui des

---

1. Variante 5. — 2. Variante 6.

Fermiers Généraux, qui me refusent la survivance de sa place de Receveur Général des Fermes.

PAULINE.

Bien malhonnêtement, sans doute [1] ?

MÉLAC fils.

Sous prétexte qu'ils l'ont donnée. « Voilà comme vous « êtes, lui disait votre oncle. Ne demandant jamais, un autre « sollicite, il obtient le prix de vos longs services. » Mais savez-vous ce que j'ai pensé, Pauline ? C'est que, si quelqu'un dans la compagnie nous a desservi, ce ne peut être que Saint-Alban.

PAULINE.

Que vous êtes injuste! J'ai vu tout ce qu'il a écrit en votre faveur.

MÉLAC fils.

On fait voir ce qu'on veut.

PAULINE.

Vous vous plaisez bien à l'accuser.

MÉLAC fils.

Pas tant que vous à le défendre.

PAULINE, *fâchée*.

Vous m'impatientez. Depuis son départ, il faut donc se résoudre à voir toutes nos conversations rentrer dans celle-ci ?

1. Variante 7.

MÉLAC fils, *d'un air fin.*

Allons, la paix. — Ils ont ensuite parlé de votre établissement..... du mien..... Mon pere m'a fait signe, je me suis retiré ; mais, en sortant, j'ai entendu qu'il disait un mot.... Ah ! Pauline. ...

(*Il veut lui prendre la main.*)

PAULINE *se recule* [1].

Eh bien, Monsieur!

MÉLAC fils.

Un certain mot.....

PAULINE *l'interrompt.*

Je ne suis pas curieuse. — Parlons de la petite fête que nous préparons à mon oncle à l'occasion de ses Lettres de Noblesse : y songez-vous ?

MÉLAC fils.

J'ai tout arrangé dans ma tête. Nous commencerons par un Concert; peu de monde, nous et nos Maîtres. Sur la fin on viendra l'avertir qu'on le demande. Pendant son absence [2], un tapis, deux paravents, feront l'affaire, et nous lui donnerons la plus jolie petite Piece.....

PAULINE.

Oh ! point de Comédie.

MÉLAC fils.

Pourquoi ?

1. Variante 8. — 2. Variante 9.

Pauline.

Vous connaissez la faiblesse de ma poitrine.

Mélac fils.

On ne crie pas la Comédie ; ce n'est qu'en parlant qu'on la joue bien. Figure charmante ! organe fléxible et touchant ! de l'ame sur-tout... Que vous manque-t-il ? Une jeune Actrice se fait toujours assez entendre lorsqu'elle a le talent de se faire écouter.

Pauline.

Oh ! ce n'est ni d'éloquence ni d'adresse qu'on vous accusera de manquer pour ramener les gens à vos idées... Et les couplets que je vous ai demandés ?

Mélac fils, *tendrement.*

Vous craignez qu'on ne les oublie ? injuste Pauline !...

Pauline, *l'interrompt en s'asseyant.*

Essayons encore une Piece avant de m'habiller.

Mélac fils, *s'assurant de l'accord du Violon.*

Volontiers.

Pauline.

Donnez-moi le nouveau Livre.

Mélac fils, *avec humeur.*

Pourquoi ne pas suivre le même ?

PAULINE.

Pour sortir un peu de l'ancien genre. Au reste, comme c'était uniquement pour vous.....

MÉLAC fils, *d'un air incrédule.*

Oui, pour moi !

PAULINE, *riant.*

Voilà bien les ingrats! cherchant toujours à diminuer l'obligation, pour n'être point tenus de la reconnaissance ! Cette musique n'est-elle pas plus piquante, plus variée?

MÉLAC fils, *mécontent.*

Piquante, variée, délicieuse. C'est le beau Saint-Alban qui vous l'a choisie à Paris.

PAULINE.

Et toujours Saint-Alban[1]? Vous êtes bien étrange! Votre souverain bonheur serait que personne ne m'aimât !

MÉLAC fils.

Je ne serai donc jamais heureux.

PAULINE.

Vous voudriez..... qu'on ne pût me souffrir.

MÉLAC fils.

Je ne desire point l'impossible.

1. Variante 10.

PAULINE, *gaiement*.

Hée ! il ne faudrait pas trop vous presser pour vous le faire avouer ingénument.

MÉLAC fils.

Non ; mais il est assez simple que je n'aime point un homme qui affiche des sentimens pour vous.

PAULINE.

Pour le venger de cette humeur, vous accompagnerez sa favorite.

MÉLAC fils.

Oh ! non [1].

(*Il pose le Violon sur une chaise.*)

PAULINE.

Vous me refusez ?

MÉLAC fils.

J'aime mieux demander pardon de tout ce que j'ai dit.

(*Il se met à genoux.*

PAULINE.

Et moi je le veux.

MÉLAC fils.

C'est une tyrannie.

PAULINE, *plaisantant*.

Obéissez, ou je ne vous appelle plus mon frere.

1. Variante 11.

MÉLAC fils, *d'un air hypocrite, en se relevant.*

Si ce nom vous déplaît, vous avez un autre moyen de m'y faire renoncer.

PAULINE.

Et c'est?

MÉLAC fils.

De m'en permettre un plus doux.

SCENE II.

PAULINE, MÉLAC Fils, MÉLAC Pere.

(*Mélac pere paraît dans le fond.*)

PAULINE.

Je ne vous entends pas.

MÉLAC fils.

Vous ne m'entendez pas? Je vais...

PAULINE, *lui coupant la parole.*

Je vais..... Je vais jouer la Piece : m'accompagnerez-vous, oui ou non?

MÉLAC fils *lui baise les mains.*

Pardon, pardon ; mais pour celle-ci, en vérité elle est trop difficile.

Pauline, *avec une petite moue.*

Hum..... Mauvais caractere! je sais ce qui vous la fait voir ainsi. (*Il lui baise les mains, elle se fâche.*) Finissez, Monsieur de Mélac. Je vous l'ai déjà dit, ces libertés m'offensent; laissez mes mains.

Mélac fils.

Qui pourrait refuser.... (*Il continue à lui baiser les mains.*) un juste hommage..... à leur dextérité.

(*Mélac pere se retire avec mystere.*)

SCENE III[1].

MÉLAC Fils, PAULINE.

Pauline, *s'échappant.*

Encore? obstiné! mutin! disputeur! audacieux! jaloux!... Car vous méritez tous ces noms-là. Vous refusez de m'accompagner, vous en aurez ce soir la honte publique [2].

1. Variante 12. — 2. Variante 13.

SCENE IV.

MÉLAC Fils, *seul.*

Mon cœur la suit... Ah! Pauline... Je plaisante avec elle... Je dispute... Je l'obstine... Sans ce détour, je n'oserais jamais... Si mon pere m'eût obtenu cette survivance, mon état une fois fait... « Je le veux absolument, dit-elle, obéissez..... » J'aime à la voir prendre ainsi possession de moi, sans qu'elle s'en doute... (*Il va fermer le clavecin.*) Oui; mais elle a beau dire, je ne jouerai point la Musique de son Saint-Alban... Que je le hais avec son esprit, sa richesse et son air affectueux! Il avait bien affaire de rester trois semaines ici, ce beau Fermier Général! On l'envoie en tournée.....

SCENE V[1].

MÉLAC Fils, MÉLAC Pere.

MÉLAC pere, *jouant l'étonné.*

Tout seul, mon fils! Il me semblait avoir entendu de la Musique.

MÉLAC fils.

C'était Pauline, mon Pere; elle est allée s'habiller.

1. Variante 14.

MÉLAC pere.

Mais vous, Mélac, vous n'êtes pas décemment : ces cheveux.....

MÉLAC fils.

Elle était en peignoir elle-même.

MÉLAC pere.

Cette aimable confiance de l'innocence n'autorise point à lui manquer.

MÉLAC fils.

Moi, lui manquer, mon pere !

MÉLAC pere.

Oui, mon fils, c'est lui manquer que de vous montrer à ses yeux dans ce désordre. Parce qu'elle ignore le danger, ou vous estime assez pour n'en point craindre avec vous, est-ce une raison d'oublier ce que vous devez à son sexe, à son âge, à son état ?

MÉLAC fils.

Je ne vais point chez elle ainsi. Ce Sallon nous est commun, nous y avons toujours étudié le matin..... Quand on demeure ensemble..... Mais mon pere, jusqu'à présent, vous ne m'avez rien dit..... Est-ce Monsieur Aurelly qui fait cette remarque ?

MÉLAC pere.

Son Oncle ? Non, mon ami. Aussi simple qu'honnête, Aurelly ne suppose jamais le mal où il ne le voit pas; mais, tout occupé de son commerce, il s'est reposé sur moi des mœurs et de l'éducation de sa Niece, et je dois la garantir par mes soins.....

Mélac fils.

La garantir !

Mélac pere.

Elle n'est plus un enfant, mon fils ; et ces familiarités d'autrefois.....

Mélac fils, *un peu déconcerté*.

J'espere ne jamais m'oublier devant elle, et lui montrer toujours autant de respect que je renferme d'attachement.

Mélac pere.

Pourquoi le renfermer, s'il n'est que raisonnable ? Riez avec elle, dans la société, devant moi, devant son oncle, très-bien ; mais c'est lorsque vous la trouvez seule, mon fils, qu'il faut la respecter. La premiere punition de celui qui manque à la décence est d'en perdre bientôt le goût ; une faute en amene une autre, elles s'accumulent ; le cœur se déprave, on ne sent plus le frein de l'honnêteté que pour s'armer contre lui : on commence par être faible, on finit par être vicieux.

Mélac fils, *déconcerté*.

Mon pere, ai-je donc mérité une aussi sévere réprimande ?

Mélac pere, *d'un ton plus doux*.

Des avis ne sont point des reproches. Allez, mon fils ; mais n'oubliez jamais que la Niece de votre ami, du bienfaiteur de votre pere, doit être sacrée pour vous. Souvenez-vous qu'elle n'a point de mere qui veille à sa sûreté. Songez que mon honneur et le vôtre doivent être ici les appuis de son innocence et de sa réputation. Allez vous habiller.

SCENE VI[1].

MÉLAC pere, *seul*.

S'il s'était douté que je l'eusse vu, il eût mis à se disculper toute l'attention qu'il a donnée à ma morale. On ne se ment pas à soi-même; et s'il a tort, il se fera bien sans moi l'application de la leçon. Ceci me rappelle avec quel soin Aurelly détournait la conversation hier au soir, quand je la mis sur l'établissement de sa Niece. Sa Niece!.... Mais est-il bien vrai qu'elle le soit?... Son embarras en m'en parlant semblait tenir..... de la confusion..... Je me perds dans mes soupçons..... Quoi qu'il en soit, je ne veux pas que mon ami puisse jamais me reprocher d'avoir fermé les yeux sur leur conduite.

1. Variante 15.

SCENE VII[1].

MÉLAC pere. ANDRÉ, *en papillotes et en veste du matin, un Ballet de plumes sous son bras, entre, regarde de côté et d'autre, et s'en retourne.*

ANDRÉ.

Il n'y est pas, Monsieur Dabins.

MÉLAC pere.

Qu'est-ce?

ANDRÉ.

Ah! ce n'est rien. C'est ce gros Monsieur.....

MÉLAC pere.

Quel Monsieur?

ANDRÉ, *d'un ton niais*[2].

Celui qui vient..... Qui m'a tant fait rire le jour de cette histoire.....

MÉLAC pere.

Est-ce qu'il n'a pas de nom?

ANDRÉ.

Si fait, il a un nom. Monsieur..... Monsieur..... C'est qu'il s'appelle encore autrement.

1. Variante 16. — 2. Variante 17.

MÉLAC pere.

Autrement que quoi?

ANDRÉ[1].

Je l'ai bien entendu peut-être..... Paris, deux et demi; Marseille, Canada, trente-huit, que sais-je?

MÉLAC pere, *riant de pitié.*

Ah! l'Agent de Change?

ANDRÉ.

C'est ça.

MÉLAC pere[1].

Mais ce n'est pas moi qu'il cherche.

ANDRÉ.

C'est Monsieur Dabins.

MÉLAC pere.

Qu'il passe à la Caisse d'Aurelly.

ANDRÉ.

Il en vient: ce Caissier n'est-il pas déjà sorti!

MÉLAC pere.

Un jour comme celui-ci! Il est donc fou?

ANDRÉ.

Je ne sais pas.

1. Variante 18. — 2. Variante 19.

MÉLAC pere.

Voyez à sa chambre, au jardin, par-tout.

ANDRÉ *va et revient.*

Moi, j'ai mon ouvrage..... et si je ne le trouve pas, qu'est-ce qu'il faut que je lui dise?

MÉLAC pere

Rien. Car on ne finirait plus.....

SCENE VIII[1].

MÉLAC pere, *seul.*

Qui croirait qu'un Garçon aussi simple fut le fait d'un homme bouillant, d'Aurelly? Sa regle est assez juste : aux gens de cet état, moins d'esprit, moins de corruption.

SCENE IX[2].

DABINS, MÉLAC pere.

MÉLAC pere.

On vous cherche, Monsieur Dabins.

1. Variante 20. — 2. Variante 21.

LES DEUX AMIS.

DABINS, *d'un air effrayé.*

Depuis une heure, Monsieur, j'épie le moment de vous trouver seul.

MÉLAC pere.

Que me voulez-vous?

DABINS.

Puis-je parler en liberté?

MÉLAC pere.

Vous êtes pâle, défait, votre voix est tremblante!

DABINS.

Ah! Monsieur!

MÉLAC pere.

Expliquez-vous.

DABINS.

Comment vous apprendre le malheur?.....

MÉLAC pere.

Sortez de ce trouble. Parlez.

DABINS.

Cette Lettre que je reçois à l'instant.....

MÉLAC pere.

Que dit-elle de sinistre?

DABINS.

Vous aimez Monsieur Aurelly?

MÉLAC pere.

Si je l'aime! Vous me faites trembler.

DABINS.

A moins d'un miracle, il faut qu'il manque à ses paiemens demain. Il faut.....

MÉLAC pere, *regardant de tous côtés.*

Malheureux! si quelqu'un vous entendait..... Vous perdez le sens..... D'où savez-vous?... Cela ne saurait être.

DABINS.

J'ai prévu votre surprise et votre douleur; mais le fait n'est que trop avéré.

MÉLAC pere.

Avéré! dites-vous? — Je n'ose l'interroger. — Monsieur Dabins, songez-vous à l'importance?... Il m'a troublé[1].

DABINS.

Monsieur Aurelly avait, à Paris, pour huit cent mille francs d'effets.

MÉLAC pere.

Chez son ami Monsieur de Préfort, je le sais.

DABINS.

Il me dit, il y a quelque tems, d'écrire à ce Correspondant

---

1. Variante 22.

de les vendre, et de m'envoyer tout le Papier sur Lyon qu'on pourrait trouver.

MÉLAC pere.

Après?

DABINS.

Au lieu d'argent que j'attendais aujourd'hui, son fils[1] me dépêche un Courier qui a gagné douze heures sur celui de la poste.

MÉLAC pere.

Eh bien! ce Courier?

DABINS[2].

M'apprend qu'au moment de négocier nos effets, Monsieur de Préfort s'est trouvé atteint d'un mal violent qui l'a emporté en deux jours, et qu'on a mis aussitôt le Scellé sur son Cabinet.

MÉLAC pere.

Pourquoi cet effroi? Je regrette Préfort; mais il laisse une fortune immense. Aurelly réclamera ses effets, qui lui seront remis. C'est tout au plus un retard. Achevez.

DABINS.

J'ai tout dit. Notre paiement était fondé sur ces rentrées, qui n'ont jamais manqué ; nous n'avons pas dix mille francs en caisse.

MÉLAC pere.

Et vous devez en payer demain?

DABINS.

Six cent mille. Il y a de quoi perdre l'esprit.

1. Variante 23. — 1. Variante 24.

Mélac pere.

Il me quitte ; il ne sait donc point?...

Dabins.

Voilà mon embarras. Vous connaissez sa probité, ses principes.... Il en mourra—.... Un homme si bon, si bienfaisant.... Mais, Monsieur, il n'y a que vous qui puissiez vous charger de lui apprendre....

Mélac pere.

Il n'est pas possible qu'Aurelly n'ait pas chez lui de quoi parer à cet accident.

Dabins.

Il a du bien, d'excellens immeubles, cette Maison, sa Terre ; mais avoir à payer demain six cents mille francs, et pas un sou....

Mélac pere.

Attendez¹. Je lui connais cent mille écus qu'un ami, m'a-t-il dit, lui a confiés.

Dabins.

Il ne les a plus : Monsieur de Préfort s'était chargé de les convertir en effets pareils à ceux qu'il lui avait procurés. Aujourd'hui tout est là ; tout manque à la fois.

Mélac pere.

Onze cents mille francs arrêtés au moment de payer!

Dabins.

Il périt au milieu des richesses.

---

1. Variante 25.

MÉLAC pere *se promene.*

Vous l'avez dit, il en mourra; l'homme le plus vertueux! le plus sage!... une réputation si intacte! S'il suspend ses paiemens, s'il faut que son honneur.... Il en mourra, l'infortuné : voilà ce qu'il y a de bien certain.

(*Il se promene plus vîte.*)

DABINS.

Si l'on eut reçu la nouvelle huit jours plutôt...

MÉLAC pere.

C'est un homme perdu.

DABINS.

Ces Lettres de Noblesse encore lui font tant de jaloux! Vous verrez, Monsieur, les amis que lui laissera l'infortune : il n'y a peut-être pas un Négociant dans Lyon qui ne fût bien-aise au fond du cœur.... Trouver de l'argent! il ne faut pas s'en flatter.

MÉLAC pere *se promene.*

J'ai bien ici cent mille francs à moi.

DABINS.

Qu'est-ce que cela?

MÉLAC pere, *rêvant.*

En effet, qu'est-ce que cela?

DABINS.

A peine le sixieme de ce qu'il nous faut.

MÉLAC père *s'arrête.*

Monsieur Dabins?

DABINS.

Monsieur?

MÉLAC pere

Où est votre Courier?

DABINS.

Je l'ai fait cacher.

MÉLAC pere.

Monsieur Dabins, allez m'attendre dans mon Cabinet. Ne voyez personne, enfermez-vous, enfermez-vous soigneusement. Je vous rejoins, j'ai besoin de me recueillir....

DABINS.

Sur la maniere de lui annoncer?....

MÉLAC pere.

C'est lui. Partez, sans dire un mot.

SCENE X[1].

MÉLAC pere, DABINS, AURELLY.

AURELLY.

Bonjour, Mélac. Ah! te voilà, Dabins! J'ai trouvé l'A-

1. Variante 26.

LES DEUX AMIS. 243

gent de Change[1] qui te cherche; il emporte mes deux effets sur Pétersbourg. Eh bien? nos fonds de Paris?

(*Il ôte son épée, qu'il pose sur une chaise.*)

MÉLAC pere, *vivement*.

C'est ce dont il me parlait, en me demandant si je n'avais pas quelques Papiers à échanger pour simplifier son opération.

AURELLY.

Comme tu es rouge, Mélac!

MÉLAC pere.

Ce n'est rien.

AURELLY, *à Dabins qui sort*.

Monsieur Dabins, le Bordereau de tous mes paiemens en état pour ce soir.

(*Dabins sort.*)

SCENE XI[2].

MÉLAC pere, AURELLY.

AURELLY, *gaiement*.

Je t'ai bien désiré tout à l'heure à l'Intendance, tu m'aurais vu batailler....

MÉLAC pere.

Contre qui?

1. Variante 27. — 2. Variante 28.

Aurelly.

Ce nouveau Noble, si plein de sa dignité, si gros d'argent et si bouffi d'orgueil qu'il croit toujours se commettre lorsqu'il salue un Roturier.

Mélac pere, *distrait*.

Moins il y a de distance entre les hommes, plus ils sont pointilleux pour la faire remarquer.

Aurelly.

Celui-ci, qui jusqu'à l'époque de mes Lettres de Noblesse ne m'avait jamais regardé, s'avise de me complimenter aujourd'hui d'un ton supérieur : « Je me flatte, m'a-t-il dit, que vous quittez enfin le commerce avec la roture. »

Mélac pere, *à part*.

Ah! Dieux!

Aurelly.

Quoi?

Mélac pere, *s'efforçant de rire*.

Je crois l'entendre.

Aurelly.

« Au contraire, Monsieur, ai-je répondu ; je ne puis mieux reconnaître le nouveau bien que je lui dois qu'en continuant à l'exercer avec honneur. »

Mélac pere, *embarrassé*.

Ah! mon ami! le Commerce expose à de si terribles revers!

AURÉLLY.

Tu m'y fais songer : l'Agent de Change ne s'explique pas ; mais, à son air, je gagerais que le paiement ne se passera pas sans quelque Banqueroute considérable.

MÉLAC pere.

Je ne vois jamais ce tems de crise sans éprouver un serrement de cœur sur le sort de ceux à qui il peut être fatal.

AURELLY.

Et moi, je dis que la pitié qu'on a pour les frippons n'est qu'une misérable faiblesse, un vol qu'on fait aux honnêtes gens. La race des bons est-elle éteinte pour?...

MÉLAC pere.

Je ne parle point des frippons.

AURELLY, *avec chaleur*.

Les mal-honnêtes gens reconnus sont moins à craindre que ceux-ci : l'on s'en méfie ; leur réputation garantit au moins de leur mauvaise foi.

MÉLAC pere.

Fort bien ; mais....

AURELLY.

Mais un méchant qui travailla vingt ans à passer pour honnête-homme porte un coup mortel à la confiance quand son fantôme d'honneur disparaît : l'exemple de sa fausse probité fait qu'on n'ose plus se fier à la véritable.

MÉLAC pere, *douloureusement.*

Mon cher Aurelly, n'y a-t-il donc point de faillites excusables ? Il ne faut qu'une mort, un retard de fonds, il ne faut qu'une Banqueroute frauduleuse un peu considérable, pour en entraîner une foule de malheureuses.

AURELLY.

Malheureuses ou non, la sûreté du commerce ne permet pas d'admettre ces subtiles différences, et les faillites qui sont exemptes de mauvaise foi ne le sont presque jamais de témérité.

MÉLAC pere.

Mais c'est outrer les choses que de confondre ainsi...

AURELLY.

Je voudrais qu'il y eût là-dessus des loix si séveres qu'elles forçassent enfin tous les hommes d'être justes.

MÉLAC pere.

Eh ! mon ami, les loix contiennent les méchans sans les rendre meilleurs, et les mœurs les plus pures ne peuvent sauver un honnête homme d'un malheur imprévu.

AURELLY.

Monsieur, la probité du Négociant importe à trop de gens pour qu'on lui fasse grace en pareil cas.

MÉLAC pere.

Mais écoutez-moi.

AURELLY.

Je vais plus loin. Je soutiens que l'honneur des autres est engagé à ce que celui qui ne paye pas soit flétri publiquement.

MÉLAC pere, *mettant ses mains sur son visage.*

Ah! bon Dieu!

AURELLY.

Oui, flétri. S'il est malheureux, entre mourir et paraître indigne de vivre, le choix est bien-tôt fait, je crois; qu'il meure de douleur, mais que son exemple terrible augmente la prudence ou la bonne-foi de ceux qui l'ont sous les yeux.

MÉLAC pere, *s'échauffant.*

Vous condamnez sans distinction à l'opprobre un infortuné comme un coupable?

AURELLY.

Je n'y mets pas de différence.

MÉLAC pere.

Quoi! si l'un de vos amis, victime des événemens?...

AURELLY.

Je serais son Juge le plus sévere.

MÉLAC pere, *le regardant fixement.*

Si c'était moi?

AURELLY.

Si c'était toi?... Son air m'a fait trembler.

MÉLAC pere.

Vous ne répondez pas?

AURELLY, *fierement*.

Si c'était vous?... (*Avec effusion.*) Mais premiérement tu n'es pas Négociant; et voilà comme tu fais toujours: quand tu ne peux convaincre mon esprit, tu attaques mon cœur.

MÉLAC pere, *à part*.

Oh Ciel! comment lui apprendre?...

SCENE XII[1].

MÉLAC pere, PAULINE, AURELLY.

PAULINE, *habillée*.

Ah! voilà mon oncle de retour.

MÉLAC pere, *à part, avec douleur*.

Et sa Niece!

1. Variante 29.

PAULINE.

Bonjour, mon cher Oncle; avez-vous mieux reposé cette nuit que la précédente?

AURELLY.

Fort bien; et toi?

PAULINE.

Votre conversation si sérieuse du souper m'a un peu agitée : elle m'a laissé une impression... j'ai peu dormi.

AURELLY, *en riant.*

Nous aurons soin, à l'avenir, de monter nos bavardages sur un ton plus gai. Nous ne devons pas troubler les nuits de celle qui nous rend les jours si agréables.

(*Pauline l'embrasse.*)

MÉLAC pere, *à part.*

Sa sécurité[1] me perce l'ame.

AURELLY.

Ah çà! mon enfant, quel amusement nous disposes-tu aujourd'hui?

PAULINE.

Cet après-midi? Grand assaut de Musique entre l'obstiné Mélac et moi, vous serez les Juges. Vous savez qu'il donne la préférence au Violon sur tout autre instrument.

AURELLY, *gaiement.*

Et toi, tu défends le Clavecin à outrance?

1. Variante 30.

PAULINE.

Je soutiens l'honneur du Clavecin. La loi du combat est que le vaincu sera réduit à ne faire qu'accompagner l'autre, qui brillera seul tout le reste du Concert, et je vous confie que j'ai de quoi le faire mourir de dépit.

AURELLY.

Bravo! Bravo!

MÉLAC pere, *d'un ton pénétré.*

Ne ferions-nous pas mieux, mes amis, de remettre ce Concert? Tant de gens sont à Lyon dans le trouble et l'inquiétude : « Il semble (dira-t-on) que ceux-ci fassent parade « de leur aisance pour insulter à l'embarras où les autres « sont plongés. » On comparera cette joie déplacée avec le désespoir qui poignarde peut-être en ce moment d'honnêtes gens qui ne s'en vantent pas.

AURELLY, *riant.*

Ah, ah, ah! vois-tu comment ce grave Philosophe détruit nos projets d'un seul mot? Il faut bien lui céder pour avoir la paix. Remets ton cartel à quelque autre jour[1].

MÉLAC pere, *à part, en sortant.*

Allons sauver, s'il se peut, l'honneur et la vie à ce malheureux.

1. Variante 31.

SCENE XIII[1].

PAULINE, AURELLY.

AURELLY.

Mais... il a quelque chose aujourd'hui... N'as-tu pas remarqué?...

PAULINE.

En effet, j'ai cru lui voir un nuage...

AURELLY.

Ah! la Philosophie a aussi ses hùmeurs.

PAULINE.

Que disiez-vous donc?

AURELLY.

Nous parlions faillites, banqueroutes.

PAULINE.

C'est cela. Son ame est si sensible que le malheur même de ceux qu'il ne connaît pas l'afflige.

1. Variante 32.

SCENE XIV[1].

PAULINE, ANDRÉ, AURELLY.

ANDRÉ, *criant et courant.*

Monsieur, Monsieur.

PAULINE *fait un cri de surprise.*

Ah!...

AURELLY.

Qu'est-ce c'est donc?

ANDRÉ, *avec joie.*

Le Valet de Chambre de Monsieur le grand Fermier*
descend de cheval dans la cour.

AURELLY, *avec humeur.*

Eh bien! vous ne pouvez pas dire cela sans courir et nous
crier aux oreilles?

PAULINE.

Il m'a fait une frayeur...

ANDRÉ.

Dame, est-ce que ce n'est rien, donc? Monsieur le grand
Fermier qui arrive!

---

1. Variante 33.

* Les gens du peuple de toutes les Provinces méridionales de France
nomment ainsi les Fermiers du Roi. (*Note de Beaumarchais.*)

AURELLY.

Saint-Alban ?

ANDRÉ.

Monsieur de la Fleur l'a laissé à la dernière poste.

PAULINE, *avec humeur*.

Quand nous l'aurions appris deux minutes plus tard ?

AURELLY, *à Pauline*.

Quel dommage que le concert soit dérangé ! Tu voulais des Juges ; en voici un que tu ne récuserais pas... Il repasse bien-tôt[1] ! Qu'on fasse rafraîchir son Courier.

ANDRÉ.

Bon ! il n'a fait qu'un saut dans l'Office. Pour un Valet de Chambre, on ne dira pas qu'il est fier, lui.

AURELLY.

Suis-moi.

ANDRÉ.

Quel appartement faut-il disposer ?

AURELLY.

Suis-moi, te dis-je ; je vais donner des ordres.

1. Variante 34.

SCENE XV[1].

PAULINE, *seule, avec chagrin.*

Saint-Alban!... c'est son amour qui le ramene... J'ai le cœur serré. (*Elle soupire.*) La persécution de celui-ci, la jalousie qu'elle donne à Mélac, et sur-tout la nécessité de cacher sous un air libre un sentiment que je ne puis domter... En vérité, mon état devient plus pénible de jour en jour.

1. Variante 35.

FIN DU PREMIER ACTE.

ACTE II.

SCENE PREMIERE.

MÉLAC fils, *en habit de Ville;* PAULINE.

PAULINE, *avec une gaieté affectée.*

Pour quelqu'un qui a fait une aussi belle toilette, vous avez une terrible humeur.

MÉLAC fils.

C'est votre gaieté qui me la donne, Mademoiselle; c'est ce retour précipité. Saint-Alban doit rester trois mois en tournée; il en passe un ici, et à peine est-il parti qu'on le voit revenir.

PAULINE.

S'il a des affaires à Paris?

MÉLAC fils.

La Fleur dit qu'il n'y va pas. Un tel empressement ne regarde que vous, Mademoiselle.

PAULINE, *en riant.*

Depuis quand suis-je Mademoiselle? Les doux noms de frere et de sœur...

MÉLAC fils, *avec feu.*

Saint-Alban vous aime : il est riche, en place, estimé; je vois tout mon malheur. Il vous aime, il vous obtiendra, et j'en mourrai de chagrin.

PAULINE, *gaiement.*

Dites-moi, je vous prie, où vous prenez toutes les folies qui vous échappent.

MÉLAC fils.

Écoutez, Pauline. Vous faites profession de sincérité; assurez-moi qu'il ne vous a rien dit, et je serai calmé.

PAULINE.

Que voulez-vous qu'il m'ait dit?

MÉLAC fils.

Que vous êtes belle; qu'il vous aime.

PAULINE.

C'est une phrase si commune; et vous aussi vous me l'avez dit : tous les jeunes gens reçus dans cette Maison ne se donnent-ils pas les airs de tenir le même langage?

MÉLAC fils[1].

Aucun d'eux, sans doute, n'a pu vous voir avec indifférence; mais s'ils vous connaissaient comme moi...

1. Variante 36.

PAULINE.

Ils me verraient bien haïssable...

MÉLAC fils.

Ils n'auraient plus besoin de vous trouver si belle pour vous aimer éperdument. Revenons.....

PAULINE.

Dans un homme comme Saint-Alban, ces propos que vous redoutez ne sont que des galanteries d'usage et sans conséquence ; de la part des autres, c'est pure étourderie... ; de la vôtre.....

MÉLAC fils.

De la mienne ?

PAULINE, *gaiement.*

De la vôtre... Mais je voudrais bien savoir pourquoi vous vous donnez les airs de m'interroger ? Il faut avoir de grands titres pour user de pareils privileges.

MÉLAC fils.

Ah ! Pauline ! il arrive, et vous plaisantez !

PAULINE, *sérieusement.*

Brisons-là, je vous prie. Peut-être auriez-vous à vous plaindre de moi si quelque autre avait lieu de s'en louer.

MÉLAC fils, *avec feu.*

Ce Saint-Alban me fait trembler, ôtez-moi cette inquiétude.

Pauline [1].

Que vous êtes importun !

Mélac fils.

Défendez-moi seulement d'en avoir.

Pauline.

Oh ! quand il veut une chose !... (*Etourdiment.*) Si je vous le défends, m'obéirez-vous ?

Mélac fils, *lui baisant les mains avec transport.*

Ma chere Pauline !

Pauline, *s'échappant.*

Toujours le même ! On ne peut dire un mot sans être forcé de quereller ou de vous fuir.

(*Elle sort.*)

SCENE II.

MÉLAC fils, *seul, avec joie.*

« M'obéirez-vous ?... » A-t-elle mis dans ce peu de mots tout le sentiment que j'y apperçois ? « M'obéirez-vous ? »

---

[1]. Variante 37.

Mais pourquoi cet heureux présage est-il troublé par l'arrivée du Fermier Général?

SCENE III.

MÉLAC pere, *en habit de campagne, entre en rêvant, un crayon et du papier à la main;* MÉLAC fils.

MÉLAC fils, *avec surprise.*

Ah! mon pere! vous avez changé d'habit?

MÉLAC pere, *sans regarder, d'un ton sombre.*

Voyez si ma Chaise est prête.

MÉLAC fils.

Vous partez, mon pere?

MÉLAC pere, *du même ton.*

Oui.

MÉLAC fils.

Vous ne prenez pas votre Carrosse?

MÉLAC pere.

Non.

MÉLAC fils.

Vous n'allez donc pas à?...

MÉLAC pere.

Je vais à Paris.

MÉLAC fils, *inquiet*.

Un voyage aussi subit ...

MÉLAC pere.

Il ne sera pas long.

MÉLAC fils.

N'annoncerait-il aucun accident?

MÉLAC pere.

Affaires de Compagnie.

MÉLAC fils.

Ah!... Mais savez-vous qui l'on attend [1] ici aujourd'hui?

MÉLAC pere

Qui que ce soit, qu'on m'avertisse quand les chevaux seront venus.

MÉLAC fils.

C'est que cela pourrait déranger....

MÉLAC pere.

Rien, rien. Quelle heure est-il?

MÉLAC fils.

Il n'est pas midi.

1. Variante 38.

MÉLAC pere.

Avant deux heures je suis en route.

MÉLAC fils.

Vous ne me donnez aucun ordre, mon pere ?

MÉLAC pere.

Laissez-moi seul un moment; je ne puis vous écouter en celui-ci.

MÉLAC fils, *en sortant.*

En poste... à Paris.... Si promptement... Un air glacé!... Je ne comprends pas, moi.....

(*Il se retire lentement, en examinant son pere.*)

SCENE IV.

MÉLAC pere, *se promenant.*

Entre une action criminelle et un acte de vertu, l'on n'est pas incertain..... Mais avoir à choisir entre deux devoirs qui se contrarient et s'excluent..... Si je laisse périr mon ami, pouvant le sauver, mon ingratitude... son malheur... mes reproches... sa douleur... la mienne... Je sens tout cela...... Mon cœur se déchire. Si je dispose un moment en sa faveur des fonds qu'on me laisse... (Après tout ils ne courent aucun risque [1].) (*Il soupire.*) Scrupules ! prudence ! je vous entends : vous m'éloignez du malheureux qui souffre ; mais la compassion qui m'en rapproche est si puissante !.... Voudrais-je être plus heúreux [2] à condition de devenir dur, inhumain, ingrat ?.... — C'en est fait ; où la raison est insuffisante, le sentiment doit triompher : s'il m'égare, au moins je serai seul à plaindre ; et, mon ami sauvé, mon malheur ne me laissera pas sans consolation.

SCENE V.

MÉLAC pere ; DABINS *arrive avec un gros paquet de Lettres de Change dans une main, un papier dans l'autre.*

MÉLAC pere.

Le compte est-il juste, Monsieur Dabins ? Dans le trouble où nous sommes, on se trompe aisément. Rappelons les articles, avant de nous séparer. Sept mille cinq cent Louis en or que vous avez passés vous-même par le jardin [3].

DABINS.

Monsieur, le Bordereau des sommes est en tête de ma reconnoissance.

(*Il la lui remet.*)

MÉLAC pere *lit*.

« Je soussigné, Caissier de Monsieur Aurelly, ai reçu de

---

1. Variante 39. — 2. Variante 40. — 3. Variante 41.

« Monsieur de Mélac, Receveur Général des Fermes à
« Lyon, la somme de six cent mille livres..... » Cela va
bien ; disposez vos paiemens sans éclat, comme si vos effets
eussent été négociés à Paris ; moi, j'attends ma Chaise pour
partir.

Dabins.

Et vous insistez sur ce qu'il ne sache pas ?...

Mélac pere.

Quel que soit son danger, je le connais, la crainte de me
nuire lui feroit tout refuser.

Dabins.

Ainsi vous le quittez de la reconnaissance.

Mélac pere.

Exiger de la reconnaissance, c'est vendre ses services [1] ;
mais ce n'est pas ici le cas. Aurelly m'a souvent donné
l'exemple de ce que je fais pour lui.

Dabins.

Oh ! Monsieur ! votre vertu s'exagere.....

Mélac pere.

Non, cher Dabins ; depuis trente ans que je lui dois mon
état et mon bien-être, voici la seule occasion que j'aie eue
de prendre ma revanche [2]. Je quittais le service, où j'avais
eu bientôt consumé le chétif patrimoine d'un Cadet de ma
Province. Je revenais chez moi, blessé, réformé, ruiné, sans
biens, ni ressources. Le hazard me fit rencontrer ici ce digne

1. Variante 42. — 2. Variante 43.

Aurelly, mon ami dès l'enfance. Avec quelle tendresse il m'offrit un asyle ! Il sollicita, il obtint, à mon insu, la place que j'occupe encore ; il fit plus, il vainquit ma répugnance pour un état aussi éloigné de celui que j'avais embrassé. « Prenez, prenez (me dit-il), et, si vous craignez que l'état « n'honore pas assez l'homme, ce sera l'homme qui hono- « rera l'état. Plus l'abus d'un métier est facile, moins il faut « l'être au choix des gens qui doivent l'exercer ; et qui sait, « dans celui-ci, le bien qu'un homme vertueux peut faire, « tout le mal qu'il peut empêcher ? » Son zèle éloquent me gagna, il m'instruisit au travail ; il me servit de pere. O mon cher Aurelly !

DABINS.

Vous m'avez interdit toute représentation.

MÉLAC pere.

N'ajoutez pas un mot. Les cent mille francs que vous tenez en Lettres de Change sont à moi ; puis-je en user mieux au gré de mon cœur? A l'égard du reste, Saint-Alban est en tournée pour trois mois... Aurelly aura le temps nécessaire.....

DABINS.

Mais, d'un moment à l'autre, il peut vous venir tel ordre...

MÉLAC pere.

Je vous ai dit que je vais à Paris : j'y aurai bientôt recouvré les effets d'Aurelly ; j'en ferai de l'argent, si l'on m'en demande. Ce n'est ici qu'un bon office, comme vous voyez.

DABINS.

Monsieur, je vous admire.

MÉLAC pere.

Allez, mon ami, qu'il ne vous retrouve point avec moi.

SCENE VI.

MÉLAC pere, *seul. Il s'assied.*

Ah ! respirons un moment. Cette nouvelle m'avait étouffé..... Il riait, le malheureux homme, en regardant sa Niece. Chaque plaisanterie qui lui échappait me faisait frémir. (*Il se leve.*) Quand je pense qu'il était possible que cet argent m'eût été redemandé ! Au lieu de venir à son secours, il eût fallu lui annoncer... Ah ! Dieux !...

SCENE VII.

DABINS, *accourant avec effroi ;* MÉLAC pere.

DABINS.

Monsieur de Saint-Alban...

MÉLAC pere.

Eh bien ?

DABINS.

Il arrive.

MÉLAC pere.

Saint-Alban?

DABINS.

On le conduit ici. Je suis rentré, pour vous sauver la premiere surprise.

(*Il s'enfuit.*)

SCENE VIII.

MÉLAC pere, *seul*.

Saint-Alban!..... Que ne suis-je parti? S'il allait me parler d'argent ! Au pis aller, je lui dirais... Je pourrais lui dire que les Receveurs particuliers n'ont pas encore... Un mensonge!..... Il vaudrait mieux cent fois..... Mais je m'alarme, et peut-être il ne fait que passer.

SCENE IX.

AURELLY, SAINT-ALBAN, MÉLAC pere, MÉLAC fils.

          SAINT-ALBAN.

Pardonnez à mon empressement, Messieurs, l'incivilité de me montrer en habit de voyage.

          MÉLAC fils, *à part, avec humeur.*

Son empressement ! il n'en dit pas l'objet.

          MÉLAC pere, *à Saint-Alban.*

Vous voyez que j'y suis moi-même.

          SAINT-ALBAN.

Partez-vous ?

          MÉLAC pere.

Avec bien du regret, Monsieur, puisque vous arrivez.

          AURELLY.

Cette course est brusque.

          MÉLAC pere.

Elle est nécessaire.

          AURELLY.

Si c'est, comme le dit ton fils, des affaires de Compagnie...

          MÉLAC pere, *embarrassé.*

De Compagnie..... relatives à la Compagnie..... Puis-je

voir, sans déplaisir, passer ma survivance à quelque étranger?

AURELLY, *riant.*

Ah! ah! ah! ah!

SAINT-ALBAN [1].

Il m'est bien agréable d'arriver à temps pour vous arrêter.

AURELLY.

Est-ce que je l'aurais laissé partir? (*A Mélac pere.*) Tu peux renvoyer les chevaux de poste.

MÉLAC pere.

Pour quelle raison?

SAINT-ALBAN.

C'est que la place que vous allez solliciter est accordée à Monsieur votre fils.

MÉLAC fils, *avec surprise.*

L'Emploi de mon pere?

AURELLY *le contrefait plaisamment.*

Eh oui! l'Emploi de mon pere.

MÉLAC fils, *à part.*

Ah! Pauline!

SAINT-ALBAN *remet un papier à Mélac pere.*
En voici l'assurance. Quelque desir que j'aie eu de vous servir en cette affaire, je ne puis vous cacher que vous en devez toute la faveur aux sollicitations de Monsieur Aurelly.

1. Variante 44.

MÉLAC pere.

Monsieur, son généreux caractere ne se dément point. Mais un autre avait, dit-on, obtenu cette grace.

AURELLY, *gaiement.*

C'était moi.

MÉLAC pere.

Ce solliciteur dont le crédit?.....

AURELLY.

C'était moi.

MÉLAC fils.

Cet homme qui avait pris les devants ?......

AURELLY.

C'était moi. Je m'en occupais depuis longtemps : ne m'a-t-il pas élevé une Niece charmante ?

MÉLAC fils, *vivement.*

Oui, charmante.

AURELLY.

Ah ! charmante, en effet.

MÉLAC fils *rougit de son transport ;* SAINT-ALBAN *le fixe avec curiosité.*

AURELLY, *prenant les mains de Mélac pere.*

Ne m'a-t-il pas promis d'étendre ses soins jusqu'à mon fils, lorsqu'il sera en âge d'en profiter? Il faut bien que j'établisse le sien. Ah! ah! ah! ah!...

MÉLAC pere, *à part.*

A quel ami je rends service !

MÉLAC fils, *vivement, à Aurelly.*

C'était donc cela qu'hier au soir... vous feigniez... Quelle surprise ! Ah ! Monsieur !... (*A part.*) Je ne me sens pas de joie. Courons annoncer cette nouvelle à Pauline.

(*Il sort en courant.*)

SCENE X.

AURELLY, SAINT-ALBAN, MÉLAC pere.

MÉLAC pere.

Eh bien !..... l'étourdi, qui oublie de vous faire ses remercimens !

AURELLY.

Tu renvoies les chevaux ?

MÉLAC pere.

Mon voyage est indispensable.

AURELLY.

Encore ?

SAINT-ALBAN, *à Aurelly.*

Si c'est pour ce que je présume, je suppléerai à sa course.

Mais, avant que d'en parler, recevez mon compliment, Monsieur, sur la distinction flatteuse que vous venez d'obtenir. Le plus digne usage des Lettres de Noblesse est, sans doute, de décorer des Citoyens aussi utiles que vous.

AURELLY.

Utiles. Voilà le mot. Qu'un homme soit Philosophe, qu'il soit savant, qu'il soit sobre, économe ou brave : eh bien !... tant mieux pour lui. Mais qu'est-ce que je gagne à cela, moi ? L'utilité dont nos vertus et nos talents sont pour les autres est la balance où je pese leur mérite.

SAINT-ALBAN.

C'est à peu près sur ce pied que chacun les estime [1].

MÉLAC pere, *à part*.

Comment faire maintenant pour partir ?

AURELLY.

Moi, par exemple, je me cite parce qu'il en est question, je fais battre journellement deux cents Métiers dans Lyon. Le triple de bras est nécessaire aux apprêts de mes soies. Mes plantations de Muriers et mes Vers en occupent autant. Mes envois se détaillent chez tous les Marchands du Royaume; tout cela vit, tout cela gagne, et, l'industrie portant le prix des matieres au centuple, il n'y a pas une de ces créatures, à commencer par moi, qui ne rende gaiement à l'État un tribut proportionné au gain que son émulation lui procure.

SAINT-ALBAN.

Jamais il ne perdra cette belle chaleur.

1. Variante 45.

AURELLY [1].

Et tout l'or que la guerre disperse, Messieurs, qui le fait rentrer à la paix ? Qui osera disputer au commerce l'honneur de rendre à l'Etat épuisé le nerf et les richesses qu'il n'a plus ? Tous les Citoyens sentent l'importance de cette tâche : le Négociant seul la remplit. Au moment que le Guerrier se repose, le Négociant a le bonheur d'être à son tour l'homme de la patrie.

SAINT-ALBAN.

Vous avez raison.

AURELLY.

Mais laissons cette conversation, Monsieur. Qui vous ramene si-tôt en cette Ville ?

SAINT-ALBAN.

Probablement le même objet qui faisait partir Monsieur de Mélac. Ma Compagnie me rappelle : elle me charge... Vous permettez que nous traitions devant vous...

AURELLY.

Vous vous moquez. Pour peu que.....

SAINT-ALBAN.

Il n'y a point de mystere. L'objet de ma mission est de rassembler tous les fonds de cette Province épars dans les caisses de nos divers Receveurs et de les faire passer sur le champ à Paris.

MÉLAC pere, *à part*.

Qu'entends-je ?

---

[1]. Variante 46.

AURELLY.

Ce n'est pas l'affaire d'un moment.

SAINT-ALBAN.

J'avais d'abord cru l'opération plus pénible ; mais j'ai appris dans ma tournée que j'avais des graces à rendre à l'exactitude de Monsieur de Mélac. Il m'a sauvé les trois quarts de l'ouvrage.

MÉLAC pere, *interdit.*

Monsieur.....

AURELLY.

Ah ! vous pouvez vous flatter, Messieurs, que vous n'avez pas beaucoup de receveurs de cette fidélité ; il est exact et toujours prêt. Il ne fait pas travailler vos fonds, lui.

SAINT-ALBAN.

Nous estimons trop Monsieur de Mélac pour lui faire un mérite d'une chose aussi simple. Commençons donc par envoyer cet argent si désiré. Alors, dégagé de tous soins, je pourrai jouir du plaisir de Philosopher quelques jours avec vous.

(*Mélac pere paraît plongé dans une profonde rêverie. Saint-Alban continue à Aurelly.*)

A propos, Monsieur, vous ne me dites rien de Mademoiselle votre niece, la plus aimable.....

AURELLY.

Monsieur, il lui est arrivé un grand malheur.

SAINT-ALBAN.

Un malheur?

AURELLY.

Oui, Monsieur. Elle avoit arrangé pour ce soir le plus beau, le plus brillant concert.....

SAINT-ALBAN.

Qui peut avoir renversé ce charmant projet?

AURELLY.

Faut-il le demander? Notre Philosophe. Il nous a remontré qu'en ce temps de crise, mille honnêtes gens étaient peut-être au désespoir sur les paiemens, et que ce ton de fête..... Voyez son air consterné dès qu'on en parle.

MÉLAC pere, *revenant à lui*.

Je... je rêvais aux diverses sommes qui m'ont été remises.

SAINT-ALBAN.

J'ai l'état ici. Environ cinq cent mille francs. Voulez-vous que nous passions dans votre cabinet.

MÉLAC pere, *embarrassé*.

Si vous vous reposiez quelques jours?

AURELLY.

Eh! mais tu pars!

MÉLAC pere, *plus troublé*.

Je différerais.....

Saint-Alban.

Ah! bon Dieu! me reposer! Il y a cinq nuits que je n'arrête point; et ce n'est qu'après m'être bien assuré que tous les fonds de la Province étaient en vos mains que j'ai repris ma route pour cette Ville.

Mélac pere, *à part.*

Tout est perdu.

Saint-Alban, *d'un ton dégagé.*

Je suis d'une paresse..... l'ennemi-juré du travail. J'ai toutes les peines du monde à m'arracher à l'inaction pour m'occuper d'affaires; mais aussi, quand je suis lancé, je ne m'arrête plus que tout ne soit terminé. Il est assez plaisant que cette impatience d'être oisif me tienne lieu du mérite contraire aux yeux de ma compagnie.

Aurelly.

Moi, je vous conseille de vous enfermer avant le dîner; la diligence part cette nuit, vous pourrez y placer le caisson.

Saint-Alban.

C'est bien dit.

Aurelly.

S'ils font les difficiles, ils ont un fort ballot à moi, votre argent prendra sa place : il est plus pressé que mon envoi.

Saint-Alban.

Rien de plus obligeant.

AURELLY.

Allons, allons, débarassez-vous la tête.

MÉLAC pere, *outré, à Aurelly.*

Et vous... n'embarrassez pas la vôtre, mon officieux ami.

AURELLY.

Comment donc?

MÉLAC pere, *déconcerté, à Saint-Alban.*

Monsieur, vous me prenez dans un moment..... au dépourvu.....

SAINT-ALBAN.

Que dites-vous, Monsieur!

MÉLAC pere.

Je dis...... (*A part.*) Ah! je sens la rougeur qui me surmonte..... Il faut l'avouer; ce que vous me demandez est impossible.

SAINT-ALBAN.

Impossible! Et vous partiez?

MÉLAC pere

Il est vrai.

SAINT-ALBAN.

Savez-vous, Monsieur, quels soupçons l'on pourrait prendre?.....

AURELLY, *vivement.*

Fi donc, Monsieur de Saint-Alban!

SAINT-ALBAN, à *Aurelly.*

Je vous demande pardon ; mais l'air, le ton, les discours, me paraissent si clairs. Ce voyage.....

AURELLY.

N'y a-t-il pas mille raisons ?.....

SAINT-ALBAN.

Un instant, je vous prie. — Avez-vous touché le montant de toutes les recettes, Monsieur de Mélac ?

MÉLAC pere, *accablé.*

Je ne puis le nier.

SAINT-ALBAN.

Pouvez-vous faire partir aujourd'hui tout l'argent que vous devez avoir ? (*Mélac pere ne répond rien.*) Parlez, Monsieur, car mes ordres sont tels que, sur votre réponse, il faut que je prenne un parti sur le champ.

MÉLAC pere *rêve, sa tête appuyée sur sa main.*

AURELLY, *vivement.*

Vous ne répondez pas ?

MÉLAC pere, *outré, à Aurelly.*

Cruel homme ! (*A Saint-Alban, d'un air accablé.*) Je ne le puis avant trois semaines au moins.

SAINT-ALBAN.

Trois semaines ! Il ne m'est pas permis d'accorder trois

jours. L'argent est annoncé. — C'est avec regret, Monsieur.....

MÉLAC pere.

Je ne saurais l'empêcher; mais jamais tant de douleurs à la fois n'ont assailli un honnête homme.

(Il sort.)

AURELLY, *criant.*

Vous sortez ?

SCENE XI.

AURELLY, SAINT-ALBAN.

SAINT-ALBAN.

Y concevez-vous quelque chose ?

AURELLY.

Je crois que la tête lui a tourné.

SAINT-ALBAN.

Vous sentez que je ne peux me dispenser.....

AURELLY.

Ne prenez point encore de parti.

SAINT-ALBAN.

Monsieur... quoique vous puissiez dire......

Aurelly

Ayez confiance en moi. Mélac n'est pas capable d'une action vile ni malhonnête.

Saint-Alban.

Songez donc qu'il partait. Je répondrais de l'événement à ma compagnie.

Aurelly, *vivement.*

Monsieur..... vous allez perdre un honnête-homme ; son fils, son état, son honneur, tout est abymé, ruiné.

Saint-Alban.

J'en suis au désespoir; mais, n'étant que chargé d'ordres, il ne m'est pas permis de faire de graces.

Aurelly.

N'a-t-il pas ses cautions? Que voulez-vous de plus? Je me fais garant de tout. Donnez-moi le temps d'éclaircir...

Saint-Alban.

Un mot, à mon tour. Je ne dois pas prendre le change. Il ne s'agit plus de caution ici. C'est cinq cent mille francs qu'il faut, que j'ai annoncés, que la Compagnie attend : avancerez-vous cette somme aujourd'hui ?

Aurelly.

A la veille du paiement? Tout le crédit du plus riche banquier ne lui ferait pas trouver un sac dans Lyon.

SCENE XII[1].

AURELLY, PAULINE, SAINT-ALBAN.

PAULINE, *inquiete*.

Qu'a donc Monsieur de Mélac, Mon oncle? Il sort d'avec vous dans un état affreux. J'ai voulu lui parler, il s'est enfermé brusquement sans me répondre.

AURELLY.

Eh! mon enfant! Il se trouve un vuide de cinq cent mille francs dans sa caisse, on ne sait ni comment ni pourquoi. Je veux m'éclaircir: Monsieur de Saint-Alban refuse le temps nécessaire.

PAULINE, *effrayée*.

Ah! Monsieur, si vous avez de l'estime pour nous...

SAINT-ALBAN, *tendrement*.

De l'estime!...

AURELLY.

Seulement jusqu'à demain, que je puisse découvrir...

PAULINE.

Jusqu'à demain, Monsieur... Nous refuserez-vous cette grace?

1. Variante 47.

SAINT-ALBAN.

Ah! Mademoiselle, je donnerais ma vie pour vous obliger; mais mon devoir a des droits sacrés que vous ne pouvez méconnaître, vous qui remplissez si bien tous les vôtres.

AURELLY.

Différer d'un jour, est-ce une faveur incompatible?...

SAINT-ALBAN.

N'abusez point de votre ascendant: il ne convient à ma mission, ni à mon honneur, que je vous écoute plus longtemps.

PAULINE, *outrée*.

Comme il vous plaira, Monsieur; mais j'ai assez de confiance en l'honnêteté de Monsieur de Mélac pour croire qu'on se trompe à son égard, et qu'il n'aura besoin ni de l'appui de ses amis, ni des graces de ses Chefs.

SAINT-ALBAN.

Puissiez-vous dire vrai, Mademoiselle! Mais, dans l'état où sont les choses, il n'est pas décent que j'accepte un logement dans cette maison. Pardon si je vous quitte.

AURELLY, *avec chaleur*.

Et moi, je ne vous quitte pas, en quelque endroit que vous alliez.

SCENE XIII[1].

PAULINE, *seule, dans l'accablement.*

Qu'ai-je dit!... Un trouble affreux m'avait saisi... Je ne l'ai pas assez ménagé... Ma frayeur a-t-elle trahi mon secret?... O Mélac! S'il avait lu dans mon cœur!... Quel mal j'aurais peut-être fait à ton père! Il vient.

SCENE XIV[2].

PAULINE, MÉLAC Fils.

MÉLAC fils *entre d'un air transporté.*

Pauline, Pauline, il faut que ma joie éclate à vos yeux.

PAULINE.

Votre joie!

MÉLAC fils.

Vous savez que rien ne m'intéresse que ce qui peut nous rapprocher...

1. Variante 48. — 2. Variante 49.

PAULINE.

Quel moment prenez-vous !... Et quel ton !...

MÉLAC fils.

Dussiez-vous me traiter d'importun, d'audacieux, c'est celui d'un amant qui peut désormais vous offrir son cœur et sa main.

PAULINE.

L'un de nous est hors de sens.

MÉLAC fils.

C'est moi! C'est moi! la joie qui me transporte...

PAULINE.

La joie!

MÉLAC fils.

Votre oncle ne sort-il pas d'ici?

PAULINE.

Tout ce que j'entends est si contraire à ses discours...

MÉLAC fils.

Il aura voulu vous inquiéter.

PAULINE.

M'inquiéter !... Comment?... Pourquoi m'effrayer?

MÉLAC fils.

Ce n'est qu'un badinage obligeant.

PAULINE, *avec dépit.*

On n'en fait pas d'aussi cruel.

MÉLAC fils.

Quel charmante colere ! Elle me ravit : elle me touche plus que ma survivance même.

PAULINE.

Je ne vous entends pas.

MÉLAC fils, *vivement.*

Ils n'ont rien dit !... La survivance, oui, je l'ai enfin ; Saint-Alban nous en a remis l'assurance ; votre oncle, qui le savait, ne nous l'a caché que pour jouir de notre surprise. Dans l'excès de ma joie, je les ai quittés pour vous en apporter la nouvelle ; et, depuis un quart d'heure, je maudis les fâcheux qui m'arrêtent. Ah Pauline ! au lieu de partager cette joie...

PAULINE, *d'un ton étouffé.*

Vous n'avez rien appris de plus ?

MÉLAC fils.

Non.

PAULINE.

Je ne puis me résoudre à lui percer l'ame.

MÉLAC fils.

Vous pleurez, ma chere Pauline !

PAULINE.

Malheureux!... Vous veniez m'annoncer une nouvelle charmante, — il faut que je vous en apprenne une horrible.

MÉLAC fils.

On veut nous séparer?

PAULINE.

Ah! Mélac! si ce qu'on dit est vrai... votre pere...

MÉLAC fils.

Mon Pere?

PAULINE.

On soupçonne....

MÉLAC fils.

Quoi?

PAULINE.

Qu'il aurait détourné les fonds....

MÉLAC fils.

L'argent de sa caisse?

PAULINE.

Voilà ce qu'ils ont dit.

MÉLAC fils.

Quelle horreur!

PAULINE.

Saint-Alban n'en a plus trouvé.

MÉLAC fils.

C'est une imposture; hier au soir j'y comptai cinq cent mille livres; mais il vous aime, et, s'il cherche à nuire à mon pere, croyez que c'est pour m'éloigner de vous.

PAULINE.

Puissiez-vous n'avoir pas d'autre malheur à redouter! Non, mon cher Mélac, vous n'aurez jamais de rivaux dans le cœur de Pauline.

MÉLAC fils.

Vous m'aimez!

PAULINE.

Que cet aveu soutienne votre courage! nous en aurons besoin. Saint-Alban est jaloux. Le sort de votre pere me fait trembler.

MÉLAC fils.

Lui faites-vous, Pauline, l'injure de le croire coupable?

PAULINE.

Ah! ne voyez que mon effroi. Mais nous perdons un temps précieux. Courez à votre pere, allez le consoler.

MÉLAC fils.

Je vais l'enflammer de couroux contre un traître.

PAULINE.

S'il n'y avait que Saint-Alban qui l'accusât.... mais mon oncle lui-même.....

MÉLAC fils.

Votre oncle!

PAULINE.

Il va revenir. Vous connaissez sa franchise, elle ne lui permet pas toujours de garder avec les malheureux les ménagemens dont ils ont tant besoin....

MÉLAC fils.

Vous me glacez le sang.

PAULINE.

Soyez présent aux explications : que votre bon esprit en prévienne l'aigreur. Si votre pere est embarrassé, mon oncle est le seul dont on puisse espérer un prompt secours.....

MÉLAC fils, *troublé.*

Quoi! votre oncle est persuadé....

PAULINE.

Craignez sur-tout de vous oublier avec lui : songez que notre sort en dépend. (*Avec une grande effusion.*) Mon cher Mélac.... Dans le péril qui nous menace, ah!... vous m'aurez assez méritée si vous réussissez à m'obtenir.

MÉLAC fils.

O mélange inouï!.... Non! je ne puis comprendre.... N'importe, vous serez obéie. — Je me contiendrai. — Vous connaîtrez, Pauline, s'il est des ordres remplis comme ceux que l'Amour exécute.

(*Il lui baise la main, et ils sortent.*)

FIN DU SECOND ACTE.

ACTE III.

SCENE PREMIERE.

MÉLAC pere, MÉLAC fils.

Mélac pere, *avec chagrin*.

Ne me suivez pas, mon fils.

Mélac fils.

Eh! le puis-je, mon père?

Mélac pere.

Je vous l'ordonne.

Mélac fils.

Vous abandonner dans un moment si fâcheux!

Mélac pere.

Votre douleur m'importune... elle m'offense.

Mélac fils.

Je connais trop mon pere pour soupçonner rien qui lui

soit injurieux. Mais si votre bonté me laissait percer un mystere...

MÉLAC pere.

Mon fils !

MÉLAC fils.

Refuserez-vous de m'indiquer les moyens de vous servir, d'adoucir au moins vos peines ?

MÉLAC pere.

Il est des devoirs dont ton âge et ta vivacité t'empêcheraient de sentir toute l'obligation.

MÉLAC fils.

Vous m'avez appris à respecter tous ceux qui sont sacrés pour vous. Ayez confiance aux principes de votre fils : ce sont les vôtres [1].

MÉLAC pere, *avec bonté.*

Mon ami, tu commences ta carriere quand je finis la mienne ; et l'on voit différemment. L'intérêt du passé touche peu les jeunes gens, ils sacrifient beaucoup à l'espérance. Mais, quand la vieillesse vient nous rider le visage et nous courber le corps, dégoutés du présent, effrayés sur l'avenir, que reste-t-il à l'homme ? L'unique plaisir d'être content du passé [2]. (*D'un ton plus ferme.*) J'ai fait ce que j'ai dû ; je vous défends de me presser davantage.

MÉLAC fils.

Les suites de cette journée me font mourir de frayeur.

1. Variante 50. — 2. Variante 51.

MÉLAC pere.

Saint-Alban est généreux, il ne se déterminera pas légerement à perdre un homme dont il a pensé du bien jusqu'à ce jour.

MÉLAC fils.

Ah! mon pere, si c'est là l'espoir qui soutient votre courage, le mien m'abandonne entierement. Saint-Alban est notre ennemi.

MÉLAC pere.

Ne faisons point injure, mon fils, à celui qui n'écoute que la voix de son devoir.

MÉLAC fils, *vivement*.

Il aime Pauline. Il n'est revenu que pour elle, il me croit son rival. Jugez s'il nous hait, et si la jalousie ne lui fera pas pousser les choses...

MÉLAC pere.

Elle pourrait l'indisposer. Mais quelle apparence que Saint-Alban?...

MÉLAC fils.

En me confiant ce secret, Pauline ne m'a pas caché combien elle s'alarme pour vous [1].

MÉLAC pere.

D'où naîtrait sa jalousie? — Nuire à ses desseins! Nous! Y a-t-il un seul instant de notre vie où nous ne missions tous nos soins à faire entrer Aurelly dans des vues aussi

---

1. Variante 52.

avantageuses pour sa niece, s'il avait la folie de s'y refuser?
Courez donc le tirer d'erreur, mon fils. — Mais non : il
convient que ce soit moi-même, et ce soir...

(*Il fait un mouvement pour sortir.*)

MÉLAC fils, *se mettant devant lui.*

Ah! mon pere, arrêtez... Elle m'aime, elle vient de me
l'avouer. N'aurai-je donc reçu sa foi que pour la trahir à
l'instant?

MÉLAC pere, *surpris.*

Reçu sa foi!

MÉLAC fils.

Le premier usage que je ferais des droits qu'elle m'a donnés serait de les transmettre à mon ennemi!

MÉLAC pere, *s'échauffant.*

Des droits? Quel discours! Quel délire!

MÉLAC fils.

La céder à Saint-Alban me couvrirait de honte inuti-
lement.

MÉLAC pere.

Mon fils....

MÉLAC fils.

Pauline outragée me mépriserait, sans ratifier cet indigne
traité.

MÉLAC pere, *en colère.*

Quoi donc, Monsieur? Me croyez-vous déja si mépri-
sable? Mon infortune a-t-elle éteint en vous le respect?
Vous ne m'écoutez plus...

MÉLAC fils.

Ah mon pere ! Ah Pauline !

MÉLAC pere.

Vous seriez-vous flatté qu'elle se donnerait à vous malgré son oncle ? Vous la connaissez mal. Aurelly n'a jamais eu de vues sur vous, j'en suis certain. Quels sont donc vos projets ?

MÉLAC fils.

Je suis au désespoir.

SCENE II.

AURELLY, MÉLAC pere, MÉLAC fils.

AURELLY *se met dans un fauteuil en s'essuyant le visage, et dit :*
Me voilà revenu.

MÉLAC fils, *tremblant.*

Vous quittez Saint-Alban, Monsieur ; n'avez-vous rien gagné sur cet homme impitoyable ?

AURELLY, *brusquement.*

Saint-Alban n'est point dur : c'est un homme juste

Chargé par sa Compagnie d'ordres pressans, il trouve un vuide immense dans la caisse où il venait puiser des ressources : il m'a objecté mes principes, je suis resté muet. Il allait faire saisir les papiers de Monsieur...

MÉLAC fils, *effrayé*.

Saisir les papiers !

AURELLY.

A peine ai-je obtenu de lui le temps de venir prendre quelque éclaircissement sur une aventure aussi incroyable.

MÉLAC pere.

Il m'est affreux de vous affliger, mais je n'en puis donner aucun, mon ami.

AURELLY.

Je rougirais toute ma vie d'avoir été le vôtre si vous étiez coupable d'une si basse infidélité.

MÉLAC pere.

Rougissez donc... car je le suis.

AURELLY, *s'échauffant*.

Vous l'êtes !

MÉLAC fils.

Cela ne se peut pas.

AURELLY, *d'un ton plus doux*.

Avez-vous eu l'imprudence d'obliger quelqu'un avec ces fonds ? Parlez. — Au moins vous avez une reconnoissance, un titre, une excuse qui permette à vos amis de s'employer pour vous ?

MÉLAC pere, *vivement,*

Je n'ai pas dit que j'eusse prêté l'argent.

AURELLY.

Vous l'aviez lundi.

MÉLAC fils, *tremblant.*

Hier encore je l'ai vu, mon pere.

AURELLY.

Cent mille francs à vous, destinés à l'établissement de votre fils, où sont-ils ?

MÉLAC pere.

Toutes les pertes du monde me toucheraient moins que l'impossibilité de justifier ma conduite.

AURELLY.

Vous gardez le silence avec moi ?

MÉLAC fils.

Mon pere...

MÉLAC pere.

Plus vous êtes mon ami, moins je puis parler.

AURELLY.

Votre ami !... je ne le suis plus.

MÉLAC fils.

Ah Monsieur !

AURELLY.

« Si c'était moi », me disait-il ce matin. — Ainsi donc, en défendant les malhonnêtes gens, c'était ta cause que tu plaidais?

MÉLAC pere.

Je n'ai plaidé que celle des infortunés

AURELLY.

Avec quel sang froid!... Je mourrais de douleur si rien de semblable...

MÉLAC pere, *vivement*.

Ami, je n'en suis que trop certain.

AURELLY.

Et tu soutiens mes reproches!

MÉLAC pere.

Plût au Ciel que j'eusse pu les éviter!

AURELLY.

En fuyant honteusement.

MÉLAC pere.

Moi, fuir!

AURELLY.

Ne partiez-vous pas? — Je ne parle point du tort que tu fais à tes garants; mais, malheureux! n'avez-vous donc attendu, pour vous déshonorer, que le temps nécessaire pour apprendre à n'en point rougir?

MÉLAC fils, *pénétré*.

Ah Monsieur!

MÉLAC pere, *avec dignité*.

N'avez-vous jamais été blâmé pour l'action même dont votre vertu se glorifiait?

AURELLY, *s'échauffant*.

Invoquer la vertu, lorsqu'on manque à l'honneur!

MÉLAC fils, *d'un ton sombre*.

Monsieur....

MÉLAC pere, *avec douceur*.

Aurelly, je puis beaucoup souffrir de vous.

AURELLY, *avec feu*.

Les voilà donc, ces Philosophes! Ils font indifféremment le bien ou le mal, selon qu'il sert à leurs vues!....

MÉLAC fils, *plus fort*.

Monsieur Aurelly!...

AURELLY [1].

Vantant à tous propos la vertu, dont ils se moquent, et ne songeant qu'à leurs intérêts, dont ils ne parlent jamais!...

MÉLAC fils, *s'échauffant*.

Monsieur Aurelly!...

---

1. Variante 53.

AURELLY, *plus vîte.*

Comment un principe d'honnêteté les arrêterait-il, eux qui n'ont jamais fait le bien que pour tromper impunément les hommes !

MÉLAC pere, *avec douleur.*

J'ai pu quelquefois me tromper moi-même....

AURELLY, *en fureur.*

Un honnête-homme qui s'est trompé ne rougit pas de mettre sa conduite au grand jour.

MÉLAC pere.

Il est des momens où, forcé de se taire, il doit se contenter du témoignage de son cœur.

AURELLY, *hors de lui.*

Le témoignage de son cœur ! L'intérêt personel renverse ici toutes les idées !

MÉLAC pere, *emporté par la chaleur d'Aurelly.*

Eh bien ! injuste ami.... (*A part.*) Ah Dieux ! qu'allais-je faire !

AURELLY.

Tu voulais parler ?

MÉLAC pere, *avec chagrin.*

Je ne répondrai plus.

(*Il va s'asseoir.*)

AURELLY, *indigné*.

Va! tu me fais bien du mal; tu me rends à jamais soupçonneux, méfiant et dur. Toutes les fois que je verrai l'empreinte de la vertu sur le visage de quelqu'un; je me souviendrai de toi.

MÉLAC fils, *en colere*.

Finissez, Monsieur.

AURELLY.

Je dirai : Ce masque imposteur m'a séduit trop long-temps, et je fuirai cet homme.

MÉLAC fils.

Finissez, vous dis-je. Quittez ce ton outrageant! De quel droit osez-vous le prendre avec mon pere?

AURELLY.

Quel droit, jeune homme? Celui que toute ame honnête a sur un coupable.

MÉLAC fils.

L'est-il à votre égard?

AURELLY.

Oui, puisqu'il se manque à lui-même.

MÉLAC fils, *outré*.

Arrêtez, ou je ne garde plus de mesures avec vous...

MÉLAC pere, *se levant*.

Quel emportement, mon fils! Il a raison; et, si j'avais à

rougir de ma conduite, les reproches de cet honnête homme.... Laissez-nous.

SCENE III.

AURELLY, PAULINE, MÉLAC fils, MÉLAC pere.

PAULINE.

Un instant a détruit le bonheur et la paix de notre maison! — Ah mon oncle!

AURELLY.

Tu me vois entre la conduite du pere, qui m'indigne, et la présomption du fils, qui me menace.

PAULINE.

Lui !.... Vous, Mélac!

MÉLAC fils, *tremblant*.

Il outrage mon pere sans ménagement. J'ai long-temps souffert....

PAULINE, *bas*.

Imprudent!

MÉLAC fils.

Pauline!

MÉLAC pere, *à son fils*.

Sortez : je vous l'ordonne.

MÉLAC fils, *furieux.*

Oui, je sors. (*A part.*) Mais l'odieux instigateur de tant de cruauté....

PAULINE, *avec effroi.*

Il va se perdre !

MÉLAC pere *saisit le bras de son fils.*

Qu'avez-vous dit?

MÉLAC fils, *hors de lui.*

J'ai dit ... (*il se retient pour cacher son projet*) que je ne vis jamais tant de cruauté[1].

(*Il sort.*)

SCENE IV.

AURELLY, PAULINE, MÉLAC pere.

PAULINE, *le regardant aller avec effroi.*

Ciel! détournez les malheurs qui nous menacent aujourd'hui.

AURELLY.

Il s'obstine au silence, et je ne puis rien découvrir.

PAULINE, *à Melac pere.*

Ah! mon bon ami, pourquoi craignez-vous de déposer

1. Variante 54.

votre secret dans le sein de mon oncle? Il vous aime de si bonne foi !

AURELLY, *indigné.*

Moi! je l'aime?

PAULINE, *avec ardeur.*

Oui, vous l'aimez : ne vous en défendez pas.

AURELLY, *douloureusement.*

Eh bien! oui, je l'aime, et c'est ma honte; mais je ne l'estime plus, voilà mon malheur. Il m'est affreux de renoncer à l'opinion que j'avais de lui. La perte entiere de ma fortune m'eût été moins sensible.

MÉLAC pere, *attendri.*

Aurelly, attends quelques jours avant de juger ton ami. Ta généreuse colere me pénetre de respect. Crois que, sans les plus fortes raisons...

AURELLY.

En est-il contre més instances ? Parle, malheureux. Coupable ou non, si je puis te servir...

PAULINE.

Voyez la douleur où vous nous plongez.

MÉLAC pere, *pénétré.*

Mes chers amis, l'honneur me défend de parler. Je ne suis pas encore coupable; je le deviendrais si je restais ici plus long-temps. La moindre indiscrétion... Ce moment difficile ne peut-il être justifié par ma constante amitié pour vous? Croyez que, pour se plaire avec d'aussi honnêtes gens, il faut l'être soi-même.

(Il sort.)

SCENE V.

AURELLY, PAULINE.

PAULINE.

Je sens qu'il dit vrai.

AURELLY, *encore échauffé.*

Quel argument ! Et les frippons aussi se plaisent avec les honnêtes-gens, car ils trouvent leur compte dans la bonne-foi de ceux-ci. (*Plus doux.*) Cependant, il faut l'avouer, il m'a remué jusqu'au fond de l'ame.

PAULINE.

Non, il n'est pas coupable. — Il aura rendu quelque grand service, dont tout le mérite à ses yeux, est peut-être de rester ignoré.

AURELLY.

Mais manquer de fidélité !...

PAULINE.

Avec un homme du caractere de Monsieur de Mélac, je suis tentée de respecter tout ce que je ne puis comprendre.

AURELLY.

Quelqu'usage qu'il ait fait de ces fonds, il est inexcusable... Et partir !

PAULINE.

Une voix intérieure me dit que ce crime apparent est peut-être, en lui, le dernier effort d'une vertu sublime. (*D'un ton moins assuré.*) Et son malheureux fils, mon Oncle, ne vous fait-il pas compassion ? A quelle extrémité l'amour de son pere vient de le porter contre vous, qu'il chérit si parfaitement !

AURELLY.

Il est vif, mais son cœur est honnête. Eh ! ma Pauline, ce que je regrette le plus est de n'avoir pu fonder sur lui le bonheur de mes vieux jours.

PAULINE, *à part.*

Qu'entends-je ! (*Haut.*) Ah Monsieur ! n'abandonnez pas votre ami : soyez sûr qu'il justifiera ce que vous aurez fait pour lui.

AURELLY.

Ta faiblesse diminue la honte que j'avais de la mienne. Tu me presses de le servir... Apprends que je l'ai tenté. J'ai offert ma garantie à Saint-Alban.

PAULINE.

Il la refuse?

AURELLY.

Il m'a montré des ordres si formels !... Il ne peut différer d'envoyer la somme annoncée.

Pauline, *d'un ton insinuant.*

N'y a-t-il donc aucun moyen de la faire, cette somme ?

Aurelly.

Cinq cent mille francs! A la veille du paiement? Crois, mon enfant, que, sans les fonds que Dabins reçoit de Paris en ce moment, j'eusse été moi-même fort embarrassé.

Pauline.

Vous m'avez dit si souvent que vous aviez beaucoup de ces effets que l'on pouvait fondre au besoin.

Aurelly.

Il est vrai qu'il m'en reste à Paris pour cinq cent mille francs, chez mon ami Préfort.

Pauline.

Chez Monsieur de Préfort... Et ne sont-ils pas bons ?

Aurelly.

Excellens, pareils à ceux dont il me fait passer la valeur aujourd'hui. Mais tout ne m'appartient pas : il y a cent mille écus auxquels je ne puis toucher. C'est un dépôt... sacré.

Pauline.

Votre fortune est plus que suffisante pour assurer cette somme à son propriétaire.

Aurelly, *avec chaleur.*

Voulez-vous que je me rende coupable de l'abus de confiance que je reproche à ce malheureux? La seule chose peut-être sur laquelle il ne puisse y avoir de composition, c'est un dépôt. De l'argent prêté, on l'a reçu pour s'en servir, mille raisons peuvent en faire excuser le mauvais emploi; mais un dépôt... Il faut mourir auprès.

PAULINE.

Si l'on parlait à celui de qui vous le tenez?

AURELLY.

Apprends qu'il n'en a ramassé les fonds que pour acquitter une dette... immense. Il les destine à réparer, s'il peut, des torts!... Mais tu m'accuserais de dureté... Tu veux le voir? Parle-lui, j'y consens : il est prêt à t'entendre, et cet homme... c'est moi.

PAULINE, *avec joie.*

Ah! je respire. Nos amis seront sauvés!

AURELLY.

Avant que d'être généreux, Pauline, il faut être juste.

PAULINE.

Qui oserait vous taxer de ne pas l'être?

AURELLY.

Toi-même, à qui je vais enfin confier le secret de cet argent. Écoute, et juge-moi... Je fus jeune et sensible autrefois. La fille d'un Gentilhomme, (peu riche à la vérité,) m'avait permis de l'obtenir de ses parens : ma demande fut rejettée avec dédain. Dans le désespoir où ce refus nous mit, nous n'écoutâmes que la passion. Un mariage secret nous unît. Mais, la famille hautaine, loin de le confirmer, renferma cette malheureuse victime, et l'accabla de tant de mauvais traitemens, qu'elle perdit la vie en la donnant à une fille... que les cruels déroberent à tous les yeux.

PAULINE.

Cela est bien inhumain!

AURELLY.

Je la crus morte avec sa mere : je les pleurai long-temps. Enfin j'épousai la niece du vieux Chardin, celui qui m'a laissé cette maison de commerce. Mais le hazard me fit découvrir que ma fille était vivante. Je me donnai des soins. Je la retirai secrétement ; et, depuis la mort de ma femme, j'ai pris tous les ans, sur ma dépense, une somme propre à lui faire un sort indépendant du bien de mon fils. Voilà qu'elle est la malheureuse propriétaire de ces cent mille écus : crois-tu, mon enfant, qu'il y ait un dépôt plus sacré ?

PAULINE.

Non...; il n'en est pas.

AURELLY.

Puis-je toucher à cet argent ?

PAULINE.

Vous ne le pouvez pas. Pauvre Mélac! Mais vous êtes attendri; je le suis moi-même. Pourquoi donc cette infortunée m'est-elle inconnue? Pourquoi me faites-vous jouir d'un bien-être et d'un état qui lui sont refusés ?

AURELLY.

Tu connais le préjugé. Ma nièce est honorablement chez moi, ma fille ne pouvait y demeurer sans scandale; et celui qui a manqué à ses mœurs, n'en est pas moins tenu de respecter celles des autres.

PAULINE, *avec chaleur*.

Je brûle de m'acquitter envers elle, de tout ce que je vous dois : allons la trouver. Faisons-lui part de nos peines. Elle est votre fille ; peut-elle n'être pas compatissante et généreuse ?

AURELLY.

Que dis-tu, Pauline ? Tout son bien ! le seul dédommagement de son infortune, tu veux le lui arracher !

PAULINE.

Nous aurons fait notre devoir envers nos amis.

AURELLY.

Elle se doit la préférence.

PAULINE.

Elle peut nous l'accorder.

AURELLY.

Mettez-vous en sa place... Une telle proposition...

PAULINE.

Ah ! comme j'y répondrais !

AURELLY.

Si elle nous refuse ?

PAULINE.

Nous ne l'en aimerons pas moins; mais n'ayons aucun reproche à nous faire.

AURELLY.

Tu l'exiges ?

PAULINE, *vivement*.

Mille, mille raisons me font un devoir de la connaître.

AURELLY, *d'une voix étouffée*.

Ah, ma Pauline !

PAULINE.

Qu'avez-vous ?

AURELLY.

Ta sensibilité m'ouvre l'ame, et mon secret...

PAULINE.

Ne regrettez pas de me l'avoir confié.

AURELLY.

Mon secret... s'échappe avec mes larmes.

PAULINE.

Mon oncle !...

AURELLY.

Ton oncle !

PAULINE.

Quels soupçons !

AURELLY.

Tu vas me haïr.

PAULINE.

Parlez [1].

AURELLY.

O précieux enfant !

PAULINE.

Achevez !

AURELLY *lui tend les bras.*

Tu es cette fille chérie.

PAULINE *s'y jette à corps perdu.*

Mon pere !

AURELLY *la soutient.*

Ma fille ! ma fille ! la premiere fois que je me permets ce nom, faut-il le prononcer si douloureusement !

PAULINE *veut se mettre à genoux.*

Ah mon pere !

AURELLY *la retient.*

Mon enfant,... console-moi : dis-moi que tu me pardonnes le malheur de ta naissance. Combien de fois j'ai gémi de t'avoir fait un sort si cruel !

PAULINE, *avec un grand trouble.*

N'empoisonnez pas la joie que j'ai d'embrasser un pere si digne de toute mon affection.

1. Variante 55.

AURELLY.

Eh bien! ma Pauline! Ma chere Pauline! (Car ta mere, que j'ai tant aimée, se nommait ainsi.) Ordonne. Exige. Tu m'as arraché mon secret : mais pouvais-je disposer de ton bien sans ton aveu ?

PAULINE.

C'est le vôtre, mon pere. Ah s'il m'appartenait!...

AURELLY.

Il est à toi : plus des deux tiers est le fruit de l'économie avec laquelle tu gouvernes cette maison. Prescris-moi seulement la conduite que tu veux que je tienne aujourd'hui.

PAULINE, *vivement.*

Peut-elle être douteuse ? Mon pere, allez, prenez ce bien; offrez ces effets à Saint-Alban; qu'ils servent à le désarmer, à sauver nos amis.

AURELLY.

Que te restera-t-il ?

PAULINE.

Vos bontés.

AURELLY.

Je puis mourir.

PAULINE.

Cruel que vous êtes !

AURELLY *la serre contre son sein.*

Mon cœur est plein : le tien l'est aussi. Retire-toi. Il faut que je me remette un moment du trouble où cette conversation m'a jetté.

PAULINE, *avec un sentiment profond.*

Ah! Mélac!... Que je suis heureuse!...

(Elle sort.)

SCENE VI.

AURELLY, *seul.*

Je suis tout ému. Quel prix la reconnaissance de cette enfant met aux soins qu'il s'est donnés pour son éducation!.. Allons donc. Il faut le tirer de ce mauvais pas, toute misérable qu'est sa conduite. Ce qu'il ne mérite plus, je me le dois... pour l'honneur d'une amitié de cinquante ans... pour son fils, qui est un bon sujet... Le plus pressé maintenant, c'est de voir le Fermier Général. (*Il soupire.*) Non, je ne regrette pas l'argent ; mais c'est qu'au fond du cœur, je ne fais plus le moindre cas de cet homme-là [1].

1. Variante 56.

FIN DU TROISIÈME ACTE.

ACTE IV

SCENE PREMIERE[1].

ANDRÉ, seul.

« Imbécille ! Benêt ! Fais par-ci, va-t-en là. Qu'on ferme « ma porte pour tout le monde. Laisse entrer Monsieur « Saint-Alban. » Mille ordres à la fois ! Comme si on était un Sorcier pour retenir tout ça !... Parce qu'ils sont en querelle, il faut qu'un pauvre Domestique... Euh ! que je voudrais bien !... Je voudrais que chacun ne fut pas plus égaux l'un que l'autre. Les Maîtres seroient bien attrapés !... Oui ! et mes gages, qui est-ce qui me les paierait ?

SCENE II.

SAINT-ALBAN, ANDRÉ.

Saint-Alban.

Monsieur Aurelly est-il au logis, André ?

1. Variante 57.

ANDRÉ.

Non, Monsieur, pour personne; mais ce n'est pas pour Monsieur que je dis ça. Il faut que vous entriez, vous. Il va descendre. Monsieur veut-il que je l'aille avertir?

SAINT-ALBAN.

Non, il peut être occupé ; j'attendrai. (*Il se promene, et dit à lui-même.*) Le devoir me presse d'agir.... l'amour me retient... la jalousie... Non ! jamais mon cœur ne fut plus tourmenté. S'aimeraient-ils? La douleur qu'elle a laissé voir ce matin était trop vive !... André?

ANDRÉ.

Monsieur m'appelle?

SAINT-ALBAN, *à part.*

Ce garçon est naïf; faisons-le jaser. — (*Haut, en s'asseyant.*) Mon cher André?

ANDRÉ.

Monsieur est plus bon que je ne mérite.

SAINT-ALBAN.

Où est ta jeune Maîtresse?

ANDRÉ.

Ah Monsieur! On était si gai les autres voyages, quand vous arriviez! Ce n'est pas par intérêt que je le dis ; mais de ce que vous ne logez plus ici, ça fait une peine à tout le monde... Mameselle pleure, pleure, pleure ! et notre Maître...

On a servi le dîner : Monsieur de Mélac, son fils, personne ne s'est mis à table ; ni Monsieur non plus... ni Mameselle non plus.

Saint-Alban, *à lui-même.*

Ni Mademoiselle non plus! pleurer! ne rien prendre! Il y a plus que de l'amitié ; la reconnoissance ne va pas si loin.

André.

Moi, je suis si triste, qu'en vérité, hors mes repas, tout est resté à faire aujourd'hui.

Saint-Alban.

Mais, dis-moi, André : est-ce qu'on ne parle pas quelquefois de la marier ?

André.

Oh! que oui, très-souvent : bien des gens de Lyon l'ont demandée ; mais bernique, pas pour un diantre, notre Maître s'y entête.

Saint-Alban.

Et ces refus paraissent-ils la contrarier? l'affliger?

André.

Elle ? ah ! vous la connaissez bien ! Un mari ? Elle s'en soucie... comme moi ; pourvu qu'elle soit obligeante à ravir, qu'elle veille sur toute la maison, qu'elle épargne le bien de son oncle, et qu'elle donne tout son chétif avoir aux pauvres gens, elle est gaie comme pinçon.

Saint-Alban, *à part.*

Quel éloge! dans une bouche mal-adroite! il m'enflamme.

(*Il tire sa bourse.*) Tiens, ami, prends ceci et dis-moi encore...

ANDRÉ.

Un louis ! Oh ! mais... si ce que Monsieur voudrait savoir était un mal...

SAINT-ALBAN.

Non, c'est ton honnêteté que je récompense. Nous raisonnons... Entre tous les gens qui ont des vues sur la Demoiselle, j'aurais pensé que le jeune Mélac....

ANDRÉ.

Eh bien, Monsieur me croira s'il voudra ; mais cette idée-là m'est aussi venue plus de cent fois pour eux. Pas vrai que ça ferait un bien gentil ménage ?

SAINT-ALBAN, *avec chagrin.*

Elle, et lui ?

ANDRÉ.

Ah ! c'est qu'elle est si joliment tournée à son humeur ! et c'est qu'il l'aime ! il l'aime !

SAINT-ALBAN, *à lui-même.*

Il l'aime !... Pourquoi m'en troubler ? J'ai dû m'y attendre. Qui ne l'aimerait pas ?

ANDRÉ.

Il n'y a que ceux qui ne l'ont jamais vue.

SAINT-ALBAN.

Et... crois-tu que ta jeune Maîtresse lui accorde du retour ?

ANDRÉ, *cherchant à comprendre.*

Du retour?

SAINT-ALBAN.

Oui.

ANDRÉ, *riant niaisement.*

Ah! ah! ah! je vois bien à-peu-près ce que Monsieur veut dire. — Mais tenez, il ne faut pas mentir : en conscience, tout ce que je sais, c'est que je sais bien que je n'en sais rien.

SAINT-ALBAN, *à lui-même.*

S'il en était préféré, dans l'intimité où vivent leurs parens, aurait-on manqué de les unir?

ANDRÉ.

Ils ne sont pas désunis pour ça. Quoi qu'elle le gronde toujours, il ne saurait être une heure sans venir faire le patelin autour d'elle; et, quand il peut attraper quelque morale, il s'en va content!...

SAINT-ALBAN.

C'est assez, ami. (*A lui-même.*) Sans doute ils attendaient cette survivance pour conclure... et moi je l'apporte! Je forge l'obstacle que je redoute! Ah! ma jalousie s'en irrite... Qu'on est prêt d'être injuste quand on est amoureux!

ANDRÉ, *à part.*

Il faut que ces grands génies aient bien de l'esprit, de pouvoir penser comme ça tous seuls à quelque chose. J'ai beau faire moi : dès que je veux songer à penser, je m'embrouille, et l'envie de dormir me prend tout de suite.

(Il sort en voyant entrer son Maître.)

SCENE III.

SAINT-ALBAN, AURELLY.

Aurelly.

Ah ! Monsieur, pardon, vous m'avez prévenu, j'allais passer chez vous.

Saint-Alban.

Je viens vous dire qu'il m'est impossible de différer plus long-temps. Cette journée presque entiere, accordée à vos instances, n'a mis aucun changement dans nos affaires.

Aurelly.

Elle en a mis beaucoup.

Saint-Alban.

A-t-on trouvé les fonds?

Aurelly

J'en fais bon pour Mélac.

Saint-Alban.

Vous payez les cinq cent mille francs?

Aurelly.

Cent mille écus que j'emprunte, le reste à moi; le tout en un mandat sur mon Correspondant de Paris, payable à votre arrivée.

SAINT-ALBAN, *à part.*

Le mariage est certain, on ne fait pas de tels sacrifices... (*Haut.*) J'admire votre générosité. Je recevrai la somme que vous offrez; mais... je ne puis me dispenser de rendre compte...

AURELLY.

Quelle nécessité ?

SAINT-ALBAN.

Ce que vous faites pour Mélac, ne le lave pas de l'abus de confiance dont il s'est rendu coupable.

AURELLY.

Lorsqu'on ne vous fait rien perdre ?

SAINT-ALBAN.

La même chose peut arriver encore, et vous ne serez pas toujours d'humeur...

AURELLY.

En ce cas, Monsieur... je reprends ma parole : c'est son honneur seul qui me touche, et, si je ne le sauve pas en acquittant sa dette, il est inutile que je me dépouille gratuitement.

SAINT-ALBAN.

Vous desapprouvez ma conduite?

AURELLY.

Je n'entends rien à votre politique. Que Mélac soit coupable de mauvaise foi, ou seulement d'imprudence, en rejettant mes conditions vous risquez...

SAINT-ALBAN.

Je ne les rejette pas; mais il faut m'expliquer.

AURELLY.

J'écoute.

SAINT-ALBAN.

Vous voulez sa grace entiere ?

AURELLY.

Sans restriction.

SAINT-ALBAN.

J'irai, pour vous obliger, jusqu'au dernier terme de mon pouvoir.

AURELLY.

Quelle étendue y donnez-vous ?

SAINT-ALBAN.

Celle que vous y donneriez vous-même. Vous n'exigez pas que je sauve sa réputation aux dépens de mon honneur ?

AURELLY.

Il y aurait encore plus d'absurdité que d'injustice à le proposer.

SAINT-ALBAN.

Les intérêts de la Compagnie à couvert par vos offres, on peut faire grace à votre homme de l'opprobre qu'il a mérité; mais je deviendrais coupable si je lui confiais plus long-temps une recette...

AURELLY.

Vous lui ôtez sa place!

SAINT-ALBAN.

La lui laisseriez-vous ?

AURELLY.

Ah ! Monsieur, je vous prie...

SAINT-ALBAN.

Faites un pas de plus.

AURELLY.

Comment ?

SAINT-ALBAN.

Vous avez de l'honneur : osez me le conseiller. (*Aurelly baisse la tête sans répondre.*) J'espere que vous distinguerez ce que je puis accorder, et ce que le devoir m'interdit: j'accepte l'argent; je me tairai, mais j'exige qu'il se défasse à l'instant de son Emploi, sous le prétexte qu'il voudra.

AURELLY.

J'avoue qu'il n'est pas digne de le garder; mais son fils? cette survivance? tant de démarches pour l'obtenir?...

SAINT-ALBAN.

Son fils! qui nous en répondrait?

AURELLY.

Moi.

SAINT-ALBAN.

C'est beaucoup faire pour eux.

AURELLY.

J'ai vingt moyens de m'assurer de lui.

SAINT-ALBAN, *rêvant.*

J'avoue que... je... je n'ai point d'objection personnelle contre le jeune homme; et, dans le dessein où je suis de vous demander une grace pour moi-même...

AURELLY.

Je pourrais vous obliger?

SAINT-ALBAN.

Sur un point de la plus haute importance.

AURELLY, *vivement.*

Tenez-moi pour déshonoré si je vous refuse.

SAINT-ALBAN.

Puisque vous m'encouragez, je vais parler. Vous connaissez ma fortune, mes mœurs; vous avez une niece adorable, elle m'a charmé, je l'aime, et je vous demande sa main, comme la plus précieuse faveur...

AURELLY, *stupéfait.*

Vous me demandez... ma Pauline?

SAINT-ALBAN.

Auriez-vous pris des engagemens?

AURELLY, *embarrassé.*

En vérité, ce n'est pas cela ; mais, si vous la connaissiez mieux....

SAINT-ALBAN.

Je l'ai plus étudiée que vous ne pensez.

AURELLY.

Cette enfant n'a pas de fortune.

SAINT-ALBAN.

Sur un mérite comme le sien, c'est une différence imperceptible.

AURELLY, *à part.*

Comment sortir de ce nouvel embarras ?

SAINT-ALBAN.

Vous m'avez flaté que je ne serais point rejetté.

AURELLY.

Monsieur !... vous n'êtes pas fait pour l'être...

SAINT-ALBAN.

Et cependant...

AURELLY, *embarrassé.*

Soyez certain qu'elle est trop honorée de votre recherche, et que l'obstacle ne viendra pas de ma part. Mais...

SAINT-ALBAN.

Vous me la refusez ?

AURELLY.

Croyez que... Avant de vous répondre, il faut que je prévienne ma niece.

SAINT-ALBAN.

Souvenez-vous, Monsieur, que vous n'avez point d'engagement.

AURELLY.

Et l'affaire de Mélac?

SAINT-ALBAN.

Ce soir nous en terminerons deux à la fois.

SCENE IV.

AURELLY, *seul.*

Il sort mécontent. Qu'est-ce que ce monde, et comme on est ballotté!... Le pere et le fils sont perdus s'il se croit refusé... Et comment oser l'accepter? — L'argent! l'argent les sauvera-t-il encore? N'importe, ôtons-lui ce prétexte de leur nuire... Et demandez-moi pourquoi tout ce désordre? Parce qu'un misérable homme, qu'il ne faudrait jamais regarder si l'on faisait son devoir, oublie le sien, et pour un vil intérêt...

SCENE V.

AURELLY, DABINS.

Aurelly *continue.*

D'où sortez-vous donc, Dabins? Voilà quatre fois que j'entre au Bureau pour vous parler.

SCENE VI.

MÉLAC pere, DABINS, AURELLY.

Aurelly, *appercevant M. de Mélac.*

Ah! voici l'autre. Il vaut mieux s'en aller que se mettre en colere.

SCENE VII [1].

DABINS, MÉLAC pere.

Mélac pere, *le regardant aller.*

O respectable ami! (*A Dabins.*) Qu'avez-vous à m'annoncer de si pressé, Monsieur Dabins?

[1]. Variante 58.

Dabins.

Monsieur, c'est avec douleur que je le dis: il n'est plus temps de se taire, il faut tout déclarer.

Mélac pere, *échauffé*.

Qu'est-ce à dire, tout déclarer?

Dabins.

L'affaire est sur le point d'éclater : les apparences vous accusent.

Mélac pere.

Les apparences ne peuvent inquiéter que celui qui s'est jugé coupable.

Dabins.

Qu'opposerez-vous aux faux jugemens, à l'injure, aux clameurs?

Mélac pere.

Rien : le silence, et la fermeté que donne l'estime de soi-même.

Dabins.

Les biens de votre ami sont suffisans... on prendra des mesures...

Mélac pere, *impatient*.

Et, si je dis un mot, il manque demain matin.

Dabins, *du même ton*.

Et, si vous ne le dites pas, vous êtes perdu ce soir même... Non, je ne puis souffrir...

MÉLAC pere, *violemment*.

Monsieur Dabins, souvenez-vous que votre pere mourant ne vous a pas vainement recommandé à ma bienfaisance ; souvenez-vous que je vous ai élevé, que je vous ai placé chez Aurelly, que mon estime seule vous a valu sa confiance. Voulez-vous la perdre, cette estime ? et le premier devoir de l'honnête homme n'est-il pas de garder le secret confié [1] ?

DABINS.

Eh, Monsieur ! quand la discrétion fait plus de maux qu'elle ne peut en prévenir...

MÉLAC pere.

A qui de nous deux appartient le jugement de mes intérêts ? — Mais je m'échauffe, et deux mots vous fermeront la bouche. De quoi s'agit-il en ce commun effroi ? De peser les risques de chacun, et d'écarter le plus pressant ?

DABINS.

Oui, Monsieur.

MÉLAC pere.

Si je me préfere à mon ami, quel sera son sort ? La confiance publique dont un Négociant est honoré ne souffre pas deux atteintes. Quoi qu'on puisse alléguer, après un défaut de paiement, le coup fatal au crédit est porté ; c'est un mal sans remede, et pour Aurelly c'est la mort.

DABINS.

Il y a tout lieu de le craindre.

---

1. Variante 59.

MÉLAC pere.

Si je me tais, un soupçon tient, il est vrai, mon honneur en souffrance; mais, à l'aveu d'un service que les grands biens d'Aurelly rendent tout naturel, avec quelque rigueur qu'on me juge, il est même douteux qu'on m'en fasse un reproche. Ayant donc à choisir entre sa perte inévitable et le danger incertain qui me menace, croyez-vous que j'aie pris conseil d'une aveugle amitié qui pût déshonorer mon jugement? Non, Monsieur : j'ai prononcé comme un tiers l'aurait fait, en préférant non ce qui me convient, mais ce qui convient aux circonstances; non ce que je puis, mais ce que je dois. Vous m'avez entendu?

DABINS.

Monsieur, je me tairai; mais, pour l'exemple des hommes, il faudrait bien que de pareils traits...

MÉLAC pere.

Laissons la maxime et l'éloge aux oisifs. Faisons notre devoir; le plaisir de l'avoir rempli est le seul prix vraiment digne de l'action. — Que fait mon fils? J'en suis inquiet. L'avez-vous vu?

DABINS.

Ah! c'est pour lui sur-tout que je vous presse; il a répandu devant moi des larmes si ameres, et m'a quitté avec une impatience, un sentiment si douloureux!... Mais quel danger de vous confier à lui? Encouragé par votre exemple, il se calmerait, il vous consolerait.

MÉLAC pere.

Me consoler! Mon ami, l'expérience de toute ma vie m'a

montré que le courage de renfermer ses peines augmente la force de les repousser ; je me sens déjà plus faible avec vous que dans la solitude. Eh ! quel secours tirerais-je de mon fils ? Je crains moins sa douleur que son enthousiasme ; et, si je suis à peine maître de mon secret, comment contiendrais-je cette ame neuve et passionnée ?...

SCENE VIII [1].

MÉLAC pere, DABINS, MÉLAC fils, *plongé dans une noire rêverie.*

Mélac pere.

Le voici. Vous l'avez bien dépeint.

(Ils se retirent au fond du Sallon.)

Dabins.

Eh ! parlez-lui, Monsieur.

Méalc pere.

Sauvons-nous d'un attendrissement inutile.

1. Variante 60.

SCENE IX[1].

MÉLAC fils, *seul.*

(*Il marche lentement, d'un air absorbé, et s'échauffe par degrés en parlant.*)

Ah! cet odieux Saint-Alban! je l'ai cherché par-tout sans le rencontrer... Le déshonneur de mon pere est-il déja public? On s'éloigne... on me fuit... Je perds, en un instant, la fortune, l'honneur, toutes mes espérances... et Pauline... Pauline! Elle m'évite à présent... La générosité est un accès... la chaleur d'un moment... Mais la réflexion a bien-tôt détruit ce premier prestige de la sensibilité.

SCENE X[2].

PAULINE, MÉLAC fils.

(*Pauline a entendu les dernieres phrases de son Amant : elle voit sa douleur, et s'approche avec une vive émotion.*

MÉLAC *fils l'apperçoit et continue.*

Qu'une stérile compassion ne vous ramene pas, Mademoiselle. Je sais que je vous ai perdue. Je connais toute l'horreur de mon sort. Laissez-moi seul à ma douleur.

1. Variante 61. — 2. Variante 62.

PAULINE.

Cruel!...

MÉLAC fils.

Vos consolations ne pourraient que l'irriter.

PAULINE.

Comme le malheur vous rend injuste et dur! La crainte qu'on ne pense mal de vous vous donne mauvaise opinion du cœur de tout le monde. Votre ardente vivacité vous a déja fait manquer à mon oncle....

MÉLAC fils, *avec feu.*

Il insultait mon pere. Avec quelle cruauté il lui développait tout ce que notre situation a d'odieux! S'il n'eut pas été votre oncle....

PAULINE.

Ingrat! à l'instant où vous allez tout lui devoir, pendant que son attachement lui fait payer toute la somme à Saint-Alban.

MÉLAC fils, *avec joie.*

Que dites-vous? Il nous sauve l'honneur?

PAULINE.

Il va plus loin... son cœur, qui vous chérit...

MÉLAC fils, *vivement.*

Achevez, Pauline, achevez : ne craignez pas de mettre le comble à ma joie. Il me donne sa niece?

PAULINE, *timidement.*

Ah! Mélac... ne parlez plus de sa malheureuse niece.

MÉLAC fils.

Comment?

PAULINE.

Sa fille...

MÉLAC fils.

Sa fille!

PAULINE.

Sa fille, fruit d'une union ignorée, qui vous connaît, qui vous aime, offre à votre pere cent mille écus qu'elle tient des dons et des épargnes du sien...

MÉLAC fils, *avec indignation.*

Au prix de m'épouser!... Nous n'étions pas assez avilis; il nous manquait cet opprobre.

PAULINE, *pleurant.*

J'ai bien prévu que votre ame orgueilleuse rejetterait un pareil bienfait.

MÉLAC fils, *furieux*

Il me fait horreur. Le service, et celui qui l'offre, et celle qui le rend, je les déteste tous... C'était donc pour cela qu'il éloignait toute idée de notre union? Il me gardait cette honte : il me méprisait même avant que le malheur m'eut réduit à souffrir tous les outrages. Mais, je le jure à vos pieds, Pauline, fut-elle cent fois plus généreuse, la fille sans nom, sans état, et désavouée de ses parens, ne m'appartiendra jamais.

PAULINE.

Vous la connaissez mal; elle n'a eu en vue que votre pere.

MÉLAC fils.

Mon pere! Faut-il donc nous sauver d'une infamie par une autre?... Vous pleurez, ma chere Pauline! Craignez-vous que la nécessité ne me fasse enfin contracter un indigne engagement?

PAULINE, *outrée*.

Non, je ne suis plus même assez heureuse pour le craindre. Vous avez prononcé votre arrêt et le mien. Cette infortunée, que vous insultez avec tant d'inhumanité...

MÉLAC fils, *effrayé*.

Cette infortunée?

PAULINE.

Elle est devant vos yeux.

MÉLAC fils.

Vous?

PAULINE, *tombant sur un siege*.

J'avais le cœur percé de cette nouvelle, et vous avez achevé de le déchirer.

MÉLAC fils, *à ses pieds*.

O douleur!... Pauline, ne me tendiez-vous ce piege que pour me rendre aussi coupable?

PAULINE.

Laissez-moi.

MÉLAC fils.

Pourquoi ne pas m'apprendre?...

PAULINE.

L'avez-vous permis ? Votre emportement a fait sortir de votre bouche l'affreuse vérité. Monsieur, il n'est plus temps de désavouer vos sentimens.

MÉLAC fils *se releve furieux.*

Osez-vous bien vous prévaloir d'une erreur qui fut votre ouvrage ? Osez-vous m'opposer le désordre d'un désespoir que vous avez causé vous-même ? Je voyais les puissans ressorts qu'on faisait agir contre nous. Je disais : Je la perds! Je m'armais, à vos yeux, de toute la force dont je prévoyais avoir besoin. Suis-je donc un dénaturé! un monstre! Et quel est l'homme assez barbare pour imputer à d'innocentes créatures un mal qu'elles ne purent empêcher ?

PAULINE, *pleurant.*

Non, non.

MÉLAC fils, *plus vîte.*

La faute de leurs parens leur ôte-t-elle une qualité? une seule vertu? Au contraire, Pauline, et vous en êtes la preuve, il semble que la nature se plaise à les dédommager de nos cruels préjugés par un mérite plus essentiel.

PAULINE.

Ce préjugé n'en est pas moins respectable.

MÉLAC fils, *avec chaleur.*

Il est injuste, et je mettrai ma gloire à le fouler aux pieds.

PAULINE.

Il subsistera dans les autres.

MÉLAC fils.

Mon bonheur dépend de vous seule.

PAULINE.

On se lasse bientôt d'un choix qui n'est approuvé de personne.

MÉLAC fils.

Le mien mérite une honorable exception.

PAULINE.

Il ne l'obtiendra pas.

MÉLAC fils.

Il m'en sera plus cher. N'aggravez pas un malheur idéal. Ah ! soyez plus juste envers vous ; tout ce qui ne dépend pas du caprice des hommes, vous l'avez avec profusion, et, si mon amour pouvoit augmenter, cette injure du sort l'accroîtrait encore.

PAULINE, *avec dignité.*

Mélac, une femme doit avoir droit au respect de son mari. Je rougirais devant le mien... N'en parlons plus. Je n'en fais pas moins à votre pere le sacrifice de toute ma fortune. Une retraite profonde est l'asyle qui me convient : heureuse si votre souvenir n'y trouble pas mes jours ! (*Elle se leve.*)

MÉLAC fils, *au désespoir.*

Quel cœur avez-vous donc reçu de la nature ? Vous vous

jouez de mon tourment! Pauline, renoncez à cet odieux projet, ou je ne réponds plus... Jour à jamais détestable!... Je sens un désordre... Ah! j'en perdrai la vie...

(*Il se jette sur un siege.*)

PAULINE.

Il m'effraye! je ne puis le quitter. Mélac, mon ami, mon frere.

MÉLAC fils, *avec égarement*

Moi votre ami! moi votre frere! Non, je ne vous suis rien. Allez, cruelle, vous ne me surprendrez plus. Le trait empoisonné que vous avez enfoncé dans mon cœur n'en sortira qu'avec ma vie. Me tendre un piege affreux! et me rendre garant des propos insensés que le désespoir m'a fait tenir! Ah! cela est d'une cruauté!...

PAULINE.

Ecoutez-moi, Mélac.

MÉLAC fils.

Je ne vous écoute plus. Vous ne m'avez jamais aimé. Je n'écoute plus une femme qui employe un indigne détour pour renoncer à moi.

PAULINE, *avec un grand trouble.*

Eh bien! mon cher Mélac, je n'y renonce pas. Tant d'amour me touche, plus qu'il ne convient peut-être à la malheureuse Pauline. Je n'y renonce pas; mais, au nom de ton pere, sors de cet égarement qui me tue.

MÉLAC fils, *se levant.*

Vous voyez bien, Pauline, ce que vous me promettez...

vous le voyez bien. Si jamais vous rappellez... si jamais... (*Il tombe à ses genoux avec ardeur.*) Jurez-moi que vous oublierez les blasphêmes que j'ai horreur d'avoir proférés devant vous. Jurez-le moi.

PAULINE.

Puisse-tu les oublier toi-même !

MÉLAC fils.

Jurez-moi que vous me rendez votre cœur.

PAULINE.

Te le rendre, ingrat ! il n'a pas cessé d'être à toi.

MÉLAC fils, *se relevant.*

Eh bien ! pardon. Je suis indigne de toute grace, et, si j'ai l'audace de la solliciter...

SCENE XI[1].

AURELLY, PAULINE, MÉLAC fils.

PAULINE, *à Mélac, avec effroi.*

Voici mon pere.

MÉLAC fils *va au-devant d'Aurelly.*

Ah Monsieur ! si le plus amer repentir pouvait effacer

1. Variante 63.

de coupables emportemens! si le plus vif regret de vous avoir offensé...

AURELLY.

Offensé! Non, mon ami; j'ai moins vu ta colere que l'honnête sentiment qui la rachetait. Ton respect filial m'a touché. — Demande à Pauline ce que je lui en ai dit.

MÉLAC fils.

Je connais les effets de votre amitié, et ma reconnaissance...

AURELLY.

Elle me plaît; mais tu ne m'en dois que pour ma bonne volonté : tout est bien loin d'être terminé.

PAULINE.

Malgré vos offres?

MÉLAC fils.

Qui donc a suspendu?...

AURELLY.

La chose la plus étonnante. Je parle à Saint-Alban, il accepte le paiement; mais il n'en allait pas moins écrire à sa Compagnie. L'honneur, l'état, la survivance, tout était perdu.

MÉLAC fils.

Le cruel!

AURELLY.

Grands débats. Il paraît se rendre. Je crois tout fini : je l'embrasse en souhaitant de pouvoir l'obliger à mon tour.

Il me prend au mot : dans l'excès de ma joie, j'y engage mon honneur. (*A Pauline.*) Ecoute la conclusion.

MÉLAC fils, *à part.*

Je tremble.

AURELLY.

« Vous avez une niece charmante ; je l'aime, je l'adore, « et je vous demande sa main. »

PAULINE.

Juste Ciel !

MÉLAC fils, *à part.*

Je l'avois prévu.

AURELLY, *à Pauline.*

Tu conçois quel a été mon embarras pour lui répondre.

PAULINE.

Je vois le mal. Il est irréparable.

AURELLY, *bas, à Pauline.*

Non ; mais lorsqu'il m'a demandé ta main, je n'ai pas dû, sans te consulter, aller lui confier le secret de ta naissance. Je viens exprès pour cela : que lui dirai-je ?

PAULINE, *d'un ton réfléchi.*

Croyez-vous qu'il traitât rigoureusement Monsieur de Mélac s'il était refusé ?

AURELLY.

Refusé ! De quel droit le sommerais-je de sa parole en manquant à la mienne ? C'est bien alors que tout serait perdu... Mais que faire ? Il veut tout terminer à la fois, il attend une réponse.

PAULINE *regarde Mélac, et dit en soupirant.*

Permettez qu'il la reçoive de moi. — Qu'il vienne.

MÉLAC fils, *à part, avec effroi.*

Qu'il vienne !

PAULINE.

Il est important que je lui parle.

AURELLY.

Il sera ici dans un moment. Mon enfant, je connais tes principes, dispose de toi-même à ton gré : je ne puis mettre en de plus sûres mains des intérêts si chers à mon cœur.

SCENE XII[1].

PAULINE, MÉLAC fils.

MÉLAC fils, *tremblant.*

Mademoiselle...

PAULINE.

Vous voyez que le danger de votre père est pressant : quel intérêt oserait se montrer auprès de celui-là ?

1. Variante 64.

MÉLAC fils.

Ah mon pere! mon pere!... (*En hésitant.*) Ainsi vous rappellez Saint-Alban?

PAULINE.

Il est indispensable que je le voie; consentez-y, Mélac, il le faut... il faut me rendre ma parole.

MÉLAC fils, *avec une colere renfermée.*

Non, vous pouvez me trahir; mais il ne me sera pas reproché d'y avoir contribué par un lâche consentement.

PAULINE, *tendrement.*

Te le demanderais-je, ingrat, si j'avais dessein d'en abuser! — Qui vous dit que je veuille l'épouser?

MÉLAC fils.

Serez-vous la maitresse de vos refus?

PAULINE.

Vous n'êtes pas généreux d'accabler ainsi mon ame. Ah! j'avais des forces contre ma douleur, je n'en ai plus contre la vôtre.

MÉLAC fils.

Pauline!

PAULINE.

Pense à ton pere, à ton pere respectable, et tu rougiras d'attendre de moi l'exemple du courage que tu devais me donner.

Mélac fils, *étouffé par la douleur,*

Je sens que je ne puis vivre sans votre estime, il me faut la mienne. Il faut sauver mon pere... aux dépens de mes jours... Ah! Pauline !

Pauline.

Ah ! Mélac !

(*Ils sortent chacun de leur côté.*)

FIN DU QUATRIÈME ACTE.

ACTE V.

SCENE PREMIERE.

PAULINE, *seule, tenant un Billet à la main.*

(Elle paraît dans une grande agitation; elle se promene, s'assied, se leve, et dit :)

Voici l'instant qui doit décider de notre sort. (*Elle lit.*) Il attend mes ordres, dit-il... Audacieux qu'ils sont, avec leur soumission insultante!... Pourquoi trembler? l'aveu que je vais lui faire ne peut que m'honorer. — Ah!... je pleure, et je me soutiens à peine. — Mon état ne se conçoit pas. — S'il me surprenait à pleurer... (*Elle s'assied.*) Eh bien, qu'il me voie! ne suis-je pas assez malheureuse pour qu'on me pardonne un peu de faiblesse?

SCENE II.

ANDRÉ, PAULINE.

André, *annonçant.*

Monsieur Saint-Alban.

Pauline.

Un moment, André.

(*Elle essuie ses yeux, se promene, se regarde dans une glace et soupire.*)

André.

Mais, Mameselle, Monsieur Saint-Alban.

Pauline, *avec impatience.*

Répétez encore.

André.

Il sort de chez votre oncle. Oh ! il a un habit...

Pauline, *à elle-même.*

C'est en vain. Il m'est impossible... (*S'asseyant.*) Faites entrer.

SCENE III.

SAINT-ALBAN, PAULINE, ANDRÉ.

Saint-Alban, *en habit de ville, entre d'un air mal-assuré ; il reste assez loin derriere Pauline.*

Je me rends à vos ordres, Mademoiselle.

Pauline *se leve et salue. (A part.)*

A mes ordres ?

(*Sa respiration se précipite et l'empêche de parler. Elle lui montre un siege, en l'invitant du geste à s'y reposer*).

Saint-Alban *s'approche, la regarde, et après un assez long silence.*

Ma vue paraît vous causer quelque altération. Et cependant, Monsieur Aurelly vient de m'assurer....

André avance un siege à Saint-Alban.

Pauline, *avec peine d'abord, et prenant du courage par degrés.*

Oui... c'est moi qui l'en ai prié[1]. — Asseyez-vous, Monsieur. Cet air contraint vous convient beaucoup moins qu'à celle que vos intentions rendent confuse et malheureuse. (*Elle s'assied.*)

André sort.

SCENE IV[2].

SAINT-ALBAN, PAULINE.

Saint-Alban.

Malheureuse! à Dieu ne plaise que je voulusse vous obtenir à ce prix!

1. Variante 65. — 2. Variante 66.

PAULINE.

Cependant vous abusez de la reconnaissance que je dois à M. de Mélac pour exiger ma main...

SAINT-ALBAN *s'assied.*

Faites-moi la grace de vous souvenir que mon amour n'a pas attendu cet événement pour se déclarer. Vous savez si j'ai souhaité vous devoir à vous-même et commencer ma recherche par acquérir votre estime...

PAULINE.

Que vous comptez pour assez peu de chose.

SAINT-ALBAN.

Daignez m'apprendre comment je prouverais mieux le cas que j'en fais.

PAULINE.

Le voici, Monsieur. Si vous croyez votre honneur engagé de rendre un compte rigoureux à votre compagnie, puis-je estimer un homme qui ne paraît se souvenir de ses devoirs que pour les sacrifier au premier goût qu'il veut satisfaire? Et, si vous avez feint seulement de croire à cette obligation pour vous en prévaloir ici, que penser de celui qui se joue de l'infortune des autres et fait dépendre l'honneur d'une famille respectable du caprice de l'amour et des refus d'une jeune fille?

SAINT-ALBAN, *un peu déconcerté.*

Je n'ai à rougir d'aucun oubli de mes devoirs. Mais, en supposant que le desir de vous plaire eut été capable de m'égarer... je l'avouerai, Mademoiselle, je n'en attendais pas de vous le premier reproche.

PAULINE.

Le premier! vous l'avez reçu de vous-même lorsque vous avez mis votre silence à prix.

SAINT-ALBAN, *vivement.*

Mon silence! Quelque importance qu'on y attache, il est promis sans condition; et c'est sans craindre pour vos amis que vous êtes libre de me percer le cœur en refusant ma main.

PAULINE, *fermement.*

Peut-être avez-vous cru que j'avais quelque fortune, ou que mon oncle suppléerait...

SAINT-ALBAN, *vivement.*

Pardon si j'interromps encore; je me suis déclaré sur ce point. De tous les biens que vous pourriez m'apporter, je ne veux que vous : c'est vous seule que je desire.

PAULINE.

Votre générosité, Monsieur, excite la mienne, car il y en a, sans doute, à vous avouer (quand je pourrais le taire) un motif de refus plus humiliant pour moi que le manque de fortune.

SAINT-ALBAN.

Votre pere m'a tout dit. (*Pauline paraît extrêmement surprise.*) Je vous admire, et voici ma réponse : Je suis indépendant; l'amour vous destina ma main, la réfléxion en confirme le don, si votre cœur est aussi libre que le mien vous est engagé ; mais, sur ce point seulement, j'ose exiger la plus grande franchise.

PAULINE.

Vous agissez si noblement, que le moindre détour serait un crime envers vous. Sachez donc mon secret le plus pénible. (*Ils se levent, Pauline soupire et baisse les yeux.*) Toute ma jeunesse passée avec Mélac, la même éducation reçue ensemble, une conformité de principes, de talents, de goûts, peut-être d'infortunes...

SAINT-ALBAN, *péniblement.*

Vous l'aimez ?

PAULINE.

C'est le dernier aveu que vous devait ma reconnaissance.

SAINT-ALBAN.

A quelle épreuve mettez-vous ma vertu ?

PAULINE.

J'ai beaucoup compté sur elle.

SCENE V.

SAINT-ALBAN, PAULINE, MÉLAC fils
paraît dans le fond.

SAINT-ALBAN.

Je vois ce que vous espérez de moi.

PAULINE, *avec chaleur.*

Je vous dirai tout. Je ne craindrai point de fournir à la vertu des armes contre le malheur. Mélac avait mon cœur et ma parole ; mais lorsque mon pere nous a fait entendre à quel prix vous mettiez la grace du sien, il a sacrifié toutes ses espérances au salut de son pere.

SAINT-ALBAN, *lentement.*

Avant ce jour... savait-il votre sort?

PAULINE.

Nous l'ignorions également.

SAINT-ALBAN, *très-vivement.*

Il ne vous aime pas.

PAULINE.

Il mourra de douleur.

SAINT-ALBAN.

A l'instant qu'il apprend le secret de votre naissance, il vous cede ! il affecte une générosité... Mademoiselle, je n'étendrai pas mes réflexions, dans la crainte de vous déplaire, mais il ne vous aime pas.

MÉLAC fils *s'avance furieux.*

O ciel ! je ne l'aime pas !

SAINT-ALBAN, *froidement.*

Monsieur !... qui vous savait si près ?

MÉLAC fils.

Je ne l'aime pas, dites-vous ?

SAINT-ALBAN.

Je n'ai jamais déguisé ma pensée.

MÉLAC fils.

Vous m'imputez à crime un sacrifice que vous avez rendu nécessaire ?

SAINT-ALBAN, *froidement.*

Le sort de ceux qui écoutent est d'entendre rarement leur éloge.

MÉLAC fils.

M'accuser de ne pas l'aimer !

SAINT-ALBAN.

J'en suis fâché, je l'ai dit.

MÉLAC fils, *avec douleur.*

L'avez-vous cru, Pauline ?

PAULINE.

Vous nous perdez.

MÉLAC fils, *avec emportement.*

N'attendons rien d'un homme aussi injuste.

SAINT-ALBAN, *fermement.*

Monsieur, trop de chaleur rend quelquefois imprudent.

MÉLAC fils, *d'un ton amer.*

Et trop de prudence, Monsieur...

PAULINE, *à Mélac, vivement.*

Je vous défends d'ajouter un mot.

MÉLAC fils, *à Pauline.*

M'accuser de ne pas vous aimer, quand on me réduit à l'extrêmité de renoncer à vous ou d'en être à jamais indigne !

PAULINE.

Vous oubliez votre pere !

MÉLAC fils, *regardant Saint-Alban d'un air menaçant.*

Si je l'oubliais, Pauline[1]...

PAULINE, *à Saint-Alban.*

Le désespoir l'aveugle.

MÉLAC fils, *avec une fureur froide.*

Un mot va nous accorder. Vous avez, dit-on, promis de ne rien écrire contre mon pere ?

SAINT-ALBAN, *se possédant.*

Vous m'interrogez ?

MÉLAC fils.

L'avez-vous promis ?

1. Variante 67.

PAULINE, *à Mélac.*

Il s'y est engagé.

SAINT-ALBAN, *avec chaleur à Pauline.*

Pour aucune autre considération que la vôtre, Mademoiselle.

MÉLAC fils, *les dents serrées de fureur.*

Ah!... c'est aussi ce qui m'empêche de vous disputer sa main. Elle est à vous... Mais soyez galant homme. (*Il s'approche de lui*[1].) Osez tenir parole à mon pere, et vous verrez...

SAINT-ALBAN, *surpris.*

Oser!...

PAULINE, *se jettant entre deux.*

Monsieur de Saint-Alban.

SAINT-ALBAN, *fiérement.*

Oui, Monsieur, j'oserai tenir parole à votre pere.

PAULINE, *éperdue.*

Ah! grands Dieux!

SAINT-ALBAN, *du même ton.*

Et toute nouvelle qu'est cette façon d'intercéder, elle ne nuira pas à Monsieur de Mélac.

PAULINE, *à Saint-Alban.*

Il va tomber à vos genoux... Il ne sait pas... (*A Mélac.*)

1. Variante 68.

Cruel ennemi de vous-même! apprenez qu'il s'engage au silence ; que lui seul peut vous conserver l'emploi...

MÉLAC fils.

Je le refuse.

PAULINE.

Insensé !

MÉLAC fils.

Quel bienfait, Pauline ! J'en dépouillerais mon pere ! je le payerais de votre perte, et j'en serais redevable à mon ennemi !

SAINT-ALBAN, *avec dignité.*

Monsieur !...

PAULINE, *à Mélac.*

Quel est donc le but de ces fureurs?

MÉLAC fils.

S'il ménage mon pere, il vous épouse ; il est trop récompensé. Mais attaquer mes sentimens pour vous!...

PAULINE, *outrée.*

Vos sentimens!... Quels droits osez-vous faire valoir ! — Ne m'avez-vous pas rendu ma parole ?

MÉLAC fils.

L'honneur m'a-t-il permis de la garder? vous vous privez de tout pour sauver mon pere...

SAINT-ALBAN.

Quoi ! ces cent mille écus qu'on dit empruntés ?...

MÉLAC fils.

Sont à elle; c'est son bien, tout ce qu'elle possede au monde.

SAINT-ALBAN.

Sont à elle! (*A part.*) Ah Dieux! que de vertus!

(*Il rêve profondément.*)

MÉLAC fils, *avec force.*

Ai-je donc trop exigé de vous deux, en me sacrifiant, que l'un n'insultât pas à l'infortuné qu'il opprime! que l'autre honnorât ma perte d'une larme, d'un regret! Il vous épousait de même et je mourais en silence.

PAULINE, *à Mélac, avec colere.*

Eh! fallait-il venir ainsi.... (*Les pleurs lui coupent la parole; elle se jette sur un siege et dit à elle-même.*) Malheureuse faiblesse!

MÉLAC fils, *vivement.*

Ne me dérobez pas vos larmes, Pauline. C'est le seul bien qui me reste au monde.

PAULINE, *outrée, se relevant..*

Oui, je pleure, mais... c'est de dépit de ne pouvoir m'en empêcher.

MÉLAC fils.

J'ai donc tout perdu!

PAULINE.

Votre violence a tout détruit.

SCENE VI.

SAINT-ALBAN, MÉLAC fils, AURELLY, PAULINE.

AURELLY, *accourant*.

On se querelle ici? — Mélac!

SAINT-ALBAN, *après un peu de silence*.

Non, Monsieur; on est d'accord. Vous m'avez assuré que vous laissiez Mademoiselle absolument libre sur le choix d'un époux : ce choix est fait. (*A Pauline.*) Non, je n'établirai point mon bonheur sur d'aussi douloureux sacrifices. Il n'en serait plus un pour moi, s'il vous coûtait le vôtre.

MÉLAC fils, *pénétré*.

Qu'entends-je? — Ah! Monsieur!

SAINT-ALBAN.

Faisons la paix, mon heureux rival. Je pouvais épouser une femme adorable, dont l'honneur et la générosité eussent assez assuré mon repos ; mais son cœur est à vous.

MÉLAC fils.

Combien je suis coupable !

SAINT-ALBAN.

Amoureux : et les plus ardents sont ceux qui offensent le moins. J'étais moi-même injuste.

AURELLY, *à Pauline.*

Tu l'aimais donc?

PAULINE, *baisant la main de son pere.*

Ce jour m'a éclairée sur tous mes sentimens.

AURELLY.

Mes enfans, vous êtes bien sûrs de moi : mais abuserons-nous du service que nous rendons à son pere pour lui arracher un consentement que sa fierté désavouera peut-être?

PAULINE.

Ah! quelle triste lumiere! ai-je pu m'aveugler à ce point!

MÉLAC fils.

Pauline, vous savez s'il vous chérit!

SAINT-ALBAN, *à Mélac.*

Priez-le de passer ici ; n'armez pas son ame, en le prévenant, contre les coups qu'on va lui porter. Ne lui dites rien...

MÉLAC fils.

Monsieur, vous tenez ma vie en vos mains.

AURELLY.

Tu perds un temps précieux.

(*Mélac sort.*)

SCENE VII[1].

SAINT-ALBAN, AURELLY, PAULINE.

AURELLY.

En l'attendant, dégageons notre parole envers vous, Monsieur. Voici un ordre à Monsieur de Préfort, mon Correspondant de Paris, de vous compter, à votre arrivée, cinq cent mille francs.

SAINT-ALBAN.

Monsieur de Préfort, dites-vous?

AURELLY.

En bons papiers, lisez.

SAINT-ALBAN.

Quelques bons qu'ils puissent être, vous savez que ce n'est pas là de l'argent prêt.

AURELLY.

Des effets qui se négocient d'un moment à l'autre?

SAINT-ALBAN.

Depuis six jours, celui à qui vous m'adressez n'en a négocié aucun.

AURELLY.

Qui dit cela? J'ai reçu de lui, ce matin, six cent mille francs échangés cette semaine.

1. Variante 69.

SAINT-ALBAN.

De Préfort?

AURELLY.

Mon paiement ne roule pas sur autre chose.

SAINT-ALBAN.

Le Courrier d'aujourd'hui m'apprend qu'il est mort.

AURELLY.

Quelle histoire?

SAINT-ALBAN.

On n'a pas dû me tromper... Mais n'avez-vous pas vos lettres?...

AURELLY.

Je les attends.

(*Il sonne.*)

SCENE VIII.

SAINT-ALBAN, AURELLY, PAULINE, ANDRÉ.

AURELLY, *à André.*

Qu'on appelle Dabins, et qu'il vienne au plutôt. (*A Saint-Alban.*) C'est mon homme de confiance et mon Caissier, il nous mettra d'accord...

(*André sort.*)

SCENE IX.

SAINT-ALBAN, AURELLY, DABINS, PAULINE.

AURELLY, à Dabins.

Ah!... mes lettres?

DABINS *lui en présente un gros paquet.*

Les voici..: je venais...

AURELLY.

Réponds à Monsieur.

SAINT-ALBAN.

Ces papiers...

AURELLY.

Oui... (*A Dabins.*) N'as-tu pas reçu, ce matin, six cent mille francs échangés contre une partie de mes effets?

DABINS, *hésitant, à Aurelly.*

Monsieur...

AURELLY, *en colere.*

Les avez-vous reçus, oui ou non?

SAINT-ALBAN.

Il faut répondre.

AURELLY.

Où donc est le mystere? Il a été comme un fou toute la journée. Les avez-vous reçus?

DABINS, *embarrassé, à Aurelly.*

Monsieur... on peut voir ma Caisse ; elle est au comble.

AURELLY, *à Saint-Alban.*

J'en étais bien sûr. Ainsi j'ajoute aux sommes que je vous remets pour Monsieur de Mélac...

DABINS, *étonné.*

Vous acquittez Monsieur de Mélac ?

AURELLY.

Que va-t-il dire ?

DABINS.

Dans quelle erreur étais-je !

AURELLY.

Parlez.

SAINT-ALBAN.

Je vois clairement qu'il n'est point venu de fonds de Paris.

AURELLY, *à Dabins.*

Mes effets n'ont pas été vendus ?

DABINS, *vivement.*

Non, Monsieur, ils n'ont pu l'être ; c'est la nouvelle que j'ai reçue ce matin.

AURELLY, *hors de lui.*

Avec quoi donc payes-tu ?

DABINS, *un moment sans parler, étouffé par la joie.*

Avec six cent mille francs que m'a prêtés Monsieur de Mélac.

AURELLY.

Juste ciel !

PAULINE.

Mon pere !

SAINT-ALBAN.

Ah ! quel homme !

DABINS, *criant.*

Cinq cent mille francs de sa Caisse, cent mille à lui ; je ne puis me taire plus long-temps.

PAULINE.

Que j'en suis glorieuse ! mon ame a deviné la sienne...

SCENE X.

SAINT-ALBAN, AURELLY, MÉLAC pere, PAULINE, DABINS.

PAULINE, *appercevant Mélac pere, se précipite à ses pieds.*

O le plus généreux !...

MÉLAC pere.

Que faites-vous, Pauline ?

AURELLY.

Je dois les embrasser aussi.

(*Il veut se jetter à genoux.*)

MÉLAC pere *le retient.*

Mes amis !...

SCENE XI et derniere [1].

SAINT-ALBAN, AURELLY, MÉLAC pere, PAULINE,
MÉLAC fils, DABINS.

MÉLAC fils, *s'écriant.*

Aux pieds de mon pere !

MÉLAC pere.

Dabins ! vous m'avez trahi !

DABINS, *avec joie.*

Pouvais-je garder votre secret en apprenant que Monsieur acquittait votre dette ?

MÉLAC pere.

Il vient à mon secours ? (*A part.*) O vertu ! voilà ta récompense. (*A Aurelly.*) Ami ! quelles sont donc tes ressources ?

1. Variante 70.

SAINT-ALBAN.

Tout le bien de Mademoiselle en dépôt dans ses mains.

MÉLAC pere.

De notre Pauline? — Ah! mon cher Aurelly!

AURELLY.

Tu te perdais pour moi!

MÉLAC pere.

Mais, toi...

AURELLY.

Peux-tu comparer de l'argent, lorsqu'il t'en coûtait l'état et l'honneur?

MÉLAC pere.

Je m'acquittais envers mon bienfaiteur malheureux; mais toi! dans tes soupçons sur ma probité, devais-tu quelque chose à ton coupable ami?

MÉLAC fils, *avec joie*.

Ah! mon pere!

SAINT-ALBAN.

Eh bien, Monsieur Aurelly! — Puis-je accepter, en paiement, le Mandat que vous m'offrez?

MÉLAC pere, *avec effroi*.

Quel Mandat?

AURELLY, *pénétré, à Saint-Alban*.

Vous serez satisfait, Monsieur; mon premier sentiment

lui était bien dû; le second me rend tout entier à mon malheur.

MÉLAC pere.

Voilà ce que j'ai craint !

AURELLY.

Je n'avais à vous offrir, pour mon ami, que des effets qui se trouvent embarrassés, je reprends mon Mandat. Votre argent est encore dans ma Caisse, et Dieu me garde d'en user. Dabins, reportez-le chez Monsieur de Mélac, et moi... je vais subir mon sort.

MÉLAC pere.

Arrêtez : je ne le reçois pas.

AURELLY.

Qu'est-ce à dire, Mélac ?

MÉLAC pere.

Malheureux Dabins !...

AURELLY.

Me croyez-vous assez indigne...

MÉLAC pere.

Monsieur de Saint-Alban ! il serait horrible à vous d'abuser d'un secret que vous ne devez qu'à notre confiance. — Non, je jure que l'argent n'y rentrera pas.

AURELLY.

Veux-tu me causer plus de chagrins que tu n'as espéré de m'en épargner ?

MÉLAC fils, *avec ardeur.*

Monsieur Aurelly, ne refusez point...

PAULINE.

Monsieur de Saint-Alban !...

MÉLAC fils, *à Saint-Alban.*

Vous aimez la vertu.

MÉLAC pere.

Laisserez-vous périr son plus digne soutien ?

AURELLY, *avec enthousiasme.*

Que faites-vous, mes amis ? Pour m'empêcher d'être malheureux, vous devenez tous coupables. Oubliez-vous qu'un excès de générosité vient d'égarer l'homme le plus juste ? Et, s'il eut tort de toucher à cet argent; qui m'excuserait d'oser le retenir?

MÉLAC pere.

Le consentement que nous lui demandons.

AURELLY.

Qu'il se laisse soupçonner? L'amitié t'a rendu capable de cet effort; mais, si je n'ai pu sans crime accepter ce service de toi, quel nom mérite la séduction que vous employez tous pour l'obtenir de lui? (*A Saint-Alban.*) Vous êtes de sang-froid, Monsieur, jugez-nous.

SAINT-ALBAN.

De sang-froid ! Ah Messieurs ! ô famille respectable ! me

croyez-vous une ame insensible, pour l'attaquer avec cette violence? Vous demandez un jugement!...

MÉLAC fils.

Et nous jurons de l'accomplir.

SAINT-ALBAN.

Il est écrit dans le cœur de tous les gens honnêtes; permettez seulement que j'y ajoute un mot. — Aurelly, prouvez-moi votre estime en m'acceptant pour seul Créancier.

AURELLY.

Vous, Monsieur!...

SAINT-ALBAN.

Je l'exige. Et vous, Monsieur de Mélac, conservez votre place, honorez-la long-temps. Unissez à votre fils cette jeune personne, qui s'en est rendue si digne en sacrifiant pour vous toute sa fortune.

MÉLAC pere.

Ce serait ma plus chere envie. Mon fils l'adore, et, si mon ami ne s'y opposait pas...

AURELLY, *confus*.

Savez-vous qui elle est?

MELAC pere, *avec effusion*.

J'aurais bien dû le deviner! le cœur d'un pere se trahit mille fois le jour. Elle est ta fille, ta généreuse fille, et je te la demande pour mon fils.

AURELLY.

Tu me la demandes! Ah! mon ami!

(*Ils se jettent dans les bras l'un de l'autre.*)

MÉLAC fils, *à Pauline.*

Mon pere consent à notre union!

PAULINE.

C'est le plus grand de ses bienfaits.

SAINT-ALBAN.

Aurelly, rendez-moi votre Mandat, je pars; soyez tranquile. Vos effets de Paris me seront remis promptement, ou je supplée à tout.

AURELLY.

De vos biens?

SAINT-ALBAN.

Puissent-ils être toujours aussi heureusement employés! Vous m'avez appris comme on jouit de ses sacrifices. En vain je vous admire, si votre exemple ne m'éleve pas jusqu'à l'honneur de l'imiter. — Nous compterons à mon retour.

(*Chacun exprime son admiration.*)

AURELLY, *transporté.*

Monsieur... je me sens digne d'accepter ce service, car à votre place j'en aurais fait autant. Pressez donc votre retour; venez marier ces jeunes gens que vous comblez de bienfaits.

MÉLAC pere.

Pourquoi retarder leur bonheur? Unissons-les ce soir même. Eh! quelle joie, mes amis, de penser qu'un jour aussi orageux pour le bonheur n'a pas été tout-à-fait perdu pour la vertu !

FIN DU CINQUIÈME ET DERNIER ACTE.

APPROBATION.

J'ai lu, par ordre de Monseigneur le Chancelier, *Les deux Amis,* Drame, et je crois qu'on peut en permettre l'impression. — A Paris, ce 30 avril 1770.

MARIN.

LES DEUX AMIS.   369

LES DEUX AMIS.

LES DEUX AMIS.

"LES DEUX AMIS.

VARIANTES

VARIANTES

Variante I.

LE NÉGOCIANT DE LYON OU LES VRAIS AMIS.

Tel est le titre de la pièce sur le manuscrit.

Var. II.

Dans le manuscrit on lit : De Mélac père. *Mélac fils est tout simplement désigné :* Mélac. *Toutefois, dans la scène II, Pauline l'appelle :* De Mélac.

Var. III.

Dans le manuscrit on lit : Saint-Albans.

Var. IV.

Le manuscrit ajoute : Cette scène marche lentement.

Var. V.

PAULINE *se lève.*

On ne finit pas avec vous, je m'en vais, etc.

Var. VI.

Dans le manuscrit la réplique de Mélac fils s'arrête après le mot : Demain.

Var. VII.

Les mots « sans doute » *ne sont pas dans le manuscrit.*

Var. VIII.

        Pauline, *reculant son siége.*

Var. IX.

Pendant son absence, nous passerons un domino; deux paravents, un tapis, etc.;

Var. X.

Et toujours le radotage de Saint-Albans? etc.

Var. XI.

Qui est devenue la vôtre?

Var. XII.

Dans le manuscrit, la scène II et la scène III sont comprises dans la scène I, et la scène II ne commence qu'à la scène IV de la pièce imprimée.

Var. XIII.

La honte publiquement.

Var. XIV.

SCÈNE III *dans le manuscrit.*

Var. XV.

SCÈNE IV *dans le manuscrit.*

Var. XVI.

SCÈNE V *dans le manuscrit.*

Var. XVII.

ANDRÉ.

Celui qui vient... qui est venu un jour que vous étiez...... le jour de cette histoire......

Var. XVIII.

ANDRÉ.

C'est celui qui.... qui..... qui compte toujours ici des nouvelles en chiffres

DE MÉLAC.

En chiffres?

ANDRÉ.

Je l'ai bien entendu peut-être..... etc.

Var. XIX.

DE MÉLAC.

Monsieur Lacombe.

ANDRÉ.

Justement.

DE MÉLAC.

Mais ce n'est pas moi..... etc.

Var. XX.

SCÈNE VI *dans le manuscrit.*

Var. XXI.

SCÈNE VII *dans le manuscrit.*

Var. XXII.

..... il m'a troublé. (*Il s'assied.*)

Var. XXIII.

Cet homme.

Var. XXIV.

DABINS.

M'apprend que, sur le bruit d'un projet avantageux, répandu

depuis quatre jours, tout le monde attend. Rien n'est négocié sur la place.

DE MÉLAC.

Ce qui ne se peut aujourd'hui se fera dans un autre temps; c'est tout au plus un retard. Achevez, etc.

Var. XXV.

Le manuscrit supprime depuis : Attendez, *jusqu'à :* Vous l'avez dit, il en mourra.....

Var. XXVI.

SCÈNE VIII *dans le manuscrit.*

Var. XXVII.

J'ai trouvé Monsieur De Lacombe.
(*Plus haut le manuscrit disait :* Lacombe, *tout simplement.*)

Var. XXVIII.

SCÈNE IX *dans le manuscrit.*

Var. XXIX.

SCÈNE X *dans le manuscrit. Toutefois la scène commence par :*

PAULINE.

Bonjour, mon cher oncle, etc.

Var. XXX.

Sa joie.

Var. XXXI.

Dans le manuscrit, Aurelly ajoute : Ah! ah! tu sors content toi, après avoir escompté nos plaisirs en morale.

Var. XXXII.

SCÈNE XI *dans le manuscrit.*

Var. XXXIII.

SCÈNE XII *dans le manuscrit.*

Var. XXXIV.

*Entre ces deux phrases d'*AURELLY : « Il repasse bientôt ! Qu'on fasse rafraîchir son courrier ! » *voici ce que l'on lit dans le manuscrit :*

ANDRÉ.

Ça m'étonne bien toujours.

PAULINE, *avec curiosité.*

Pour quelle raison, André?

ANDRÉ.

Ce n'est pas que cela me déplaise; mais c'est qu'en partant il m'a donné un louis, comme s'il ne devait plus revenir, et puis le v'là qui revient tout de suite, comme s'il ne m'avait rien donné.

AURELLY.

Qu'on fasse rafraîchir son courrier !

Var. XXXV.

SCÈNE XIII *dans le manuscrit.*

Var. XXXVI.

MÉLAC, *tendrement.*

Var. XXXVII.

PAULINE, *attendrie.*

Var. XXXVIII.

Qui l'on attend à Lyon aujourd'hui ?

Var. XXXIX.

Dans le manuscrit, il ajoute : N'est-il pas ma caution ?

Var. XL.

Si c'est un mal qu'être né sensible, voudrais-je... etc.

Var. XLI.

Après ces mots : par le jardin, *on lit dans le manuscrit :*

Dabins. *Il écrit avec un crayon sur son papier.*

Oui, Monsieur, en quatre voyages.

De Mélac.

Trois cent mille francs en argent blanc.

Dabins.

Trois cent vingt.

De Mélac.

Est-ce trois cent vingt?

Dabins.

Trois cent vingt.

De Mélac.

Trois cent vingt mille francs, que les porteurs étrangers ont sortis par la ruelle......

Dabins.

Font cinq cents mille.

De Mélac, *additionnant.*

Zéro, zéro, trois et deux, cinq. Bon! Cent mille francs en lettres de change.

Dabins.

C'est le compte. Six cent mille livres contenues en mon reçu.

De Mélac *lit.*

« Je soussigné....., etc.

Var. XLII.

Après les mots : C'est vendre ses services, *on lit dans le manuscrit :*

Dabins.

A perte, le plus souvent : l'ingratitude est un vice général.

De Mélac.

Maxime affligeante. On se raccommode avec les hommes quand on réfléchit qu'il ne peut y avoir un ingrat sans qu'il y ait un bienfaiteur.

Dabins.

Et qui prouve comme vous, Monsieur, qu'un seul homme obligeant fait tous les jours une multitude d'ingrats.

De Mélac.

Consolons-nous, mon ami; il n'y a peut-être un de ces ingrats qui n'ait été une fois bienfaisant lui-même. Mais ce n'est pas ici le cas..., etc.

Var. XLIII.

Je quittais le service....., etc.; *Toute cette longue tirade est supprimée dans le manuscrit jusqu'à :*

Dabins.

Vous m'avez interdit..... etc.

Var. XLIV.

Saint-Albans, *riant.*

Var. XLV.

Après ces mots : Que chacun les estime, *on lit dans le manuscrit :*

AURELLY.

Vous n'êtes pas de ceux qui vont demandant : Mais qu'a-t-il fait pour être anobli ? Où donc est le mérite de mener un grand commerce ? Comme si l'une des sources les plus fécondes de revenu pour le Royaume n'était pas la prospérité du négociant !

(*M. de Mélac rêve profondément.*)

SAINT-ALBANS.

Et surtout le fabricateur qui, occupant beaucoup de sujets, en fait toujours naître de nouveaux autour de lui. Moi, par exemple....., etc.

Var. XLVI.

AURELLY.

Et tout l'or que la guerre engloutit, Messieurs, qui le fait reparaître à la paix ? N'est-ce pas le commerce ? Il est vrai que tout le monde n'entend pas ces choses-là ; mais vous m'avouerez que le Ministre qui les ignorerait serait fort au-dessous de sa place.

SAINT-ALBANS.

Nous n'en sommes pas là !

AURELLY.

Je suis la preuve du contraire. Mais quelle bonne fortune vous ramène sitôt en cette ville ?

SAINT-ALBANS.

Probablement..., etc.

Var. XLVII.

AURELLY, SAINT-ALBANS, ANDRÉ.

AURELLY. *Il sonne de toute sa force, André paraît.*

Pauline ! Pauline ! Vite, qu'elle quitte tout ! Qu'elle accoure à l'instant !

ANDRÉ, *d'un ton piteux.*

Monsieur !

AURELLY.

Hein !

ANDRÉ.

Si c'est pour la gronder....

AURELLY.

Marchez donc.

ANDRÉ, *troublé.*

Mon Dieu, quelle colère !

AURELLY.

Et qu'on défende la porte pour tout le monde.

SCÈNE XIII (*dans le manuscrit*).

SAINT-ALBANS, AURELLY.

SAINT-ALBANS.

Non, Monsieur, je ne la verrai pas actuellement, s'il vous plaît. C'est la personne à qui je puis le moins refuser.... Je n'ai que trop que de chagrin d'être forcé.... Laissez-moi sortir, je vous prie.

AURELLY.

Un instant ! seulement une minute !

SCÈNE XIV (*dans le manuscrit*).

AURELLY, SAINT-ALBANS, PAULINE, *accourant effrayée.*

AURELLY.

Ma nièce, ma Pauline, viens m'aider à retenir monsieur de Saint-Albans, qui ne sort que pour ruiner Mélac.

PAULINE, *avec un grand trouble.*

Monsieur de Mélac?

AURELLY.

Tout est perdu s'il nous quitte.

PAULINE.

Vous m'effrayez.

AURELLY.

Il se trouve un vide de cinq cent mille francs; nous ne savons encore ni comment, ni pourquoi. Je veux m'éclairer, il refuse le temps nécessaire.

PAULINE.

Ah Monsieur!

AURELLY.

Joins tes efforts aux miens. Arrête un moment cet homme cruel pendant que je vais interroger Mélac. (*Il marche pour sortir.*)

SAINT-ALBANS.

Je ne puis, Mademoiselle, en vérité, je ne puis. (*A part.*) Où trouver des forces pour lui résister?

PAULINE, *effrayée.*

Je ne sais pas encore ce que je dois vous demander; mais si vous avez quelque estime pour moi. . . . .
: . . . .

SAINT-ALBANS, *tendrement.*

. . . .

PAULINE, *plus fort.*

Si vous nous refusez, je croirai que le devoir n'est pas le seul motif d'une rigueur,....

SAINT-ALBANS, *à Pauline, à demi-voix.*

Quels que soient mes sentiments et les vues qui me ramènent, je ne serai injuste vers personne. (*Il fait la révérence pour sortir.*)

AURELLY.

Tu ne le retiens pas?

SAINT-ALBANS.

N'abusez point de votre ascendant..., etc.

Var. XLVIII.

SCÈNE XV *dans le manuscrit.*

Var. XLIX.

SCÈNE XVI *dans le manuscrit. De plus, l'acte se termine ainsi à partir de :*

PAULINE.

Saint-Albans n'en a plus trouvé.

MÉLAC.

Ah Dieux!

PAULINE.

Il sort dans un dessein funeste.

MÉLAC.

Et vous ne l'avez pas arrêté?

PAULINE.

Le pouvais-je? Il m'aime : je crains qu'un amour rebuté ne le rende inflexible. Dans le trouble où j'étais, j'ignore ce que j'ai dit.... Je crains qu'il ne soit jaloux.... Je crains.....

MÉLAC.

Il vous aime, il va pousser les choses à toute rigueur.

PAULINE.

Le sort de votre père me fait trembler.

MÉLAC.

Il est affreux! Et moi, je vous perds!

PAULINE.

Non, Mélac; écoutez-moi. Non, vous n'aurez jamais de rivaux dans le cœur de Pauline, si vous ne faites rien qui vous dégrade à ses yeux.

MÉLAC.

Vous m'aimez?

PAULINE.

Puisse cet aveu soutenir votre courage. Mais les moments sont précieux. Courez à votre père, allez le consoler. Mon oncle reviendra; vous connaissez sa brusque franchise, elle ne lui permet pas toujours de garder avec les malheureux les ménagements dont ils ont besoin.

MÉLAC.

O désastre!

PAULINE.

Soyez présent aux explications. Que votre bon esprit en prévienne l'aigreur.

MÉLAC.

Pauline!

PAULINE.

Si votre père est embarrassé, mon oncle est le seul dont on puisse espérer un prompt secours. Notre sort en dépend, Mélac; il ne vous reste plus qu'un moyen de me mériter, c'est de réussir à m'obtenir.

MÉLAC.

O malheur! O mélange inouï! N'importe, vous serez obéie. Vous connaîtrez s'il est des ordres remplis comme ceux que l'amour exécute.

(*Il lui baise la main. Ils sortent.*)

Var. L.

DE MÉLAC.

...... Ayez confiance...., etc. *Cette phrase est ici supprimée dans le manuscrit.*

Var. LI.

Dans le manuscrit, la tirade de De Mélac finit sur ces mots : content du passé; *puis on lit :*

MÉLAC.

Ayez confiance aux principes de votre fils : ce sont les vôtres. Rendez le calme à mon âme, les suites de cette journée..... etc.

Var. LII.

Après ces mots : combien elle s'alarme pour vous, *on lit dans le manuscrit :*

DE MÉLAC, *avec joie.*

Mon fils, tu voulais me servir, tu m'en ouvres toi-même la voie.

MÉLAC.

Est-ce possible ?

DE MÉLAC.

Saint-Albans te croit son rival, cours le désabuser. Assure-le que, loin d'avoir formé sur la jeune personne aucun projet qui puisse nuire à ses desseins, nous mettrons tous nos soins à faire entrer notre ami dans des vues aussi honorables qu'avantageuses pour sa nièce.

MÉLAC, *embarrassé.*

Il ne m'en croira pas. Un homme amoureux et jaloux soupçonne aisément.

DE MÉLAC.

L'effet suivra de si près.....

MÉLAC.

Mon père !

DE MÉLAC.

Parlez.

MÉLAC, *tremblant.*

Qu'exigez-vous de moi?

DE MÉLAC.

Rien. Je vous entends. Je n'en ai que trop vu ce matin. J'y vais moi-même.

MÉLAC.

Ah mon père! arrêtez...., etc.

Var. LIII.

AURELLY, *plus vite.*

Var. LIV.

Au lieu de : Que je ne vis jamais tant de cruauté, *il y a dans le manuscrit :* et finit sa phrase d'un ton seulement douloureux.

Var. LV.

Après :

PAULINE.

Parlez.

On lit dans le manuscrit :

AURELLY.

Je ne puis.

PAULINE.

Je le veux.

AURELLY.

O précieux...., etc.

Var. LVI.

Dans le manuscrit, l'Acte III ne se termine pas par cette scène VI. Il continue ainsi :

SCÈNE VII.

ANDRÉ, AURELLY.

ANDRÉ, *au fond du Salon.*

Pas vrai, Monsieur, que vous n'y êtes pas du tout?

AURELLY.

Pour personne.

ANDRÉ, *s'en allant.*

C'est dit; j'ai bien fait de m'en souvenir.

AURELLY.

Pourquoi cette question?

ANDRÉ, *s'en allant.*

C'est que Monsieur le Grand Fermier est là dans une voiture.

AURELLY.

Hé bien! hé bien! Où va-t-il? As-tu donc oublié qu'il était présent quand j'ai donné cet ordre?

ANDRÉ.

C'est ce que je lui ai dit. Il l'a entendu comme moi.

AURELLY.

Imbécile!

ANDRÉ, *s'en allant.*

Est-ce ma faute s'il voulait vous voir malgré cela?

AURELLY.

Viens ici. Quand on fait fermer sa porte pour tout le monde......

ANDRÉ, *s'en allant.*

C'est afin que personne n'entre.

AURELLY.

Et qu'on donne l'ordre en présence de quelqu'un...

ANDRÉ, *s'en allant.*

Eh sans doute! il est le premier averti.

AURELLY, *se fâchant.*

Tu ne m'entends pas?

ANDRÉ, *s'en allant.*

Pardonnez-moi, Dieu merci! Si j'en laisse passer un!...

AURELLY.

C'est raisonner avec une bûche.... Sans autre propos, benêt, allez prier de ma part Monsieur de Saint-Albans de s'asseoir dans ce salon; je redescends à l'instant.

Var. LVII.

Les quatre premières scènes du quatrième acte de la pièce imprimée forment les scènes VIII, IX, X, XI du troisième acte dans le manuscrit. Ce troisième acte se termine ainsi dans le manuscrit:

SCÈNE XI.

AURELLY, *seul.*

Il sort mécontent. Qu'est-ce que ce monde! et comme on est ballotté!... Depuis huit ans, je travaille à faire un sort à ma fille; je n'osais la destiner au jeune Mélac.... Au moment qu'elle n'a plus rien, c'est celui-ci qui la veut... Le père et le fils sont perdus s'il se croit refusé... Et comment oser la lui accorder?...... L'argent! L'argent ne les sauvera pas. Ce n'est plus ici une affaire d'argent. Et demandez-moi. . . . .
. . . . vil intérêt.
Oh les hommes! Quelle pitié!...

Var. LVIII.

Dans le manuscrit, cette scène est (en partie du moins) la première de l'acte IV. Cet acte IV commence ainsi dans le manuscrit.

SCÈNE I.

DE MÉLAC, DABINS.

DE MÉLAC, *échauffé.*

N'en faites rien, monsieur Dabins.

DABINS.

L'inutilité des démarches dont je vous rends compte prouve assez qu'il n'y a plus d'autres ressources.

De Mélac, *avec feu.*

N'en faites rien, s'il vous reste un peu d'égard pour moi, pour vous-même.

DABINS.

Monsieur, c'est avec douleur que je vous le dis : j'ai porté vos lettres ; mais, soit que le payement mette tout le monde à l'étroit, soit, et je frémis de le penser, que ce qui se passe ait déjà fait quelque bruit, j'ai trouvé toutes les bourses vides ou fermées.

De Mélac.

Et parce qu'ils sont durs envers moi, vous vous croyez dégagé ? Monsieur, il n'est plus temps de se taire, il faut tout déclarer..., etc.

Var. LIX.

Après ces mots : le secret confié? *on lit dans le manuscrit (cette variante est toujours la continuation de la scène première de l'acte IV dans le manuscrit) ce qui suit :*

DABINS.

Eh Monsieur ! c'est parce que j'ai toujours vos bontés devant les yeux que je ne puis voir sans effroi le péril......

De Mélac.

A qui de nous deux appartient le jugement de mes intérêts ? Venez-vous ici tenter ma vertu ?

DABINS.

Nommer vertu ce qui détruit votre bonheur !

De Mélac.

Non pas ce qui le détruit, mais ce qui m'apprend à m'en passer... Au moment où les gazettes annoncent à toute l'Europe que le Roi vient de donner un nouvel encouragement au commerce en anoblissant le négociant le plus estimé!... Je n'aurais donc soutenu mon ami sur un abîme que pour l'y plonger avec plus de barbarie!

Dabins.

Je ne sais, Monsieur, jusqu'à quel point il est permis de sacrifier à l'enthousiasme de son ami; mais l'honneur, l'état d'un fils......

De Mélac, *vivement*.

Qui vous dit que je les veuille exposer? Connaissez-vous mes intentions? et dois-je surcharger d'un autre secret la discrétion d'un homme à qui le premier coûte tant à garder?

Dabins.

Si cette discrétion fait plus de maux qu'elle ne peut en prévenir?

De Mélac, *à part*.

Il faut le tranquilliser.

Dabins.

Pardon, Monsieur, je vous dois tout : cela justifie mon zèle.

De Mélac.

Croyez-vous donc, Monsieur, que les conséquences de tout ceci m'échappent? Sachez donc (mais surtout sachez le taire) que, si les choses vont trop loin, mon dessein est d'aller ce soir apprendre à Saint-Albans, sous le sceau du secret, l'emploi momentané que j'ai fait de l'argent. Sous le sceau du secret, m'entendez-vous?

Dabins.

Monsieur, je me tairai.

De Mélac.

Si, contre mon attente, il voulait troubler le payement d'Aurelly, je dois rester le maître de ma conduite. Sentez-vous maintenant l'importance?

Dabins.

Je me tairai; mais, pour l'exemple des hommes..... etc.

Var. LX.

Cette scène finit la scène première de l'acte IV dans le manuscrit.

Var. LXI.

Cette scène est la scène II de l'acte IV dans le manuscrit. Elle y est ainsi :

DE MÉLAC et DABINS *se sont retirés au fond.*

MÉLAC *fils, sur le devant. (Il marche lentement, d'un air absorbé, et s'échauffe par degrés en parlant.)*

Saint-Albans.... Je l'ai cherché partout sans le rencontrer... Malheureux!.... Le déshonneur de mon père est-il déjà public?.... On s'éloigne, on me fuit.... Il faut quitter cette ville, ou le mépris... Je perds en un instant la fortune, l'honneur, toutes mes espérances. On plaint le malheur; mais qui est-ce qui veut partager l'infamie? Dieu! Dieu!

DE MÉLAC.

Qu'avez-vous donc, mon fils?

MÉLAC.

Oh mon père! comment expliquer cet abominable événement

DE MÉLAC.

Mon fils, la conduite de toute ma vie ne vous a point appris à me connaître : je suis plus malheureux que je ne croyais. J'ai perdu mes soins, et l'exemple de votre père a glissé sur votre cœur.

MÉLAC, *tremblant.*

Je n'ai ni la sagesse ni les motifs de tranquillité qui le soutiennent.

DE MÉLAC, *fortement.*

Eh quoi! mon fils, au premier doute, accuse son père de bassesse, le juge et l'abandonne!

MÉLAC.

Oh! ne le croyez pas!

De Mélac, *fortement.*

J'entendais vos murmures, vos plaintes ; je vois votre découragement. Apprenez de moi que celui qui ne sait pas souffrir l'infortune ne mérite pas d'être plus heureux : il abuserait de la prospérité.

MÉLAC, *tremblant.*

Mon père! quel courage est à l'épreuve d'un pareil revers? Comment penser sans mourir à l'avilissement?... Après avoir été honorés jusqu'à ce jour! (*Dabins fait un geste de compassion regardant De Mélac, qui lui recommande le silence en mettant son doigt sur la bouche. Mélac s'en aperçoit et s'écrie :*) Dabins! vous savez le secret de mon père, et vous vous taisez; vous êtes plus cruel que lui. J'ai surpris un signe. Ah! parlez! parlez! un seul mot peut calmer mon désespoir.

De Mélac, *froidement.*

Quel signe, mon fils? Je l'empêchais de me rendre compte ici des démarches secrètes que je l'ai chargé de faire. J'épargnais à votre faiblesse de nouveaux sujets d'affliction. Venez avec moi, Dabins, tenter une autre voie.

Dabins, *à part, en s'en allant.*

Sauvons-nous d'un attendrissement inutile.

SCÈNE III (*de l'acte IV dans le manuscrit*).

MÉLAC, *seul.*

Tout Lyon est instruit de mon désastre.... Je suis perdu.... Il n'y a plus à balancer.... On aura vu des mouvements.... Ce Saint-Albans a fait conduire sa chaise à l'auberge.... Les valets ont jasé... la chaleur d'un moment.... Mais la réflexion a bientôt détruit ce premier prestige de la sensibilité.

Var. LXII.

SCÈNE IV de l'acte IV *dans le manuscrit.*

Var. LXIII.

SCÈNE V de l'acte IV *dans le manuscrit.*

Var. LXIV.

Cette Scène fait partie de la scène V de l'acte IV dans le manuscrit, dans lequel cet acte IV se termine ainsi, après ces mots : Vous rappeliez Saint-Albans....

PAULINE.

Je le verrai.

MÉLAC, *à part.*

Quel supplice! Je sens que je ne peux vivre sans votre estime. Il me faut la mienne; il faut surtout sauver mon père.

AURELLY, *à Mélac.*

Laissons-la faire, on peut s'en rapporter à sa prudence. Viens, mon ami, et sois certain que, s'il y a quelque obstacle, Saint-Albans est impatient de les lever tous.

Var. LXV.

Dans le manuscrit, entre ces mots : C'est moi qui l'en ai prié — Asseyez-vous...., *on lit :*

PAULINE.

Oui, Monsieur, c'est moi qui l'en ai prié; j'espère que vous ne prendrez aucun avantage d'une démarche... assez libre, lorsque vous saurez que, jetée au milieu du monde presque sans appui, je dois, en cette triste occasion, me tenir lieu des parents qui me manquent, et entrer dans des détails dont ma délicatesse peut être blessée.....

SAINT-ALBANS.

Quel langage!

PAULINE, *péniblement.*

Il est convenable. On apprend à devenir modeste en souffrant de l'orgueil d'autrui.

SAINT-ALBANS.

Vous m'étonnez, Mademoiselle. Je serais au désespoir....

PAULINE.

Asseyez-vous, Monsieur. Cet air..., etc.

Var. LXVI.

Cette scène est la suite de la scène III dans le manuscrit.

Var. LXVII.

SCÈNE IV *dans le manuscrit.*

MÉLAC, *d'un air menaçant.*

Si je l'oubliais, Pauline..... Il a des grâces à lui rendre.

SAINT-ALBANS, *fièrement.*

Monsieur! vous expliquerez cette phrase.

PAULINE, *à Saint-Albans.*

Vous n'êtes pas généreux.

MÉLAC, *furieux.*

L'expliquer!... Sans l'intérêt de mon père!...

PAULINE, *effrayée.*

Mélac!

SAINT-ALBANS, *avec dédain, à Mélac.*

En parlant de son intérêt, vous songez au vôtre.

PAULINE, *à Saint-Albans.*

Le désespoir l'aveugle.

Var. LXVIII.

Mais soyez galant homme. (*Il s'approche et lui présente la main.*) Osez tenir parole à mon père, et vous verrez si mon intérêt...

PAULINE, *se jetant entre deux.*

Monsieur de Saint-Albans !

SAINT-ALBANS, *prend sa main fièrement.*

Oui, j'oserai !

PAULINE, *éperdue.*

Ah ! Grand Dieu !

SAINT-ALBANS, *du même ton.*

Toute nouvelle qu'est cette façon d'intercéder, elle ne nuira pas à votre père.

PAULINE, *à Saint-Albans.*

Il va tomber à vos pieds.

SAINT-ALBANS.

Oser !... Oser est fort, je l'avoue.

PAULINE, *à Mélac.*

Cruel ennemi de vous-même ! Il s'engage au silence, lui seul peut vous conserver la place.

MÉLAC, *indigné.*

Et moi, je la refuse.

PAULINE.

Insensé !

MÉLAC.

Je la recevrais au prix de cent lâchetés ! J'en dépouillerais mon père ! Je la payerais de votre perte, et j'en serais redevable à mon ennemi !

PAULINE, *en colère.*

Méritez-vous d'en obtenir quelque chose?

MÉLAC.

Je ne veux rien de lui.

PAULINE.

Quel est donc...., etc.

Var. LXIX.

SCÈNE VI (*dans le manuscrit*).

(*Scène III de la pièce imprimée.*)

AURELLY, PAULINE, SAINT-ALBANS.

AURELLY.

En l'attendant, dégageons notre parole envers vous, Monsieur. (*Il tire un portefeuille.*) Voilà cent mille écus de ma fille en bons effets.

SAINT-ALBANS.

En effets?

AURELLY *lui remet les effets.*

Voyez.... Avec un ordre à mon banquier de Paris de vous remettre le reste en pareils effets.

SAINT-ALBANS *le regarde plusieurs fois.*

Ils sont bons. Mais sur quel pied puis-je les recevoir?

AURELLY.

Au cours de Paris.

SAINT-ALBANS.

Depuis six jours, rien ne s'y est négocié.

AURELLY.

Qui dit cela? J'en ai reçu ce matin six cent mille francs échangés en cette semaine.

SAINT-ALBANS.

Vous m'étonnez !

AURELLY.

Mon payement ne roule pas sur autre chose.

SAINT-ALBANS.

Je crois mes avis certains.

AURELLY.

Attendez.... Je vais faire venir un homme qui nous mettra d'accord. C'est mon caissier. (*Il sonne; un laquais paraît.*) Qu'on cherche M. Dabins et qu'il vienne au plus tôt.

SCÈNE VII (*dans le manuscrit*),

où on lit ainsi :

DE MÉLAC, PAULINE, AURELLY, SAINT-ALBANS.

DE MÉLAC.

Vous voulez me parler, Messieurs; mais, avant tout, je vous préviens que, si votre dessein est de m'arracher mon secret, c'est vainement que vous l'entreprendrez.

AURELLY.

Écoutez-nous au moins sans conditions.

PAULINE.

Le cœur me bat.

SAINT-ALBANS.

Une jeune personne qui a pour vous, Monsieur, beaucoup de vénération, me remet à votre acquit cent mille écus, qui composent toute sa fortune.

AURELLY.

Et une autre personne à qui votre faute a fait perdre beaucoup de l'estime qu'elle avait pour vous (car il faut être vrai!), qui blâme tout haut votre conduite, mais qui vous aime encore, a la faiblesse de vous offrir.le reste.

De Mélac *les regarde tous.*

L'une est troublée.... l'autre est radieux... Ne me laissez pas en suspens.

Saint-Albans.

Le mot de l'énigme est d'embrasser vos deux bienfaiteurs.

De Mélac, *retenant sa joie.*

Mes amis.... comment se peut-il? De qui tenez-vous, chère enfant, une aussi forte somme?

Pauline, *confuse.*

De mon père.

De Mélac.

Cet argent était?...

Aurelly.

Dans un portefeuille.

De Mélac, *à part.*

O vertu! voilà ta récompense. (*Haut.*) Mes amis, mes généreux amis, j'accepte vos bienfaits, je les accepte avec joie, Pauline! Aurelly! C'est vous qui payez pour moi!...

Aurelly, *à part.*

Oh! oh! voici qui me déplaît!

De Mélac.

Oh jour, jour heureux! Pardonnez-moi l'ivresse......

Aurelly, *avec un sourire dédaigneux.*

Peut-être se modérera-t-elle quand vous saurez à quelle condition monsieur reçoit nos offres et s'engage au silence.

De Mélac.

Il n'en est point que je n'embrasse avec ardeur.

AURELLY, *fermement.*

La démission de votre emploi.

DE MÉLAC, *après un peu de silence.*

Avant votre départ, Monsieur, je vous la remets; mais souffrez qu'un jour aussi fortuné ne soit troublé par aucune réflexion fâcheuse.

AURELLY, *à part.*

Tout cela est sans délicatesse.

SAINT-ALBANS, *à De Mélac.*

La jeune personne, Monsieur, que vous voyez craintive et troublée, ne devrait pas l'être après une action si généreuse; mais il y a dans le monde un jeune homme......

DE MÉLAC.

Je suis garant qu'il l'adore, et ma plus forte envie serait de les unir, si mon ami ne s'y opposait pas.

AURELLY, *austèrement.*

Savez-vous qui elle est?

DE MÉLAC, *avec effusion.*

C'est toi qui me l'apprends, mais j'aurais dû le deviner : le cœur d'un père se trahit mille fois le jour; elle est ta fille, ta généreuse fille, et c'est à ce titre que je te la demande pour mon fils.

AURELLY, *d'un ton amer.*

Vous me la demandez?

PAULINE, *à De Mélac.*

Ah, monsieur! la reconnaissance égare votre noble cœur.... Songez....

DE MÉLAC.

Pauline! Pauline! on ne chicane pas avec ses bienfaiteurs. Quel titre vaut l'action qui vous illustre? et qu'importe la naissance à qui réunit tant de vertus? Puisse mon fils m'acquitter en vous rendant heureuse. (*Il l'embrasse.*)

AURELLY, *à Saint-Albans* (*à part*).

Ce philosophe si élevé, cet homme si noble, si fier, est devenu tout à coup bien accommodant : femme, argent, service, tout lui convient.

SAINT ALBANS.

Je vous l'ai dit, vous allez un peu vite.

AURELLY.

Je commence à le croire.

Suit la scène VIII, conforme aux scènes IX et X de l'imprimé.

Var. LXX.

Voici la scène IX et dernière, telle qu'on la lit dans le manuscrit :

MÉLAC. TOUS LES ACTEURS PRÉCÉDENTS.

MÉLAC, *surpris*.

Aux pieds de mon père.

DE MÉLAC, *troublé*.

Mes amis.... Dabins, vous m'avez trahi !

DABINS, *joyeux*.

Cela est vrai.

MÉLAC.

De quoi s'agit-il donc ?

DE MÉLAC, *attendri*.

Pauline, Aurelly, finissez.

AURELLY.

Je dois expier les indignes soupçons....

MÉLAC, *impatient.*

Monsieur de Saint-Albans, Dabins, parlez donc !

DE MÉLAC.

Mon fils, aide-moi à remettre ces amis dans mes bras.

MÉLAC, *relevant Pauline.*

Il consent à notre union ?

PAULINE.

C'est le moindre de ses bienfaits.

AURELLY.

Il se perdait pour moi.

DE MÉLAC *le relève.*

Mais toi ?

AURELLY.

Peux-tu comparer de l'argent lorsqu'il t'en coûtait l'état et l'honneur ?

DE MÉLAC.

Je m'acquittais envers mon bienfaiteur malheureux. Mais toi, dans tes soupçons, devais-tu quelque chose à ton coupable protégé ?

MÉLAC, *à Dabins.*

C'est donc à la caisse que les fonds ont été portés ?

DABINS.

Vous l'entendez.

MÉLAC, *embrassant tout le monde.*

Ah mon père !

SAINT-ALBANS.

Eh bien ! Monsieur Aurelly, puis-je accepter vos papiers ?

AURELLY, *douloureusement.*

Vous serez satisfait. Mon premier sentiment lui était bien dû, et le second me rend tout entier à mon malheur.

De Mélac.

A son malheur?

Pauline, *avec effroi.*

Comment?

Aurelly.

Je n'avais à vous offrir pour mon ami que des effets qui sont suspendus, je les reprends. Votre argent est encore dans ma caisse, et Dieu me garde d'en abuser! Dabins, reportez-le chez M. de Mélac, et moi je vais subir mon sort.

De Mélac, *avec chaleur.*

Arrêtez, je ne le reçois pas. Monsieur de Saint-Albans, il serait horrible à vous d'abuser d'un secret que vous ne deviez qu'à notre confiance. Non, je jure que l'argent n'y rentrera pas!

Aurelly.

Qu'est-ce à dire, Mélac? me croyez-vous assez indigne?....

De Mélac, *à Saint-Albans.*

Vous voyez que votre débiteur est solvable et plein d'honneur. Je vous ai demandé du temps ce matin : si vous n'êtes pas le maître d'en accorder, voilà le reçu de son caissier (*il le déchire*), il n'y a plus de trace, et je désavoue tout ce que je viens d'entendre. Achevez de me traiter comme un receveur infidèle.

Aurelly.

Je ne crains pas qu'il prenne ce parti.

De Mélac, *à Saint-Albans*[1].

Monsieur, c'est le seul que l'honneur vous permette d'embrasser.

Aurelly, *à Saint-Albans.*

Aujourd'hui l'argent sera chez vous.

---

1. Tout ce qui suit jusqu'à : *Mélac, vous m'aimez véritablement!* se débite rapidement, selon le Manuscrit.

De Mélac, *au désespoir.*

Aurelly! malheureux Dabins!

Aurelly, *à De Mélac.*

Veux-tu me causer plus de chagrin que tu n'as espéré de m'en épargner?

Mélac.

Monsieur de Saint-Albans!

Pauline.

Vous aimez la vertu?

De Mélac.

Laisserez-vous périr son plus digne soutien?

Mélac.

Exigez tout de nous.

De Mélac.

Nos biens, nos places, notre vie.

Mélac.

Un prix plus cher à votre cœur, la main de Pauline.

Pauline, *prenant la main de Mélac.*

Mélac, vous m'aimez véritablement?

Aurelly, *criant.*

Que faites-vous?.... etc.

Ce qui suit est conforme à la pièce imprimée jusqu'à :

Tous ensemble.

Nous jurons de l'accomplir!

Saint-Albans.

Le voici. (*A De Mélac.*) Homme rare et sublime, en qui la philosophie n'a point éteint la sensibilité, conservez votre place, honorez-la longtemps. J'obtiendrai pour votre fils l'adjonction de la mienne (*A Aurelly.*) Aurelly, vous n'avez plus d'autre créancier que moi, gardez l'argent. Je pars. Vos effets seront reçus en payement...., ou je supplée à tout.

AURELLY.

De vos deniers ?

SAINT-ALBANS.

Nous compterons à mon retour. (*Ils expriment tous leur admiration, chacun selon son caractère.*)

AURELLY.

Monsieur, je me sens digne d'accepter ce service, car, à votre place, j'en aurais fait autant. Pressez donc votre retour, venez marier ces jeunes gens que vous comblez de biens. Je jure que rien ne me coûtera pour que la fête soit charmante.

DE MÉLAC.

Je sais un moyen[1] de la rendre parfaite. Unissons-les ce soir même, et versons sur les malheureux tout l'argent destiné à cette fête.

AURELLY.

Bon cela !

DE MÉLAC.

Les généreux jouissent plus de leurs bienfaits que les fastueux de leurs dépenses.

SAINT-ALBANS.

Messieurs, toute la France vient d'admirer, en deux de nos princes, un pareil trait au mariage de leurs enfants. Ils ont préféré, comme vous, les bénédictions de l'indigence à la joie bruyante des convives.

AURELLY.

Excellent !

DE MÉLAC.

Nous l'ignorions ici.

---

1. Le manuscrit de la Comédie-Française porte le mot *moment*, évidemment mis là pour *moyen*.

AURELLY.

Ma foi, vivent ces Princes-là! Plus un bon exemple part de haut, plus il éclate au loin; il en vaut mille pour l'effet. Mais, s'ils ont été assez heureux pour le donner, nous serons assez honnêtes gens pour le suivre.

FIN DU CINQUIÈME ET DERNIER ACTE.

TABLE

	Pages.
Avertissement.	1
Notice sur *Eugénie*.	3
EUGÉNIE, drame en cinq actes, en prose.	19
Essai sur le genre dramatique sérieux	21
Eugénie, drame	47
Variantes d'*Eugénie*.	167
Notice sur *les Deux Amis*.	197
LES DEUX AMIS, ou *le Négociant de Lyon*, drame en cinq actes, en prose.	217
Musique pour le 1er acte des *Deux Amis*.	369
Variantes des *Deux Amis*.	377

Imprimé par D. Jouaust

A Paris

Pour l'Académie des Bibliophiles

Et achevé le 10 juin

M DCCC LXIX

ACADÉMIE DES BIBLIOPHILES
Société libre
POUR LA PUBLICATION A PETIT NOMBRE DE LIVRES RARES OU CURIEUX.

Membres du Conseil pendant l'année 1868-1869.

MM. Paul CHÉRON. — H. COCHERIS. — Jules COUSIN. — E. F. DELORE. — Émile GALICHON. — Pierre JANNET. — Louis LACOUR. — Lorédan LARCHEY. — Anatole DE MONTAIGLON.

COLLECTION DE LA COMPAGNIE.

1. *De la Bibliomanie*, par Bollioud-Mermet, de l'Académie de Lyon. In-16 pot double de 84 pages, 160 exemplaires. 2e édition de la réimpression . . 5 »
2. *Lettres à César*, par Salluste, traduction nouvelle par M. Victor Develay. In-32 carré de 68 p., 300 ex. . 2 »
3. *La Seiziesme Joye de Mariage*, publiée pour la première fois. In-16 pot double de 32 p., 500 exempl. . . . . . 2 »
4. *Le Testament politique du duc Charles de Lorraine*, publié avec une étude bibliographique par M. Anatole de Montaiglon. In-18 jésus de 78 p., 210 exemplaires 3 50
5. *Baisers de Jean Second*, traduction nouvelle, par M. Victor Develay. In-32 carré de 64 p., 500 exempl . . . . . 2 »
6. *La Semonce des Coquus de Paris en may 1535*, publiée, d'après un manuscrit de la Bibliothèque de Soissons, par M. Anatole de Montaiglon. In-18 jésus de 20 p., 210 ex. . . . . 2 »
7. *Les Noms des Curieux de Paris*, avec leur adresse et la qualité de leur curiosité. 1673. Publié par Louis Lacour. In-18 raisin de 12 pages, 140 exemplaires 1 50
8. *Les Deux Testaments de Villon*, suivis du *Bancquet du Boys*, publiés par M. Paul Lacroix. In-8 tellière de 120 p., 220 exempl. . . . . 7 »
9. *Les Chapeaux de castor*. Un paragraphe de leur histoire. 1634. Publié par Louis Lacour. In-18 raisin de 8 p., 200 exemplaires . . . . 1 »
10. *Le Congrès des Femmes*, par Érasme, traduction nouvelle par M. Victor Develay. In-32 carré de 32 p., 312 ex. 1 »
11. *La Fille ennemie du Mariage et repentante*, par Érasme, traduction nouvelle, par M. Victor Develay. In-32 carré de 64 p., 312 exempl. . . . . . . 2 »
12. *Saint Bernard*. Traité de l'Amour de Dieu, par P. Jannet. In-8 tellière de 140 p., 313 ex. . . . . 5 »
13. *Œuvres de Regnier*, reproduction textuelle des premières éditions. Préface et notes par Louis Lacour. In-8 carré de 356 p., 525 exempl. . . . . . 20 »
14. *Le Mariage*, par Érasme, traduction nouvelle par M. Victor Develay. In-32 carré de 64 p., 312 exempl . . 2 »
15. *Le Comte de Clermont*, sa cour et ses maîtresses, par M. Jules Cousin. In-18 jésus, 2 vol. de 432 pages., 412 exemplaires . . . . 10 »
16. *La Sorbonne et les Gazetiers*, par

M. Jules Janin. In-32 carré de 64 p., 312 exempl. . . . . 2 »

17. *L'Empirique*, pamphlet historique, 1624, réédité par Louis Lacour. In-18 jésus de 20 p., 200 exempl. . . 2 »

18. *La Princesse de Guémenée dans le bain et le Duc de Choiseul*. Conversation rééditée par Louis Lacour. In-18 jésus de 16 p., 200 exempl. . . . . . . 2 »

19. *Les Precieuses ridicules*, comédie de I. B. P. Moliere. Reproduction textuelle de la première édition. Notes par Louis Lacour. In-18 raisin de 108 p., 422 exempl. . . . . 5 »

20. *Les Rabelais de Huet*. In-16 de 68 p., 260 ex. . . . . 3 »

21. *Description naïve et sensible de sainte Cécile d'Alby*. Nouvelle édition, publiée par M. d'Auriac. In-16 de 64 pages, 260 exemplaires . . . . 5 »

22. *Apocoloquintose*, facétie sur la mort de l'empereur Claude, par Sénèque, traduction nouvelle par M. Victor Develay. In-32 carré de 64 p., 512 ex. . 2 »

23. *Aline*, reine de Golconde, par Boufflers. Nouvelle édition, publiée par M. Victor Develay. In-32 carré de 64 pages, 215 exempl. . . . . 2 »

24. *Projet pour multiplier les Colléges des Filles*, par l'abbé de Saint-Pierre. Nouvelle édition publiée par M. Victor Develay. In-32 carré de 40 p., 312 exemplaires . . . . 1 »

25. *Le Jeune Homme et la Fille de joie*, par Érasme, traduction nouvelle par M. Victor Develay. In-32 carré de 32 p., 312 exemplaires. . . . . 1 »

26. *Le Comte de Clermont et sa cour*, par M. Sainte-Beuve, de l'Académie française. In-18 jésus de 88 p., 412 exemplaires. . . . . 3 »

27. *Le Grand écuyer et la Grande écurie*, par Ed. de Barthélemy. In-18. . 6 »

28. *Les Bains de Bade au XVe siècle*, par Ant. Méray. In-16 de 48 p., 420 exemplaires. . . . . 3 »

29. *Éloge de Gresset*, par Robespierre, publié par D. Jouaust. In-8° de 64 p., 100 exemplaires. . . . . 5 »

30. *Amadis de Gaule* (La Bibliothèque de don Quichotte), par Alphonse Pagès. In-18 raisin de 174 p., 412 ex. 5 »

31. *Réflexions ou Sentences et Maximes morales de La Rochefoucauld*. Reproduction textuelle de l'édition originale de 1678. Préface par Louis Lacour. In-8 carré de 262 p., 525 ex . 20 »

32. *Essai sur l'Histoire de la réunion du Dauphiné à la France*, par J. J. Guiffrey. Ouvrage couronné par l'Académie des inscriptions et belles-lettres. In-8 carré de 396 p., 525 exempl. . 15 »

33. *Distiques moraux de Caton*. Traduction nouvelle par M. Victor Develay. In-32 carré de 80 p., 1 grav., 512 ex. 2 »

34. *Une Préface aux Annales de Tacite*, par Senac de Meilhan, publ. par Sainte-Beuve. In-16 de 60 p., 420 ex. 3 50

35. *La Louange des Vieux Soudards*, par Louis Lacour. In-32 carré de 64 pages, 300 exemplaires. . . . . 22 »

36. *Académie des Bibliophiles*. Livret annuel. Première année 1866-1867. In-8 carré de 16 p., 150 exemplaires. 5 »

37. *Le Bréviaire du roi de Prusse*, par M. Jules Janin. In-32 carré de 72 p., 300 exemplaires. . . . . 2 »

38. *L'Oublieux*, comédie en 3 actes de Charles Perrault, de l'Académie française, auteur des *Contes de Fées*, publiée pour la première fois par M. Hippolyte Lucas. In-18 raisin, une gravure, 132 p., 350 ex. . . . . 3 »

39. *Secrets magiques pour l'amour*, au nombre de octante et trois, publiés d'après un manuscrit de la bibliothèque de Paulmy, par P. J., bibliomane. In-18 raisin, 400 exemplaires . . . . . 5 »

40. *Le Talmud*, étude par M. Deutsch, traduit de l'anglais sous les yeux de l'auteur. In-18 fabriqué à Londres, 200 exemplaires. . . . . 5 »

41. *Ligier Richier*, par Auguste Lepage. In-16, 36 p., 260 ex. . . . . 2 »

42. *Catalogue d'un libraire du XVe siècle tenant boutique à Tours*, publié par le docteur A. Chereau. In-16, 36 p., 300 ex. . . . . 3 »

43. *Rabelais*, publié par MM. A. de Montaiglon et Louis Lacour. 3 vol. in-8 . . . . 60 »
(Les deux premiers volumes sont en vente.)

44. *Les Antiquitez de Castres*, de Pierre Borel, publiées par M. Ch. Pradel. In-18 Jésus, 288 p. . . . . 10 »

45. *Les Satires du sieur N. Boileau Despréaux*, publiées par P. de Marescot. In-8 de 204 pages, 300 exempl. 10 »

46. *Mémoires d'Audiger, limonadier à Paris*. XVIIe siècle. Recueillis par M. Louis Lacour. In-16 de 48 p., 420 ex. 3 »

47. *Le Duc d'Antin et Louis XIV*, Rapports sur l'administration des bâtiments, annotés par le roi. Publiés par J. J. Guiffrey. In-12 de 32 p., 230 ex. . . 3 »

48. *La Vache à Colas*, de Sedege. In-8 tellière de 114 p., 520 ex. . . . 5 »

49. *Lettres inédites*, de L.-P. d'Hozier et de J. du Castre d'Auvigny, *sur l'Armorial et l'Hôtel Royal du Dépost de la Noblesse*, publ. par J. Silhol, avec notes, documents et fac-simile. In-8 tellière de 144 p., 502 ex. . . . . 6 »

50. *Le Chevalier de Sapinaud et les Chefs Vendéens du Centre*, par M. le comte de la Bouletière. In-8 raisin de 144 p., 300 ex. . . . . 5 »

51. *Les Luthiers italiens aux XVIIe et XVIIIe siècles*, par J. Gallay. In-18 jésus de 260 p , 500 ex. . . . . 5 »

52. *Mémoires et lettres de la Marquise de Courcelles*, publiés et annotés par C. H. de S. D. In-8 de 368 p., 432 ex. 12 »

53. *Lettres Persanes* de Montesquieu, publ. par L. Lacour et D. Jouaust. 1 vol. in-8 de 336 et xx p., 525 ex. 20 »

54. *La Prophecie du roy Charles VIII*, par Maître Guilloche, publ. par le marquis de La Grange. In-8 tellière de 84 et LXIV p., 250 ex. 7 50

www.ingramcontent.com/pod-product-compliance
Lightning Source LLC
Chambersburg PA
CBHW050918230426
43666CB00010B/2232